Korean-English Edition

STB 상생방송 「환단고기」 북콘서트

한민족
창세역사의 성지
강화도를 가다

The History of JOSEON,
the Dangun's Nation

Rendered in GANGHWA,
the Holy Land of Ancient Korean History

[한영대역]
STB상생방송 환단고기 북 콘서트 [강화도편]

한민족 창세역사의 성지, 강화도를 가다

발행일   2022년 3월 2일 초판 1쇄
저 자   안경전
발행처   상생출판
발행인   안경전
주 소   대전 중구 선화서로 29번길 36(선화동)
전 화   070-8644-3156
F A X   0303-0799-1735
홈페이지   www.sangsaengbooks.co.kr
출판등록   2005년 3월 11일(제175호)
ISBN   979-11-91329-32-2
         979-11-91329-11-7 (세트)

Korean-English Edition

STB 상생방송 『환단고기』 북콘서트 강화도편

한민족 창세역사의 성지 강화도를 가다

The History of JOSEON, the Dangun's Nation

Rendered in GANGHWA, the Holy Land of Ancient Korean History

안경전 · Ahn Gyeong-jeon | 지음

상생출판

2015년 9월 13일 (일요일) 강화문예회관에서 진행한
〈환단고기 북 콘서트〉 현장

This book is based on a lecture delivered to a Korean audience at a "Conversation with the Author" event at the Ganghwa Arts and Culture Center, South Korea, on September 13, 2015.

안경전 종도사님은 한민족의 오랜 전통이자 고유신앙인 증산도의 최고 지도자다. 지난 1970년대 이래 부친인 안운산 태상종도사(2012년 작고)를 보필해 증산도 부흥을 이끌었다.

　안경전 종도사님은 이와 함께 '뿌리를 받들고 근원으로 돌아가자'는 증산도의 종지(=원시반본)에 따라 한민족과 인류의 시원사 및 원형문화를 밝히는 일에도 열정을 쏟아왔다. 2012년 펴낸 환단고기 역주본은 그런 30년 작업의 완결판이다. 이 역주본 발간을 계기로 안경전 종도사님은 우리 역사 광복 사업과 활동을 적극 추진 중이다.

　Master Ahn Gyeong-jeon, the Jongdosanim, is the leader of Jeung San Do, a hallowed tradition and venerable faith of the Korean nation. He has led the revival of the Jeung San Do faith alongside his father, Grand Master Ahn Un-san, the Taesang Jongdosanim, since the 1970s.

　In accordance with the precept of 'returning to the origin' that is a core teaching of Jeung San Do, the Jongdosanim has devoted much effort into illuminating the foundational history of both the Korean nation and humankind. The translated version of *Hwandan Gogi*, published in 2012, represents the culmination of such research. The publication of *Hwandan Gogi* has, in turn, provided the Jongdosanim with an impetus toward greater active efforts to achieve the restoration of Korean history.

역주자 **안 경 전**安耕田
Ahn Gyeong-jeon

§ 차 례 §

머리말...10

서론..16

제1장 한국사, 무엇이 잘못됐는가....................................28

1. 단군조선과 관련한 한민족 뿌리 역사의 왜곡..........................36
2. 한민족 역사를 바로 세우는 역사 경전『환단고기』.................92

제2장 동방 천자의 나라, 단군조선 100

1. 단군조선의 2,096년 삼왕조三王朝 역사.............................100
2. 마흔일곱 분 단군왕검의 치적..124
3. 단군조선의 문화업적..184
4. 중국 왕조 성립에 결정적 역할을 한 단군조선....................194
5. 단군조선의 망국과 북부여의 탄생....................................218

제3장 천상의 문이 다시 열리다...............................226

1. 동북아의 신교 삼신 제천문화..226
2. 단군조선에 기원을 둔 북방 유목문화................................250
3. 인류 근대사의 첫 출발점, 동학의 '다시 개벽' 선언...............302

§ Contents §

Preface 13

Introduction | The Purpose of this Lecture............................. 17

Part I The Problem with the History of Korea..................... 29

1. A History Twisted: Joseon, the Dangun's Nation 37
2. Righting the Ship of Korean History: Hwandan Gogi....... 93

Part II Joseon, the Land of the Sons of Heaven 101

1. What Was Joseon? 101
2. The Forty-Seven Danguns: How They Ruled 125
3. The Cultural Legacies of Joseon 185
4. The Role of the Danguns in the Formation
   of Early Chinese Dynasties 195
5. The Fall of Joseon and the Rise of North Buyeo 219

Part III The Gates of Heaven Thrown Open Again......... 227

1. Celestial Rites of Joseon.. 227
2. Joseon as the Origin of the Nomadic World 251
3. Donghak's Call for a New Gaebyeok 303

| 머리말 |

한민족 시원 역사의 성지 강화도, 백두산과 한라산 사이 한반도의 중심부에 자리한 신성한 땅, 한민족 상고사의 지붕 없는 박물관이자 근대 개항의 중심지인 강화도에서 9천 년 한국사의 뿌리를 되찾는 〈『환단고기』 북 콘서트〉의 막이 올랐다.

한민족 문화의 숨결이 살아 있는 본고향이자 근대사의 관문 강화도는, 상고 시대에는 갑비고차甲比古次, 고구려 광개토태왕 때는 혈구군穴口郡, 신라 때는 해구군海口郡으로 불리며 한반도 최고의 전략적 요충지였다.

한민족의 고유 정신이자 인류 원형문화인 신교 삼신사상의 상징 고인돌. 환국을 계승한 동방 배달의 우주광명 정신과 천지부모, 천원지방天圓地方 사상을 고스란히 간직한 단군조선의 참성단塹城壇과 삼랑성三郎城이 있는 곳. 고주몽의 두 아들 비류와 온조가 내려와 세운 한성백제의 관문 강화도는 고려시대에는 대몽항쟁對蒙抗爭의 중심지로 호국정신의 산실이었고 근세에는 아픈 개항의 역사가 배어 있다.

강화도는 조선의 초대 단군왕검이 배달국의 시조 환웅천황으로부터 전수돼온 우주광명의 홍익인간의 도를 펴고 삼신상제님께 천제를 올리던 제천문화의 성지다. 또한 강화도는 잃어버린 한민족의 혼을 되찾아주는 『환단고기』의 성지로서 대한민국 상고사 편찬의 중심

| Preface |

Ganghwa is the holy ground of ancient Korean history. It straddles exactly the midpoint between Mt. Baekdu in the north and Mt. Halla in the south. It is the great outdoor museum of ancient Korean history, and it is also where the modern history of Korea began. And this is where the race to rediscover the roots of Korea's nine-thousand-year history will begin, with *The Hwandan Gogi Lecture Series.*

The legacy of Korea's ancient history still breathes in Ganghwa, which is also the gateway through which modernity flooded into Korea. The island was known by many names in the past—starting out as 'Gapbi-gocha' in ancient times, which was changed to 'Hyeolgu-gun' during the Goguryeo period, then to 'Haegu-gun' during the Greater Silla era. Ganghwa also represented perhaps the most strategic location on all of the Korean Peninsula.

It was the home of megaliths known as 'goindol,' or dolmens, physical symbols of Samsin philosophy and the Singyo religion, the venerable spiritual tradition of Korea and the origin of human culture. Also located in Ganghwa is Chamseong-dan Altar and Samnang-seong Fortress, which represent the Culture of Cosmic Brilliance of the Baedal empire (heir to Hwanguk), and the Philosophy of Cheonwon-jibang (Round Heaven and Square Earth). It has also been a witness to history. Ganghwa was the gateway to Hanseong Baekje, founded by Biryu and Onjo, two sons of Goguryeo's founder, Jumong. The people of Goryeo made a stand against the mighty Mongol Empire here, making the island a potent symbol of national resistance. Yet, it is also where the tragedy of modern Korean history began.

Ganghwa is indeed holy ground, where Dangun Wanggeom, the first *dangun* of Joseon, revealed to the world the Dao of the Hongik Ingan ("Maximum Benefit to Humanity") of Cosmic Brilliance and held celestial rites to Samsin Sangjenim. Ganghwa also has a deep connection with the all-important *Hwandan Gogi,*

이던 고성固城 이씨 가문의 족적이 뚜렷한 곳이다. 특히 『단군세기』의 저자인 행촌杏村 이암李嵒에게 강화도는 제2의 고향이다. 고려 공민왕 때 수문하시중이라는 최고의 벼슬을 지낸 최고의 정치가이자 대학자였던 행촌 이암은 어린 시절 이곳에서 수학하며 때때로 참성단에 올라 하늘을 우러르며 동방의 나라에 밝은 등불을 비추겠다는 결의를 한 편의 시로 표현하였다. 벼슬길에 오른 이암은 원나라의 내정 간섭과 간신배의 횡포로 벌어진 왕위 쟁탈전에 휩쓸려 강화도에 귀양을 오기도 했다. 향년 67세, 마침내 관복을 벗은 야인野人의 몸으로 강화도에 들어온 행촌 이암은 잃어버린 우리 동방 역사의 원형을 복원하겠다는 역사의식으로 『단군세기』를 완성하였다. 초대 단군왕검부터 마지막 47대 고열가단군까지 현 교과서에는 마치 유령의 역사처럼 그려져 있는 2,096년 동안의 단군조선의 역사를 고스란히 드러낸 『단군세기』를 비롯하여 신라시대 때부터 근세 조선에 이르기까지 천 년의 세월에 걸쳐 당대 최고 지성들이 기록한 한민족 상고사 다섯 권을 하나로 묶어서 편찬한 책이 바로 『환단고기』이다.

인류의 시원문화와 창세 역사를 밝혀 뒤틀리고 잘려나간 대한민국의 국통맥을 바로잡아 주는 유일한 인류 원형문화의 원전 『환단고기』. 『환단고기』를 편찬한 운초 계연수는 57세 때 일제가 놓은 덫에 걸려 무참히 살해돼 압록강에 던져졌다. 당시 시신이 수습되는 장면을 지켜보며 눈물을 흘리던 14세 소년이 바로 오늘 우리에게 『환단고기』를 전해 준 한암당 이유립이다. 고성이씨 집안의 이유립이 광복 몇 년 후 『환단고기』 원본을 가슴에 품고 38선을 넘어온 것이다.

which makes it ground zero for the restoration of Korea's history and spirit. Moreover, it is where the legacy of the Goseong Yi clan, a clan at the center of efforts to compile valuable texts on ancient Korea, is undeniable; it was virtually the second home for Yi Am (pen name 'Haengchon'), who wrote *Dangun Segi*, one of the constituent texts of *Hwandan Gogi*. Yi Am was a noted official and esteemed scholar of late Goryeo and served King Gongmin as his prime minister. Yi Am spent his early years in Ganghwa, climbing all the way to Chamseong-dan Altar to pray to the heavens; and it was here that he composed a poem that showed his determination to bring light to this Eastern realm. He entered officialdom and rose in the ranks, only to lose everything due to Mongol interference and the schemes of nefarious court officials. Yi Am was then banished to Ganghwa; and upon returning to the island at the age of sixty-seven, stripped of his official's robes, he wrote and completed *Dangun Segi* with a single-minded determination to restore to the nation its original history. *Dangun Segi* details the 2,096-year history of the forty-seven *dangun*s of Joseon, in contrast to current textbooks that treat it as abstract and nebulous legend. *Dangun Segi* was combined with five other ancient history texts, written by leading intellectuals from Silla to the Joseon Dynasty (1392-1910), to form *Hwandan Gogi*.

It was Gye Yeon-su (pen name 'Woncho') who compiled and published *Hwandan Gogi*, a supreme scripture of human history: that contains details of the most ancient civilizations; that will unveil the truth concerning the original, pristine cultures of humanity and the creation of human civilizations; that will resuscitate the twisted and tattered legacy of the Korean nation. Gye Yeon-su, however, met a tragic death at the hands of Japanese colonialism and was thrown into the Yalu River at age fifty-seven. His death would not be in vain, however, as a fourteen-year-old boy who cried as Uncho's lifeless body was recovered from the river would eventually preserve the text so that *Hwandan Gogi* could be published and read today. That boy was Yi Yu-rip, also known by his pen name 'Hanamdang.' He was also a member of the Goseong Yi

　이유립은 단군조선 시대 이래 우리 조상들이 매년 봄 마리산에서 삼신상제님께 천제를 올리던 전통을 되살려 이곳 마리산 자락에 성전을 짓고 천제를 올렸다. 고려 시대 이암으로부터 20세기 이유립에 이르기까지 한국사 회복에 지대한 공을 세운 고성이씨 가문의 활동이 이같이 강화도와 깊은 인연을 맺고 있다.

　지금 동북아는 역사전쟁 중이다. 한국·일본·중국 동북아 삼국은 문화주권 쟁탈전, 즉 역사전쟁에 거세게 휘말려 들고 있다. 바야흐로 광복 70년을 넘어서고 있다. 그러나 아직 완전한 광복을 이루지 못했다. 상고 역사의 왜곡으로 찬란했던 한민족의 7천 년 뿌리역사는 잘려나갔고 근대사의 왜곡과 일제 침략의 잔재도 청산이 안 된 채 100여 년이 흘러왔다. 이제 〈『환단고기』 북 콘서트〉를 통해 9천 년 한민족사의 국통맥을 바로 잡고 뿌리뽑힌 시원문화의 정수를 되찾는 힘찬 여정을 다같이 떠나보자.

환기 9218년, 신시개천 5918년, 단군기원 4354년,

서기 2021년 8월 2일

역주자 **안 경 전**安耕田

clan, and he carried the original copy of *Hwandan Gogi* across the thirty-eighth parallel several years after Korea's liberation.

Yi Yu-rip, who was instrumental in bringing *Hwandan Gogi* to light, built a shrine on the slopes of Mt. Mari and held celestial rites, continuing the tradition of celestial rites held by the ancestors of the Korean nation to Samsin Sangjenim, also held on Mt. Mari. From Yi Am of Goryeo to Yi Yu-rip in the twentieth century, the Goseong Yi clan has been at the forefront of efforts to restore and rectify Korean history and has had a close connection to Ganghwa Island.

All of this is important because Northeast Asia is engaged in a war of a historical nature. Korea, China, and Japan are fighting for cultural sovereignty, fiercely engaged in battles to take ownership of history. While it was been over seventy years since Korea became independent, it is yet to be fully liberated. Manipulation and fabrication have truly severed the roots of the Korean nation, the first seven thousand years of its history. Korea has spent nearly a century as a modern nation, but has not completely eliminated the evil legacy of Japanese colonialism or the gross acts of distortion committed during modern history. I sincerely hope that the Hwandan Gogi Lecture in Ganghwa can restore the Korean nation's nine thousand years of glorious lineage and, in the process, uncover the essence of the origins of human civilization that hitherto lay in ruin. This is a great journey, and it begins right here.

March 25, 2021
Ahn Gyeong-jeon

서론

오늘 말씀에 앞서 세계환단학회 박성수 이사장님이 "이 강화도는 작은 한국이다. 강화도의 역사 문화를 모르고 한국을 말하지 말라." 라고 하셨는데, 참 멋있는 표현입니다. 오늘 이 시간이, 무너진 대한 민국 역사의 근본을 바로 세우는 소중한 시간이 되기를 소망합니다.

오늘 이 시간은 우리 모두 천지 역사 문화의 중심축을 강화도에서 굳건히 세우고, 한민족과 동북아를 넘어 인류 창세 역사의 혼백과 원형문화의 푯대 정신이 굳건히 살아있는 이 마리산 참성단을 다 함께 그려보면서, 무너진 대한민국 역사의 근본을 바로 세우는 소중한 시간이 되기를 소망합니다.

지금 제 정면에 보이는 멋진 플래카드에 씌어 있는 '강화, 한민족 창세 역사광복의 성지'라는 말씀이 너무도 멋진데요. 우리 모두 인류 창세 역사의 혼백과 원형문화의 푯대 정신이 굳건히 살아있는 이곳

고대사와 근대사를 아우르는 진정한 역사 성지 **강화도, 인천**
Ganghwa Island, Incheon, is sacred ground in both the ancient and modern history of Korea.

한강
Han River

강화도
Ganghwa

인천공항
Incheon Int'l
Airport

인천
Incheon

Introduction

The Purpose of this Lecture

As the honorable Chairman Park Seong-su said while he was introducing me just now, Ganghwa is a miniature representation of Korea, so we cannot talk about Korea without knowing the history and culture of this island. And I could not have asked for a better expression.

The next few hours will be truly valuable, and during this time I hope the crumbled foundations of Korean history will be rebuilt. Draw inside your minds a mental picture of Chamseong-dan Altar on Mt. Mari, which is a symbol not only of our nation and Northeast Asia, but of the entirety of humanity—humanity's creation and its original civilization. And with that in mind, we will use this time to discover the real history of Korea and of the world.

I see right in front of me a banner that reads: "Ganghwa is the Holy Ground of Historical Restoration." This is how I will open my lecture today in Ganghwa, where the very soul of the foundational history of human civilization survives intact.

The banner reads: "Ganghwa is the Holy Ground of Historical Restoration."

마리산 참성단을 그려보면서 오늘 말씀의 서두를 열까 합니다.

결론은 역사 전쟁입니다. 문화 주권 전쟁입니다. 역사관 전쟁입니다. 거듭 강조하건대, 역사관 전쟁인 것입니다.

우리는 다 같은 한국인으로서, 나아가서 이 지구촌 세계 시민의 한 사람으로서 왜 우리 역사의 근원을 반드시 제대로 알아야만 할까요? **역사를 잃은 자는 모든 것을 잃기 때문**입니다. **과거를 잃어버리면 현재 삶의 진정한 주체, 주인이 될 수 없습니다.** 미래의 새 역사의 비전을 당당하게 제시할 수 없습니다.

지나간 역사는 단순히 죽은 과거로서 끝나는 것이 아니라, 현재 내 삶의 의식을 결정짓고 미래 역사를 여는 동력원이 되는 것입니다.

강화도와 인천은 **고대사와 근대사를 아우르는 진정한 역사의 성지** 聖地입니다. 이곳은 마리산 참성단을 몸소 지으신 단군왕검이 우주의 통치자, 우주 정치의 주관자이신 삼신상제님께 천제를 직접 올리신

하늘·땅과 하나됨을 소망한 단군왕검의 숨결을 느낄 수 있는 곳

참성단

Chamseong-dan Altar on Mt. Mari, Ganghwa

The living spirit of *Dangun Wanggeom* and his hope for a union with the divine heavens the divine heavens and the divine earth live onward in this altar.

Ultimately, it is a war for history. A war for cultural sovereignty. A war over our views of history.

It is not an exaggeration to say there is a war over seeing history through our eyes. We have a duty to learn the truth about our history. It is important to us not only as Koreans, but as citizens of the world. Why do we need to do this? Because to lose history is to lose everything. Losing our past means we cannot take ownership of our lives—of the present. We will be devoid of any semblance of confidence, unable to create a vision for the future.

The past history is not a dead bygone era. It is actually what determines the present—how we live and think. In this way, history becomes an engine, a power source that opens the way to the future where there is more history to be made.

Ganghwa and Incheon represent holy grounds of Korean history, both ancient and modern.

This is why I would like to begin by saying, "This is the very

곳이기 때문에, 한민족 역사의 성지를 넘어서 진정한 인류 문화의 성지가 되어야만 한다! 저는 이렇게 서두에서 주장하고 싶습니다. 강화도는 한민족의 진정한 역사의 성지이자 **생동하는 제천문화의 추억이 그대로 살아있는 곳**입니다.

며칠 전에, 이번 〈강화도『환단고기』북 콘서트〉에서는 무엇을 주제로 삼아야 우리 역사의 근원을 복원하고 우리 역사의 비전, 새 희망의 한 소식을 제대로 전할 수 있을지 고민해 보았습니다. 그러면서 '나는 왜 우리 역사 왜곡의 어두움을 걷는 데 봉사하면서 청춘의 시간, 그 세월을 보냈는가?' 하고 자문도 해보았습니다.

평생동안 저는 환인천제, 환웅천황, 단군왕검, 치우천황님께 청수를 떠놓고 순간순간 기도를 해왔습니다. 그렇게 기도하는 삶이 있었

행촌 이암李嵒(1297~1364)
고려 말 공민왕 때 문하시중
門下侍中(국무총리 격) 역임

Yi Am
(1297-1394; pen name: 'Haengchon.')
Yi Am was Prime Minister of Goryeo during the reign of King Gongmin.

고대 조선의 2천 년 역사를 복원한 『단군세기』
A printed copy of *Dangun Segi*, which details the 2,096-year history of ancient Joseon.

place where Dangun Wanggom, who personally built Chamseong-dan Altar, presided over the celestial rite to Samsin Sangjenim, the Ruler of the Universe, and presided over the politics of the cosmos. Ganghwa and Incheon must be sacred not only to Korean history, they must become sacred grounds for the entire human civilization."

I repeat, in terms of the history of the Korean nation, Ganghwa is sacred ground. The tradition of celestial rites still lives on in this island. Over the last few days, I thought long and hard about what the topic should be at *The Hwandan Gogi Lecture Series* in Ganghwa. I also contemplated which topic would be the best for restoring the roots of our history, and which topic would best deliver a message of hope and transmit the vision that springs from our history. It also made me reflective, and I asked myself why I had spent the better part of my life as a young man striving to remove the veil of darkness covering the light of historical truth.

And throughout my life, I would have moments where I would be praying to the first Heavenly Emperor Hwanin, to the first *hwanung*, to Dangun Wanggeom, and also to the mighty warrior

Seonwon Temple, Ganghwa

기에 오늘 이런 자리가 마련된 것이 아닌가 하는 생각이 듭니다.

강화도는 시원 창세 역사를 찾아주는 진정한 성지입니다. 이곳은 고려 말 공민왕 때 문하시중(현 국무총리 격)에 오른 당대 최고 지성이며 정치가인 고성이씨 문중의 행촌杏村 이암李嵒(1297~1364) 선생이, 마흔 일곱 분 단군이 2천 년간 다스린 고대 조선의 역사를 복원한 **『단군세기』를 완성한 곳***입니다.

이암 선생이 10세 때 마리산 참성단에 올라가 읊은 시가 있습니다. 소년 이암은 하늘을 바라보면서 "선풍유열참성단仙風猶烈塹城壇, 단군 님 세운 참성단에 선풍이 강렬히 휘몰아치는구나. … 숙장촉갈혼구 지孰將燭喝昏衢志, 그 누가 이 어두운 동방의 거리를 밝게 비출 수 있겠 는가?" 하고 노래했습니다. 그리고 마지막에 "구아자금천하안求我自 今天下安, 내가 이제 동방 천하의 평안을 구하리라."라고 했습니다. 소 년 이암은 이런 시를 읊으면서 하늘의 삼신상제님과 약속하였던 것 입니다.

조금 전, 등단하기 전에 그 한 구절을 떠올리면서, 오늘 말씀의 전 체 주제와 개천절의 소중한 의미를 생각해 보았습니다.

'열 개開 자', '하늘 천天 자', '하늘을 열었다'는 개천절의 진정한 의 미는 무엇일까요? **인류 창세 역사의 고향인 환국의 천지 광명문화를 계승해서 배달의 환웅천황이 동방 땅에 우주 광명문화를 처음 개벽**

---

* 강화도 선원사禪源寺 해운당海雲堂

행촌杏村 이암李嵒(1297~1364) 선생이
10세 때 마리산 참성단에 올라가 읊은 시

선 풍 유 열 참 성 단
仙風猶烈塹城壇 참성단 위에 선풍이 강렬히 몰아치고 있구나

숙 장 촉 갈 혼 구 지
孰將燭喝昏衢志 그 누가 어두운 동방의 거리를 밝게 비출 것인가

구 아 자 금 천 하 안
求我自今天下安 내가 이제 동방 천하의 평안을 구하리라

Emperor Chiu. I believe that we were able to meet today, like this, because of those moments of prayer.

I say this again: Ganghwa is truly a holy ground where we can uncover the history of our very foundation. Ganghwa is where Master Yi Am of the Goseong Yi clan—prime minister during the reign of King Gongmin of Goryeo, and the leading intellectual of his time—wrote and completed *Dangun Segi*, which contains the two-thousand-year history of Joseon spanning the rule of the forty-seven *danguns*.

Master Yi Am recited a poem when he climbed Mt. Mari at the age of ten. The young boy looked upon the heavens and said, "Immortal Winds whip across the Heavenly Altar. / Who will be the one to light up the dark alleys?" Then he finished the poem with the phrase, "I will now seek peace for the entire world." The boy Yi Am was making a solemn promise to Samsin Sangjenim.

These passages from that poem came to me as I was thinking about things I would be telling you today, about today's overall topic, and the importance of Gaecheon-jeol.

The word 'gaecheon' is made up of two characters, "open" (*gae*) and "heaven" (*cheon*), and translates as "opening of heaven." What does this mean? *Gaecheon* signifies the establishment of the Civilization of Cosmic Brilliance (Wuju Gwangmyeong Munhwa) by Lord Hwanung of Baedal, who continued the legacy of the Civilization of Universal Brillance (Cheonji Gwangmyeong Munhwa) that was established at Hwanguk, where human civilization began. In essence, it is Hwanung of Baedal who opened the heavens, and his work was carried on by Dangun Wanggeom, who put down the

仙風猶烈塹城壇	Immortal Winds whip across the Heavenly Altar.
孰將燭喝昏衢志	Who will be the one to light up the dark alleys?
求我自今天下安	I will now seek peace for the entire world.

- A poem composed by Yi Am, when he was ten years old.

한 그 정신이 바로 개천입니다. 처음 개천 역사를 연 분은 배달국의 환웅천황이고, 단군왕검은 그 정신을 계승해서 이 동방에 우주 광명의 문화를 뿌리 내린 분입니다.

강화의 주산인 고려산에는 백여 기의 고인돌이 있습니다. 전 세계에 있는 고인돌 가운데 아마 가장 멋지고 완벽하게 생긴 것이 바로 강화도에 있는 고인돌이 아닌가 합니다. 지금 강화도 부근리에 있는 고인돌은 천신과 조상에게 제사를 지낸 제천석으로서, 천문대의 역할도 했습니다. 다용도로 쓰인 고인돌은 단군조선의 표지 유물입니다.

오늘 강화도 콘서트의 주제를 크게 세 가지로 잡아봤습니다.

첫 번째 주제는, **'우리 역사, 무엇이 잘못됐는가?'** 하는 것입니다. 제가 한민족 역사 광복의 성지에서 역사 왜곡이라는 주제를 함께 생각해 보고자 하늘에 여쭤봤습니다. 곰곰이 생각해 보니, '우리 역사의 왜곡과 조작, 그 모든 것을 세 글자에 담을 수 있다. 그것은 바로 삼조선이다!'라는 구절이 명확하게 떠올랐습니다.

두 번째 주제는, **동방 천자의 나라 단군조선의 역대 단군님들의 치적과 그 핵심을 정리하면서 단군조선의 국가 경영제도, 통치 철학, 중국·일본과의 관계, 유라시아 유목민 문화와의 관계** 등을 알아보겠습

roots of the culture of Cosmic Brilliance here in the East, in Korea.

The hundred or so dolmens scattered across Mt. Goryeo, the main mountain of Ganghwa, are representative relics of Joseon. They are perhaps the most handsome and perfectly-shaped of all the dolmens in the world. There is one particular dolmen located in Bugeun-ri that doubled as an altar used in ancestral and celestial rites, in addition to its function as an astronomical observatory. Dolmens are one of the most representative relics of Korea's ancient Joseon culture.

There are three things today that I want to cover here at the Hwandan Lecture in Ganghwa.

The first topic I want to cover are the things that are wrong with our history. I felt that we needed to think together about the distorted history of this nation at this lecture, and I prayed to Samsin Sangjenim for wisdom and revelation. Then I thought again and clearly remembered what I wanted to say: "I can tell them about the distortion, the fabrication, and the erasure of our history all at once, by talking about Samjoseon, the three characters that mean the 'Three Joseons.'"

In the second part, I will go over the essence of the many accomplishments of the *dangun*s of ancient Joseon, which was an empire ruled by the Sons of Heaven. This includes Joseon's system of governance, its political philosophy, its relationship with ancient China and Japan, and its connection with Eurasian nomadic culture. Also, I will answer the question about how Joseon impacted not only the history of Northeast Asia, it played a vital role in the entire human history.

강화부근리 고인돌

고인돌은 제천단과 천문대의 역할을 했다. 2000년에 세계문화유산으로 등재

The dolmen (portal tomb) in Bugeun-ri, Ganghwa

Dolmens were also altars and stargazing platforms. The Ganghwa Dolmen site, which includes this dolmen, was designated a UNESCO World Heritage site in 2000.

니다. 또 '단군조가 동북아 역사를 넘어 지구촌 인류사에서 어떤 역할을 해 왔는가?'에 대해 말씀드리고자 합니다.

최근 역사학계에는, "이제 고조선이라는 말을 쓰지 말자. 그것은 잘못된 말이다. 예전에 중국 요순시대는, 요임금의 당나라, 순임금의 우나라이므로 '당요, 우순'이라 한다. 그런데 요임금의 당나라를 당태종의 당나라와 구분하기 위해서 '고당古唐'이라는 말을 쓰지는 않는다. 하지만 우리는 조선(단군조선)을 한양 이씨 조선과 구분하기 위해서 '고조선古朝鮮'이라는 말을 쓰고 있으니 이것은 옳지 않다."라고 하며 고조선 대신에 '고대조선', '단군조선' 같은 말을 쓰자는 젊은 학자들이 있습니다.

세 번째 주제는, **'천상의 문이 다시 열리다'**입니다.

상고사 문화 역사의 주제를 깨치다 보면 근대 역사가 너무도 심각하게 왜곡되었다는 것을 절감합니다. 그래서 근대사의 근본 주제를 다시 한 번 각성하면서 오늘 말씀을 마무리 지을까 합니다.

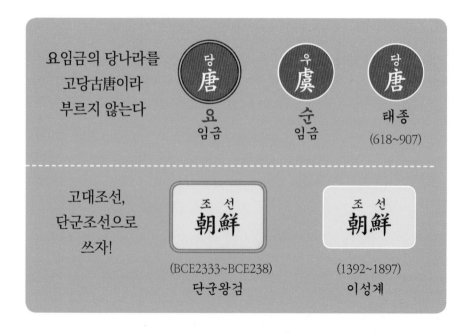

Recently, there was a group of historians who said that we should not use the term 'Old Joseon' because it is wrong.* For example, Kings Yao and Shun in China are referred to as 'Yao of Tang' and 'Shun of Yu' since Yao's kingdom was called 'Tang' and Shun ruled over the Kingdom of Yu. We do not refer to the Tang kingdom of Yao as 'Old Tang' to distinguish it from the Tang Dynasty of Li Shimin that came later. Yet, we use the term 'Old Joseon' to tell it apart from the Joseon Dynasty that came later. This is simply wrong.

As for the third part, I am calling it: "The Gates of Heaven Thrown Open Again." Every time I investigate issues related to historical distortion, and also our ancient culture and history, I cannot help but notice that even our modern history has been hideously distorted. So this is how I will end my introduction, by reminding everyone of the key topic that I will talk about in the lecture today.

----

* The original name of this nation was 'Joseon' (although there were many other names used, such as 'Samhan'). But in contemporary historiography, alternate names such as 'Gojoseon' (*go*, "ancient"; 고, 古), 'Old Joseon,' and 'Ancient Joseon' are being used because of the need to distinguish the country from the much later Joseon Dynasty (1392–1897).

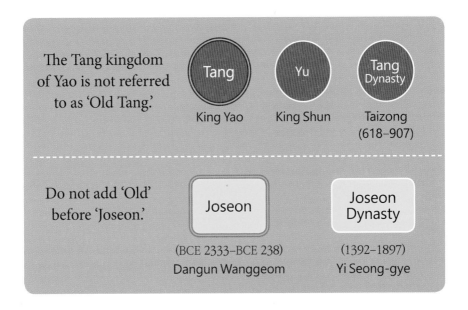

The Tang kingdom of Yao is not referred to as 'Old Tang.'

Tang — King Yao
Yu — King Shun
Tang Dynasty — Taizong (618–907)

Do not add 'Old' before 'Joseon.'

Joseon (BCE 2333–BCE 238) Dangun Wanggeom

Joseon Dynasty (1392–1897) Yi Seong-gye

제1장

한국사, 무엇이 잘못됐는가

본론으로 들어가서, 한민족 역사 광복의 성지에서 국조, 건국의 아버지에 대한 한국인의 의식을 고발해 볼까 합니다.

영국의 대영박물관에 가보면 '**우리 대한민국에는 상고 역사가 없다**'는 것을 느끼게 됩니다. 소위 말하는 고조선, 그 역사의 실체가 아무것도 없습니다. 돌 몇 개 갖다 놓고, 도구 몇 개 갖다 놓고 원시시대의 시작이라 합니다. 그냥 구석기, 신석기라고 합니다. 지금 전 세계의 중학교, 고등학교, 대학교의 역사 교과서에 실린 한국 상고사 분야를 보면, 단군을 살짝 언급하면서 신화라고 부정하고 있습니다.

CHRONOLOGY OF KOREAN HISTORY

DATES	CHINA	KOREA	JAPAN
5000	Neolithic cultures	선사시대 Prehistoric periods: Neolithic	
1500			
	Shang dynasty	?	Jomon period
1000	Western Zhou	Bronze Age c. 1000 BC 청동기시대	
500	Eastern Zhou		
	Qin	Iron Age c. 400 BC 철기시대	
BC 0 AD	Western Han		Yayoi period
	Eastern Han	Proto-Three Kingdoms 0-c. AD 300	

'고조선'이 사라진 한국사 연표. 대영박물관 한국관

Timetable of Korean History Without Joseon (BCE 2333–BCE 238) Korean History Section, British Museum.

Part I

The Problem with the History of Korea

Now I will get into what I really wanted to talk about—I would like to revive the spirit of our founder, the grandfather of the Korean nation, on this sacred ground where our true history will be restored to the nation. Actually, this will be more of an indictment.

Let us say that we are in the British Museum. What is the feeling one experiences in there?

For me, I feel that Korea has no ancient history. I mean, this so-called 'Old Joseon'? Nothing real has been revealed about it. In most places, they just lay out a few rocks here and a few tools there, then say it was the beginning of Korea's prehistory. They have given names like the 'Old Stone Age' or the 'New Stone Age' to that period.

Just take a look at the ancient history sections of history books that teens in middle and high schools and college students are learning from around the world. They give the very briefest mention of Dangun Wanggeom, as a myth. The historicity is denied.

대영박물관(영국 런던) The British Museum

최근에 이곳 강화도에서 아주 재미있는 전시회가 있었습니다. 우리나라 각 종교단체나 민간단체 또는 특정 개인이 모시고 있는 단군왕검의 영정을 전시하는 전시회가 열린 것입니다. 본래 단군왕검은 임금님이니까 어진을 모시고 있는 것이죠. 그런데 그 수준이 어느 정도인지 한번 잠깐 볼까요.

나무 이파리로 옷을 해 입혀 드렸습니다. 각 단체나 개인이나 공통적으로 저렇게 나무 이파리로 옷을 해 드렸습니다. 이것이 오늘날 한국인들의 역사의식의 현주소입니다.

반면에 중국은 어떻습니까? 우리가 흔히 유가에서 말하는 요순우탕문무주공堯舜禹湯文武周公, 즉 요임금, 순임금 그리고 고대 3왕조라고 하는 하상주夏商周, 하나라의 우임금, 상나라의 탕임금, 주나라의 문왕과 그의 아들 무왕, 그 제왕들이 다 면류관을 쓰고 곤룡포를 입고 있습니다.

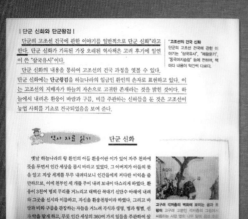

"Stories related to the foundation of Joseon by Dangun are commonly referred to as the Dangun Myth."
(Middle School History Vol. 1, published by Cheonjae Education in 2010)

"단군의 고조선 건국에 관한 이야기를 일반적으로 단군 신화라고 한다."

중학교 『역사(상)』
천재교육(2010년 검정)

I had a chance to go to a very interesting exhibition in Ganghwa recently. On display were portraits of Dangun Wanggeom—portraits that were preserved by the many religious and civic organizations in Korea. Since Dangun Wanggeom was a monarch, what they preserved are basically *eojin*, or royal portraits. But do you know what they actually look like? Let us take a look.

They all depict Dangun Wanggeom wearing a robe of tree leaves. Whether it be from a private artist or an organization, the paintings of Dangun Wanggeom all show him in a robe of tree leaves. Ladies and gentlemen, this shows the sad state of both Korean culture and historical consciousness in Korea.

For comparison, let us look at China. The portraits of all the so-called sage-kings of ancient China that Confucians talk about—including Yao, Shun, Yu of Xia, Tang of Shang, Wen of Zhou, Wu of Zhou, and the Duke of Zhou—depict them wearing imperial crowns and robes embroidered with dragons.

한국인의 국조國祖 의식 현주소
Portraits of Dangun Wanggeom in Korea.

그 이전, 5,400년 전에 태호복희씨가 계신데, 우리나라 태극기 팔괘를 제작하신 분이죠. 태호복희씨만 해도 그런대로 호피를 두르고 계십니다. 이것은 상해출판사에서 출판된 『역대제왕록』에 나온 사진을 그대로 취한 것입니다.

중국 하남성 회향현에 가보면 중국인들이 자랑하는 대궁전에 아주 거대한 금 동상으로 만들어진 위풍당당한 태호복희씨의 모습을 볼 수 있습니다.

호피虎皮를 두른 모습의 태호복희씨
(「중국역대제왕록」)

Fuxi (Bokhui) in a tiger skin robe, illustrated in *Records of the Emperors of the Dynasties of China*.

태극기 팔괘를 제작하신 태호복희씨
(중국 산동성 회양현)

The golden statue of Fuxi (Bokhui), holding an "Eight Trigrams diagram," in the Taihao Mausoleum in Huaiyang County, the Henan Province of China.

Before these kings, about 5,400 years ago, there was Taeho Bokhui (Taihao Fuxi), the sage-king who created the eight trigrams that are included in the Korean flag. His portraits portray him as wearing tiger skins. This particular image is from *Lidai Diwanglu* (歷代帝王錄), or *"Records of the Emperors of the Dynasties of China,"* published by the Shanghai Publishing House.

If you have a chance to go to Huaiyang City in Henan, China, you will see a colossal palace. Inside the palace is a huge golden statue of Fuxi, depicting him as very robust and majestic and sitting beside the eight trigrams that he created.

염제신농씨
(중국 하남성 신의산)
Statue of Shennong (Sinnong)
Mt. Shenyi, Henan, China.

황제 헌원
(중국 감숙성 청수현)
Statue of Huangdi
(Hwangjae / Yellow Emperor).
Qingshui County, Gansu, China.

또 동북아 성인 제왕으로서의 신농씨의 모습과 중국의 역사 시조로 받들어지는 4,700년 전 황제 헌원의 모습, 그리고 요임금, 순임금, 하상주의 제왕들을 보면 다 곤룡포를 입고 면류관을 쓰고 있습니다.

그런데 이곳 강화도에 전시된 한민족 역사의 시조인 단군왕검은 나뭇잎으로 지은 옷을 입고 계십니다. 단군왕검은 대우주의 조화주 하나님이신 삼신상제님께 천제를 올리기 위해서 8천 명을 동원해서 제천단을 쌓고 하늘에 제를 올린 분인데, 동북아 역사의 진정한 건국의 아버지인데 이분을 이렇게 홀대하고 원시시대 야만인 문화 수준으로 비하하고 모독하고 있습니다.

우리 모두 민족의 시조를 새롭게 인식하고, 제대로 품격 있게 받들 수 있는 계기가 되기를 소망합니다.

The next slide is a depiction of Shennong, another sage-king of Northeast Asia.

In contrast to the statues of Fuxi and Shennong, every ancient king of China is depicted in imperial crowns and robes, including: the Yellow Emperor, the founder of the Chinese nation from 4,700 years ago; Yao and Shun; and all the kings of Xia, Shang, and Zhou. The depictions are all the same.

Yet the pictures of Dangun Wanggeom, who founded our nation, and one displayed here in Ganghwa, has tree leaves on his shoulders! This is Dangun Wanggeom, who is known to have mobilized eight thousand people to build a heavenly altar in order to perform celestial rites to Samsin Sangjenim, the cosmic presider and Lord of the Universe. This is nothing more than an insult to the great founder with whom the history of the Northeast Asian civilization began, pulling him down to the level of primitive savages, no better culturally than mere cavemen!

This is why I sincerely hope that you leave the lecture today with a renewed awareness of the founder who was there at the beginning of our history, so that he can be properly respected and revered.

역대 제왕록에 실린
고대 중국의 제왕
❶ 요임금 King Yao
❷ 순임금 King Shun
❸ 하夏 우왕 King Yu of Xia
❹ 은殷 탕왕
　King Tang of Shang
❺ 주周 문왕
　King Wen of Zhou

단군조선과 관련한
한민족 뿌리 역사의 왜곡

 단군조선과 관련된 시원 역사의 뿌리가 송두리째 잘려나갔습니다.
그 모든 역사 왜곡과 말살의 주제, 그것은 세 글자입니다. 우리 역사
광복의 주제도 바로 세 글자입니다. 우리 한민족 역사의 뿌리를 말살
한 올가미, 그 세 글자는 바로 '**삼조선三朝鮮**'입니다.

 삼조선이란 무엇일까요?
 하늘에는 삼신三神, 땅에는 삼한三韓, 사람 몸속에는 세 가지 참된
것, 삼진三眞이 있다!
 이것은 동북아 역사뿐만 아니라 지구촌 인류 창세 역사, 원형문화
의 근본 주제입니다.

하늘 – 삼신三神	
인간 – 삼진三眞	지구촌 창세역사와 인류 원형문화의 **근본 주제**
땅 – 삼한三韓	

A History Twisted:
Joseon, the Dangun's Nation

The very roots of Korean history, which are intimately related to ancient Joseon, have been severed entirely. However, I realized something as I was tackling the problems of the distortion and expunction of true history. This realization consisted of just three characters. These three characters speak the truth through the distortion and show how history can be restored. In a way, the distortion about these three characters is the trap that ensnared and erased the true history of our nation. The three characters are Sam-jo-seon (三-朝-鮮) or "Three Joseons."

Just what are the Three Joseons, you might ask. It is a theme that appears throughout *Hwandan Gogi*, but in addition, it is a term that defines our primordial history, our very first civilization. Let us all say it out loud. "There is Samsin* in the heavens." (Samsin in the heavens!) "There were the Samhan** on earth!" (Samhan on earth!) "There are the Samjin*** in people!" (Samjin in people!) Let me repeat. There is Samsin in the heavens; there were the Samhan on earth; and there are the Samjin in people.

These are important terms not only for the history of Northeast Asia. They are essential terms that relate to the creation of humanity as well as the original, pristine human culture.

Heaven: Triune God	Essential concepts regarding the foundational history of the world and the origin of human civilization.
Humanity: Three Essences	
Earth: Three Kingdoms	

---

* **Samsin.** "Three Gods" or "Triune Spirit."
** **Samhan.** "Three Joseons."
*** **Samjin.** "Three Treasures."

이 우주에는 조물주 삼신이 계시고, 땅에는 삼한이 있었습니다. 단군왕검이 나라를 열고 천하를 다스리실 때, 국가 경영의 방식이 삼한이었습니다. 단재丹齋 신채호申采浩(1880~1936) 선생은 이것을 북삼한, 대륙삼한이라 했습니다.

단군조선이 망하고 나서 그 유민들이 한강 이남으로 내려와서 세운 남삼한을 진한, 번한, 마한이라 했습니다. 신라, 가야, 백제의 전신前身인 이 남삼한은 본래 저 북쪽의 북삼한에서 비롯되었습니다. 만주는 진한, 한반도 전체는 마한, 그리고 요서, 산동, 그 아래 절강성, 강소성까지가 번한입니다.

이 삼한이, 단군조 중기에 이르러 혁명이 일어나 삼조선 체제로 바뀌었습니다. 그래서 만주는 진조선, 한반도는 말조선, 요서는 번조선이 됐습니다.

이 삼조선이 어떻게 둔갑을 하는가? 우리나라의 강단 사학, 그리고 **중국과 일본의 패권주의 사관이 주장하는 삼조선은 무엇인가? 바로 단군조선과 기자조선, 위만조선입니다.**

I will explain this by saying that at the level of the universe there is Samsin, the one creator above all. On the earth, there was the state called 'Samhan.' Samhan, or the Three States, was both a system of governance devised by Dangun Wanggeom for ruling his empire after the foundation of his dynasty and another name of Joseon. The eminent historian Shin Chae-ho (1880-1936) called this Samhan 'Northern Samhan' or 'Continental Samhan.'

It was after the fall of Joseon that people migrated south of the Han River and established the Southern Samhan, or the Mahan, Jinhan, and Beonhan that we know today. This means Southern Samhan was actually a continuation of Northern Samhan; they were also the predecessors of Silla, Baekje and Gaya, respectively. As for Northern Samhan, Jinhan was located in present Manchuria; the Korean Peninsula was Mahan; and Beonhan occupied the area known as 'Liaoxi.'

In the mid-Joseon period, the Samhan system was replaced by the Samjoseon system, resulting in the change of the names from 'Mahan,' 'Jinhan,' and 'Beonhan' to 'Mak-Joseon,' 'Jin-Joseon,' and 'Beon-Joseon,' respectively.

In the modern historiography, however, Samjoseon ("Three Joseons") underwent a transformation—for the worst. This alternate version of Samjoseon—distorted by Korea's so-called mainstream academia, Chinese and Japanese imperialism, and Japanese colonialist history—says that Samjoseon was simply Joseon, Gija (Jizi)

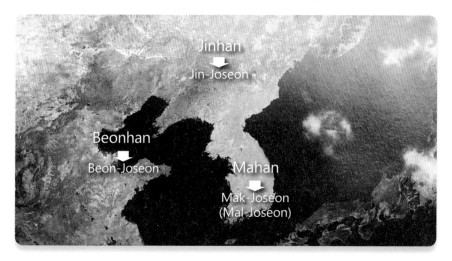

'단군조선이 있긴 있었는데 그건 믿을 수 없는 신화다' 이렇게 부정해 버립니다. 우리 한민족의 시원 역사 왜곡과 말살의 모든 주제가 바로 여기에 있습니다! 왜 단군조선은 신화로 부정당하고, 왜 국조께서는 어의御衣 대신 나뭇잎을 꿰어 만든 옷을 입고 계시는가 말입니다! 이것은 한민족과 우리 문화에 대한 최대의 모욕이며 민족 문화의 자존감을 송두리째 무너뜨리는 수치스러운 사건입니다.

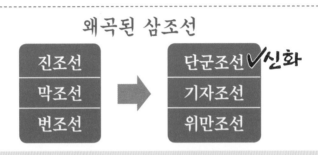

왜곡된 삼조선

진조선		단군조선 ✔신화
막조선	➡	기자조선
번조선		위만조선

한민족의 시원 역사 왜곡과 말살의 모든 주제는
삼조선三朝鮮에 있다!

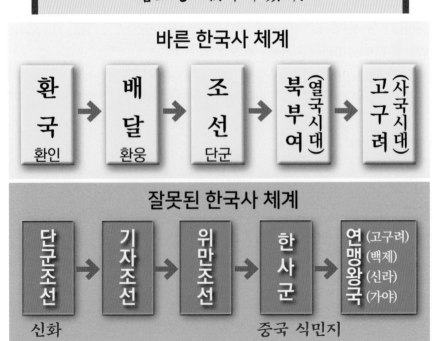

바른 한국사 체계

환국 (환인) ➡ 배달 (환웅) ➡ 조선 (단군) ➡ 북부여 (열국시대) ➡ 고구려 (사국시대)

잘못된 한국사 체계

단군조선 ➡ 기자조선 ➡ 위만조선 ➡ 한사군 ➡ 연맹왕국 (고구려) (백제) (신라) (가야)

신화   중국 식민지

Joseon, and Wiman (Weiman) Joseon.

They allude to the existence of Joseon, but only as a mythical kingdom. They are dismissing, out of hand, the very key to exposing the distortions in the history of our nation and of the creation of human civilization.

This speaks to why Joseon has become a myth, has been dismissed, and why Dangun Wanggeom is wearing tree leaves instead of imperial robes. This series of events is a grave insult to our culture, a travesty that strips every bit of pride from our nation.

Distorted Version of Three Joseons

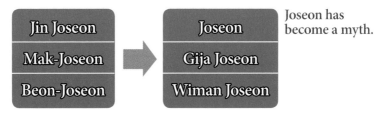

Jin Joseon

Mak-Joseon

Beon-Joseon

Joseon

Gija Joseon

Wiman Joseon

Joseon has become a myth.

Sam-jo-seon (三-朝-鮮) or "Three Joseons."
The distortion about these three characters is the trap that ensnared and erased the true history of Korea.

TRUE DYNASTIC HISTORY OF KOREA

Hwanguk → Baedal → Joseon → North Buyeo (Several States Period) → Goguryeo (Four Kingdoms Period)

Hwanin   Hwanung   Dangun

FALSE HISTORY OF KOREA

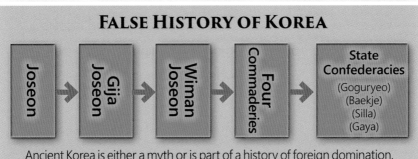

Joseon → Gija Joseon → Wiman Joseon → Four Commaderies → State Confederacies
(Goguryeo)
(Baekje)
(Silla)
(Gaya)

Ancient Korea is either a myth or is part of a history of foreign domination.

본래 우리 역사의 맥은 어떻게 되어 있을까요? 바로 『삼국유사』 「고조선」조에 있는 대로, '옛적에 환국이 있었다'고 한 그 환국에서 환웅천황의 신시 배달과 단군왕검의 조선이 계승되었습니다. 환국 – 배달 – 조선, 이렇게 내려갑니다. 그리고 해모수의 북부여로 이어지는데, 이것이 전부 무너졌습니다.

단군조선이 부정되니 환국과 배달도 동시에 자동으로 사라져 버렸습니다. 그리고 단군조선이 있던 곳에 중국이 한사군漢四郡을 설치하여 식민통치를 한 것으로 역사가 왜곡되었습니다. 한나라 무제의 네 개 식민지 군郡이 한반도 내의 평양 주변에 있었고, 그 이후 연맹왕국 시대로 이어져 고구려, 백제, 신라가 들어섰다는 것입니다.

일제日帝는 한민족 8백만 명을 무참히 학살하고 우리 시원 역사의 뿌리를 단절시켜 버렸습니다. 우리 역사의 숨통을 끊기 위해 **역사, 문화, 종교, 생활 분야 등 20여만 권*의 책을 수거하여 서울 남산에서 불질렀습니다.** 그리고 젊은 학생들을 독일로 유학 보내거나 독일의 학자들을 일본에 초청하여 랑케Leopold von Ranke(1795~1886)가 주장한 근대 실증사학을 도입하였습니다. 그 실증주의, 과학주의 이론 체계를 가지고 우리 시원 역사를 철저히 부정하고 말살하였습니다. 그 근거가 된 역사서가 바로 한민족 시원 역사를 말살하기 위해서 남겨

---

* 일제는 1910년 11월부터 1911년 12월까지 조선총독부 관보 제69호(1910. 11. 19)를 근거로 하여 '20여만 권'의 사서를 압수했다. (참고: 문정창의 『制憲國會史』, 1985년 10. 4 조선일보 기사)

레오폴드 폰 랑케(1795~1886)
문헌과 유물 연구를 통한 실증사학을 주장.

Leopold von Ranke (1795-1886)
A German historian and a founder of modern source-based history.

What did our history actually look like? As it is recorded in *Samguk Yusa*, "In the days of old there was Hwanguk," our very first state. Hwanguk was succeeded by Baedal, then by Joseon. Hwanguk, Baedal, and Joseon are all part of the same lineage. North Buyeo, founded by Haemosu, was the direct successor of Joseon. This lineage was discredited, then utterly destroyed.

Denying historicity to Joseon means Hwanguk and Baedal also disappear from history.

Joseon was then replaced with the Hansagun (漢四郡), or Four Chinese Commanderies, meaning China ruled that area as a colony. This version of history says there were four Chinese commanderies established by Wudi of Han on the Korean Peninsula around the Pyongyang area. This was followed by several confederate kingdoms that became the Three Kingdoms: Goguryeo, Baekje, and Silla.

In short, the colonial Japanese regime not only slaughtered eight million Koreans, they also destroyed all traces of the history of our foundation. To accomplish the latter, they burned at Namsan all manner of books on our history and culture.* Moreover, they introduced the modern positivist history of Leopold von Ranke, using scientific theory as a bludgeon to destroy and discredit the history of the creation of our nation. Young scholars were sent to study in Germany and German scholars were invited

----
* The Japanese Colonial Government confiscated 200,000 books between November 1910 and December 1911 in accordance with Governor-General Proclamation No. 69 (Nov. 19, 1910).

루드비히 리스(1861~1928)
동경제대 사학과 교수로 재직(1901~1928).
일본에 실증사학을 심음.

Ludwig Riess (1861-1928)

Riess was one of the German historians who was invited to serve as a foreign advisor by the Meiji government of the Empire of Japan in 1887. He introduced Ranke's research methods of historical research into Japanese academia.

두었던 『삼국유사』와 『삼국사기』입니다.

이제 『삼국유사』에 실린 「고조선」조 원본을 끝 구절까지 잠깐 살펴보기로 하겠습니다.

우리가 『삼국유사』 「고조선」조를 오랫동안 읽고, 글의 앞뒤 맥락을 스스로 깨닫다 보면 한암당寒闇堂 이유립李裕岦(1907~1986) 선생이 왜 이 글을 '신시개천경神市開天經'이라 정의했는지 알 수 있습니다.

일제는 이것을 한민족 시원 역사의 뿌리를 송두리째 말살하는 근거로 삼았습니다. 이 속에는 **환국과 배달과 조선, 그 역사의 진실이 들어있으면서도, 우리가 자충수를 둘 수밖에 없는, 역사 부정의 빌미를 제공하는 결정적이고도 치명적인 몇 가지 문제를 포함**하고 있습니다.

『삼국유사』는 한국인이 쓴 우리의 옛 기록 「고기古記」를 통해 단군조선의 뿌리를 선언합니다. 정리를 해 보면, 첫 구절은 중국 왕침王沈의 『위서魏書』를 인용해서, 당시로서는 2천 년 전에, 지금으로부터는 4천 년 전에 단군왕검이 있었다, 단군왕검이 실제 살아계셨다고 합니다. 실존 인물로서 아사달에 도읍을 정하고 나라를 세웠다는 것입니다.

그리고 이 단군조선, 이 나라는 어디서 왔는가? 이것을 「고기古記」를 인용하여 선언하고 있습니다. 그것은 놀랍게도, **'석유환국昔有桓國, 옛적에 환국이 있었다!'**라는 기록입니다. **단군조선의 원 뿌리가 환국**이라는 것입니다.

한암당 이유립(1907~1986)
『삼국유사』 「고조선」조를 『신시개천경』이라 정의함.

Master Hanamdang
(1907-1986. Real name: 'Yi Yu-rip.')
He named the "Old Joseon" chapter of *Samguk Yusa*
"Sinsi Gaecheon-gyeong"
("The Classic on the Foundation of Baedal").

to Japan, and positivist theory was enthusiastically embraced. The Japanese employed positivist logic to the full, combining meticulous analysis and physical evidence to refute and deny our history. Ironically, it was *Samguk Yusa* ("*Memorabilia of the Three Kingdoms*") and *Samguk Sagi* ("*Chronicle of the Three Kingdoms*") that served as main sources for this purpose, and thus these texts were left alone so our foundational history could be fully erased.

At this point, it will be worth our time to examine the "Old Joseon" chapter of *Samguk Yusa* from beginning to end.

Now, if we study the "Old Joseon" chapter long enough and take the time to fully understand the hidden subtexts and subtleties of the text, then we will come to appreciate why Master Hanamdang* called the chapter "Sinsi Gaecheon-gyeong" ("The Classic on the Foundation of Baedal").

As I have just mentioned, Japanese Imperialists actually twisted this into evidence in support of their efforts to erase the foundational history of the Korean nation. This was possible because while the text does contain historical truths about Hwanguk, Baedal, and Joseon, it also includes a number of serious problems that can actually be exploited to refute our own history.

Samguk Yusa shows us where the roots of Joseon lie using a *gogi*, an old record, written by Koreans a long time ago.

In a nutshell, drawing upon *Wei Shu* (魏書) by the Chinese historian Wang Chen (王沈) as a reference, the first sentence of the chapter says that someone named Dangun Wangeom actually existed four thousand years ago (two thousand years before *Wei Shu* was written). He created a place called 'Asadal' as his capital and founded his dynasty.

And where did Joseon, the *dangun*'s nation, come from? The chapter refers to *Gogi*, "*The Ancient Records*," written by ancient Koreans, in answering that question. The answer is astounding. It says, "In the days of old there was Hwanguk." This means the origins of Joseon lay in ancient Hwanguk.

----

* **Master Hanamdang.** This was his penname. His real name was 'Yi Yu-rip.'

지구촌 어느 민족도, 어느 나라도 기록으로 남기지 못한 **인류 시원 역사의 고향인 환국桓國이 있었다**는 겁니다.

고 기　운　석 유 환 국
古記에 云 昔有桓國하니

「고기古記」에 이르기를, 옛적에 (인류 창세 역사) 환국이 있었다.

(『삼국유사』「고조선」)

그 환국 환인천제의 아들 서자부의 환웅이 천부인天符印, 종통의 상징인 세 가지 성물을 가지고 동방에 와서 배달을 세우셨는데, 그 날이 개천절開天節입니다.

그런데, 그 뒤에 내용이 쭉 전개되다가 '환웅이, 곰이었다가 사람이 된 여자와 결혼을 해서 아들 단군을 낳았다'라고 합니다. 바로 여기서부터 역사가 잘못되었습니다.

『삼국유사』「고조선」의 *시원역사 왜곡*

① 웅족과 호족 (一熊一虎)

→ 곰과 호랑이로 묘사

② 단군조선 전반기 역사, 1908년

→ 1세 단군왕검 수명으로 왜곡

③ 환국·배달·조선의 7천 년 국가 개창사

→ 환인·환웅·단군의 3대 인물사로 변질

④ 인류 최초의 나라, 환국桓國

→ 불교 신화의 나라(帝釋)로 왜곡

⑤ 환웅과 웅족 여인의 결혼

→ 환웅이 여인이 된 곰과 결혼

Hwanguk was there—the pristine origin of human civilization, an ancient state not recorded by any other country or nation on earth.

> 古記에 云 昔有桓國하니
>
> A *gogi* records that: "In the days of old there was Hwanguk."
> ("Old Joseon" chapter of *Samguk Yusa*)

It was the son of Emperor Hwanin of Hwanguk, Hwanung of Seojabu ("Group of Sons"), who came to this land in the east with the Cheonbuin (天符印), or the Three Hallowed Artifacts, which symbolized the dynastic legitimacy and authority of Hwanguk, and established Baedal. This is the event that rightly should be commemorated as Gaecheon-jeol (開天節), and not the 'Foundation Day' that is known today.

Then the chapter states that after many years, Hwanung married a bear turned woman who gave birth to a son, Dangun. Now, this is where history starts to go wrong.

- -

The Distortion of Ancient Korean History by the "Old Joseon" Chapter of *Samguk Yusa*

1. **Bear Tribe and Tiger Tribe**
   → Become a bear and a tiger

2. **1908-year history of Joseon**
   → Becomes the lifespan of first *dangun*

3. **7,000-year history of the founding and prospering of Hwanguk/ Baedal/ Joseon**
   → Becomes a personal history of Hwanin/ Hwanung/ Dangun

4. **Hwanguk, the first state in human history**
   → Becomes a fictional country from Buddhist mythology

5. **Marriage of Hwanung and a woman of the Bear Tribe**
   → Becomes Hwanung's marriage to a bear-woman

이 책을 쓴 **일연 스님**이 '**환국은 제석帝釋의 나라**'라는 주석을 붙여 불교 신화로 말하고, 또 환웅이 여자가 된 곰과 결혼을 해서 단군을 낳았다고 했습니다. 여기서 웅족과 호족을 한 마리 곰과 호랑이로 잘못 해석하게 되고, 환국 - 배달 - 조선이 3대 인물사로 변질됩니다. 그리하여 '이게 전부 신화가 아닌가!' 이렇게 부정하는 논리가 제공됩니다.

한민족 시원 역사의 말살을 지휘한 총 사령탑인 '조선사편수회'의 3인방 가운데 막내인 **금서룡今西龍**이 한 글자를 가지고 우리 역사의 근원을 부정하게 만들었습니다. '**석유환국昔有桓國'이라는 원문**에서 '**나라 국國' 자를 '인囚'으로 조작**해서, 환인과 그 계승자 환웅, 그리고 그 아들 단군의 3대 이야기로 만들었습니다. 그래서 이것은 신화요, 믿을 수 없는 스토리라는 것입니다. '석유환인昔有桓囚', 이것이 우리 한국사를 총체적으로 말살한 회심의 작품입니다.

이런 문제점이 있지만 『삼국유사』「고조선」조에는 아주 중대한 진실이 들어있습니다. 환국, 배달, 조선이라는 삼왕조 역사의 대의가 다 들어있는 것입니다.

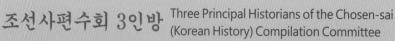

조선사편수회 3인방 Three Principal Historians of the Chosen-sai (Korean History) Compilation Committee

구로이타 가쓰미
黑板勝美
Kuroita Katsumi

이나바 이와키치
稲葉岩吉
Inaba Iwakichi

이마니시 류
今西龍
Imanishi Ryu

Additionally, Il-yeon, who wrote *Samguk Yusa*, commented that Hwanguk was the 'Kingdom of Indra,' using a term from Buddhist mythology, and also stated that Hwanung married a bear-turned-woman who gave birth to Dangun. This represents a misinterpretation of the Bear Tribe and the Tiger Tribe as a bear and a tiger, and the dynastic histories of Hwanguk, Baedal, and Joseon were turned into a depiction of personal succession (Hwanin-Hwanung-Dangun). This became fodder for a line of reasoning that was used to dismiss all of this as myth.

The man spearheading efforts to erase the foundational history of the Korean nation was Imanishi Ryu, the youngest of the three main members of the Chosen-sai ("Korean History") Compilation Committee, who altered a character from the chapter and completely refuted the origins of the Korean nation. The character I am talking about is the character for 'country (国)' in the passage, "In the days of old there was Hwanguk (昔有桓国)." Imanishi changed the character for "country" into that for "cause" (因). This turned the history of three dynasties into a succession tale of three generations: grandfather (Hwanin), son (Hwanung), and grandson (Dangun). Thus, it became a myth that was unbelievable and easily discredited.

The new passage, "In the days of old, there was Hwanin (昔有桓因)," became the dagger that sabotaged our entire history.

While *Samguk Yusa* is a highly flawed record, its "Old Joseon" chapter still contains a very important truth. It still retains the collective truth of the Three Dynasties: Hwanguk, Baedal, and Joseon.

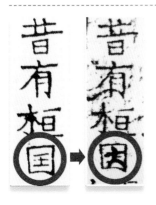

'나라 국國' 자를 '인因'으로 조작해서
환인 · 환웅 · 단군의 역사는 신화이며 믿을 수 없는
이야기로 부정

"In the days of old, there was Hwanguk."
"In the days of old, there was Hwanin."
The history of Hwanin, Hwanung, and Dangun is
regarded as myth and dismissed as implausible.

그리고 또 한 가지 중요한 사실을 알 수 있습니다. 단군왕검이 나라를 세운 뒤에, 수도를 두 번 더 옮겼습니다. 아사달에서 백악산으로, 그리고 장당경으로 옮겼다고 했습니다.『환단고기』를 보면 처음 도읍지는 송화강松花江 아사달로 지금의 하얼빈인데, 이후 백악산白岳山 아사달 그리고 장당경藏唐京 아사달로 수도를 옮겼다는 기록이 있습니다.

『삼국유사』「고조선」조에는 단군왕검 한 분이 1,908년을 산 것으로 돼 있는데, 바로 이것이 너무도 중요한 것으로, 물론 이것은 믿을 수 없는 신화로 부정되는 빌미가 되기도 하지만, **단군조선이 지속한 기간이 1,908년이라는 진실**을 정말로 멋지게 밝혀주고 있습니다.

단군조선 2,096년 3대 왕조사 (『단군세기』)

제1왕조	1세 단군왕검 ~ 21세 소태단군 (총 1,048년)	1,908년
제2왕조	22세 색불루단군 ~ 43세 물리단군 (총 860년)	
제3왕조	44세 구물단군 ~ 47세 고열가단군 국호 변경: 대부여大夫餘	188년

『삼국유사』「고조선」의 단군왕검 수명

단군조선 역년	1세-43세 단군	1,908년

행촌 이암이 쓴『단군세기』를 보면, **단군조선은 세 왕조**로 전개되었으며 전체 역사는 2,096년입니다. 실제 '조선'이라는 이름으로 국가가 존속한 것은 시조 단군왕검에서 43세 물리단군까지 1,908년(1, 2왕조)입니다. 제3왕조인 44세 구물단군부터 마지막 47세 고열가단군까지 188년 동안은 나라 이름이 '대부여大夫餘'였습니다.

There is one more important fact contained in the chapter. It states that after founding his dynasty, Dangun moved his capital twice. First from Asadal to Baegaksan, and then to Jangdang-gyeong. According to *Hwandan Gogi*, Asadal was located in Harbin, near the Sunghua River. This was the first capital; then came Baegaksan; and after that, Jangdang-gyeong.

There is also a passage in the chapter that states that Dangun Wanggeom lived for 1,908 years. This is also a critical fact. Although this gives cause to the doubters to deny our history as myth, it also implicitly reveals the historical truth that the dynasty of the *dangun*s lasted for 1,908 years.

History of Joseon: 2,096 Years, Three Dynasties (Source: *Dangun Segi*)

First Dynasty	Wanggeom (1st Dangun) – Sotae (21st Dangun) [1,048 Years]	1,908 Years
Second Dynasty	Saekbulu (22nd Dangun) – Mulli (44th Dangun) [860 Years]	
Third Dynasty	Gumul (44th Dangun) – Goyeolga (47th Dangun)	188 Years

The "Old Joseon" chapter in *Samguk Yusa* states that Dangun Wanggeom's lifespan was 1,908 years.

In *Dangun Segi*, or *The Dynastic History of Dangun*, written by Yi Am, Joseon actually is a history of three dynasties spanning 2,096 years. The dynasty that had the name 'Joseon' actually lasted 1,908 years from its founder, Wanggeom, to the forty-third *dangun*, Mulli (a span that includes the first and second dynasties).

The third dynasty, which lasted 188 years from Gumul, the forty-fourth *dangun*, to Goyeolga, the forty-seventh *dangun*, was actually named 'Daebuyeo' or 'Great Buyeo.'

단군조선의 천도遷都

삼국유사三國遺事 고조선古朝鮮(왕검조선王儉朝鮮)

　이유립은, 일연 스님의 『삼국유사』〈고조선〉[왕검조선]에 인용한 고기古記를 배달의 초대 환웅천황 때의 사관인 신지神誌 혁덕赫德의 작품으로 보고 이를 따로 떼내어 상경·중경·하경으로 나눈 뒤 이것을 『신시개천경神市開天經』이라고 정명正名하였다.

위 서　운 내 왕 이 천 재　유 단 군 왕 검　입 도 아 사 달
魏書에 云 乃往二千載에 有壇君王儉이 立都阿斯達하시고
개 국 호 조 선　　여 고 동 시
開國 號朝鮮하시니 與高同時니라

『삼국유사』
1281년(고려 25대 충렬왕 7년) 경에 일연一然(속명 견명見明, 1206년~1289년) 국사國師가 편찬한 사서史書.

　『위서魏書』에 이렇게 말했다. 지난 2,000년 전에 단군왕검께서 도읍을 아사달에 정하시고 나라를 세워 이름을 조선이라 하시니 요 임금과 같은 시대였다.

The Three Sites of the Capital of Joseon

The 2nd Site:
Baegaksan / Changchun

장춘

The 3rd Site:
Jangdang-gyeong / Kaiyuan

개원

About the "Old Joseon" Chapter ("Wanggeom Joseon") in Samguk Yusa

Yi Yu-rip surmised that the *Gogi* ("*Ancient Records*") that was referenced by Il-yeon in the writing of the "Old Joseon" chapter of *Samguk Yusa* was a text written by Hyeokdeok, a scribe (*sinji* 神誌) of the first *hwanung* of the Baedal dynasty. Yi separated the chapter from the rest of the text; divided it into upper, middle and lower chapters; and renamed it "Sinsi Gaecheon-gyeong."

A Passage from the "Old Joseon" Chapter in Samguk Yusa

魏書에 云 乃往二千載에 有壇君王儉이 立都阿斯達하시고
開國 號朝鮮하시니 與高同時니라

In the *Book of Wei*, it is written, "Two thousand years ago, Dangun Wanggeom established a nation named 'Joseon' and made Asadal his capital. This coincided with the era of King Yao's reign."

Samguk Yusa ("*Memorabilia of the Three Kingdoms*") is a historical text published by the Buddhist monk Il-yeon (personal name 'Gyeong-myung') in 1281 CE.

고 기　운 석 유 환 국　　서 자 환 웅　삭 의 천 하
古記에 云 昔有桓国하니 庶子桓雄이 數意天下하야

탐 구 인 세　　부 지 자 의　　　하 시 삼 위 태 백
貪求人丗어늘 父知子意하시고 下視三危太伯하시니

가 이 홍 익 인 간
可以弘益人間이라

『고기』에 이렇게 말했다. 옛적에 환국이 있었다. 서자부의 환웅이 자주 천하에 뜻을 두고 인간세상을 구하고자 하거늘, 환국을 다스리시는 아버지 환인께서 아들의 이런 뜻을 아시고 아래로 삼위산과 태백산을 내려다보니 홍익인간이 되게 할 만한 곳인지라.

내 수 천 부 인 삼 개　　견 왕 이 지
乃授天符印三箇하사 遣往理之하시니라

웅　솔 도 삼 천　　강 어 태 백 산 정 신 단 수 하
雄이 率徒三千하사 降於太伯山頂神壇樹下하시니

위 지 신 시　시 위 환 웅 천 왕 야
謂之神市오 是謂桓雄天王也시니라

이에 아들에게 천부天符와 인印 세 개를 주어 그곳으로 보내 다스리게 하셨다. 이에 환웅이 무리(삼랑) 3,000명을 거느리고 태백산 꼭대기 신단수 아래에 내려오시어 이를 신시神市라 이르시니, 이분이 바로 환웅천황이시다.

장 풍 백　우 사　운 사 이 주 곡　주 명　주 병　주 형　주 선 악
將風伯·雨師·雲師而主穀·主命·主病·主刑·主善惡하시고

범 주 인 간 삼 백 육 십 여 사　　재 세 이 화
凡主人間三百六十餘事하사 在世理化하시니라

환웅께서 풍백風伯·우사雨師·운사雲師와 주곡主穀·주명主命·주병主病·주형主刑·주선악主善惡을 거느리시어 인간세상의 360여 가지 일[人事]을 주관하시고, 세상을 신교神敎의 진리로 다스려 교화하셨다.

시　유 일 웅 일 호　동 혈 이 거　　상 기 우 신 웅
時에 有一熊一虎가 同穴而居러니 常祈于神雄하야

원 화 위 인　　시　신 유 영 애 일 주　산 이 십 매
願化爲人이어늘 時에 神遺靈艾一炷와 蒜二十枚하시고

古記에 云

Gogi ("*Ancient Records*") records:

昔有桓国하니 庶子桓雄이 數意天下하야 貪求人世어늘
父知子意하시고 下視三危太伯하시니 可以弘益人間이라

In the days of old there was Hwanguk. Hwanung of Seojabu aspired to save all under heaven and bring deliverance to the human world.

Perceiving his son's aspiration, Hwanin, ruler of Hwanguk, gazed upon Mt. Sanwei and Mt. Taebaeksan and deemed both suitable for benefitting humanity widely.

乃授天符印三箇하사 遣往理之하시니라
雄이 率徒三千하사 降於太伯山頂神壇樹下하시니 謂之神市오
是謂桓雄天王也시니라

Hwanin thus granted his son Hwanung the Heavenly Emblems and Seal—the Three Treasures—then sent him forth to rule this region.

Hwanung led three thousand people down to the foot of the Divine Tree on the summit of Mt. Taebaeksan. He named this place 'Sinsi' ("Divine City"), and he was called 'Heavenly Emperor Hwanung.'

將風伯·雨師·雲師 而主穀·主命·主病·主刑·主善惡하시고
凡主人間三百六十餘事하사 在世理化하시니라

Hwanung led the Wind General (Pungbaek), Rain Master (Usa), and Cloud Teacher (Unsa), as well as the ministers of agriculture, decrees, law, health, and morality, in overseeing more than 360 human affairs. He ruled and enlightened the people of the world with the truth of Spirit Teaching.

時에 有一熊一虎가 同穴而居러니 常祈于神雄하야
願化爲人이어늘 時에 神遺靈艾一炷와 蒜二十枚하시고

^{왈 이배식지 불견일광백일 변득인형}
曰「爾輩食之하고 不見日光百日이면 便得人形하리라」

이때 웅족과 호족이 같은 굴에 살았는데, 늘 삼신과 환웅께 교화를 받아 천왕의 백성이 되게 해 달라고 빌었다. 이에 환웅께서 삼신이 내려주신 비법으로 쑥 한 묶음과 마늘 스무 매를 영험하게 만드시고 내려주시며 이르시기를, "너희들은 이것을 먹으면서 100일 동안 햇빛을 보지 않아야 천왕의 백성 자격을 얻게 될 것이니라." 하셨다.

웅 호 득 이 식 지 기 삼 칠 일 웅 득 여 신
熊虎得而食之하고 忌三七日이러니 熊得女身이나

호 불 능 기 이 부 득 인 신 웅 녀 자 무 여 위 혼 고
虎不能忌하야 而不得人身이라 熊女者 無與爲婚 故로

매 어 단 수 하 주 원 유 잉 웅 내 가 화 이 혼 지
每於壇樹下에 呪願有孕이어늘 雄이 乃假化而婚之하사

잉 생 자 호 왈 단 군 왕 검
孕生子하시니 號曰壇君王儉이시니라.

웅족과 호족이 쑥과 마늘을 받아먹으면서 삼칠일 동안을 삼감에 웅족 여왕은 그 지위를 인정받았으나, 호족 왕은 금기를 지키지 못하여 그 지위를 인정받지 못하였다. 웅족 여왕은 혼인할 곳이 없으므로 늘 신단수 아래에 와서 아이를 갖게 해 달라고 빌었다. 이에 환웅께서 크게 포용하여 웅족 여왕과 혼인해 아들을 낳으시니 이름을 단군왕검이라 하였다.

이 당 고 즉 위 오 십 년 경 인 도 평 양 성
以唐高卽位五十年庚寅에 都平壤城하시고

시 칭 조 선 우 이 도 어 백 악 산 아 사 달
始稱朝鮮하시니라 又移都於白岳山阿斯達하시니

우 명 궁 일작방 홀 산 우 금 미 달 어 국 일 천 오 백 년
又名弓(一作方)忽山이오 又今彌達이니 御國一千五百年하시니라

당唐나라 요임금이 즉위한 지 50년이 되던 경인庚寅년에 평양성에 도읍하고 비로소 조선이라 일컬었다. 또 도읍을 백악산 아사달로 옮겼는데 그곳을 궁홀산弓忽山, 또는 금미달이라고도 하니 이곳에서 1,500년 동안 나라를 다스렸다.

日「爾輩食之하고 不見日光百日이면 便得人形하리라」

During this period, the Bear Clan and Tiger Clan, who lived in the same region, continually beseeched the divine Hwanung to change them into ideal persons.

In response, Hwanung gave them divine items, which were a bundle of mugwort and twenty cloves of garlic, and he commanded, "Eat these and avoid the sunlight for one hundred days. If you do, you will become ideal humans."

熊虎得而食之하고 忌三七日이러니 熊得女身이나
虎不能忌하야 而不得人身이라 熊女者 無與爲婚 故로
每於壇樹下에 呪願有孕이어늘
雄이 乃假化而婚之하사 孕生子하시니 號曰壇君王儉이시니라

The Bear Clan and Tiger Clan disciplined themselves for three seven-day periods spanning twenty-one days, consuming only the mugwort and garlic. The Bear Clan members became ideal women. But the Tiger Clan failed to comply with the precepts and did not attain ideal human form.

Thereafter, a woman of the Bear Clan, lacking any ideal man to marry, came to the foot of the Divine Tree daily and prayed to be blessed with a baby. Hence, Hwanung granted her provisional acceptance into the Hwan people, married her, and begot with her a son: Dangun Wanggeom.

以唐高即位五十年庚寅에 都平壤城하시고 始稱朝鮮하시니라
又移都於白岳山阿斯達하시니
又名弓(一作方)忽山이오 又今彌達이니 御國一千五百年하시니라

Dangun Wanggeom named his nation 'Joseon' and established his capital in Pyeongyangseong. This was during the year of the White Tiger, fifty years after King Yao began his rule. The capital was moved to Asadal at Mt. Baegaksan, also known as 'Mt. Gungholsan' ('Mt. Bangholsan') or 'Geummidal.' From Asadal, Dangun Wanggeom ruled the nation for 1500 years.

주 호 왕 즉 위 기 묘　　봉 기 자 어 조 선
周虎王 卽位己卯에 封箕子於朝鮮하니

단 군 내 이 어 장 당 경　　　후　　환 은 어 아 사 달
壇君乃移於藏唐京이라가 後에 還隱於阿斯達하사

위 산 신　　　수　　일 천 구 백 팔 세
爲山神하시니 壽는 一千九百八歲시니라

주나라 무왕이 즉위한 기묘己卯(BCE 1122)년에 무왕이 기자箕子를 조선에 봉하니, 이에 단군이 장당경으로 옮겨 가셨다가 뒤에 돌아와 아사달에 은거하여 산신이 되시니 수가 1,908세이셨다.

당 배 구 전　　운 고 려　　본 고 죽 국
唐裵矩傳에 云 高麗는 本孤竹國이니

주 이 봉 기 자 위 조 선　　　한 분 치 삼 군
周以封箕子爲朝鮮하고 漢分置三郡하니

위 현 도 낙 랑 대 방　북대방
謂玄菟樂浪帶方(北帶方)이라하고

통 전　　역 동 차 설
通典도 亦同此說이라

『구당서舊唐書』「배구전裵矩傳」에 이르기를, 고구려는 본래 고죽국인데 주나라가 기자를 봉하여 조선왕으로 삼았다. 한나라가 이를 나누어 3군을 설치하여 현도, 낙랑, 대방이라 불렀다.
『통전』의 기록도 역시 이 설과 같다.

마지막에 보면 '기자조선'이 있었던 것처럼 기록해 놓았습니다. 중국 하은주夏殷周 시대의 마지막 나라인 주나라의 무왕이 은나라 말기에 살던 세 사람의 현자 가운데 기자箕子를 동방 조선의 초대 왕으로 임명했다는 것입니다. 단군은 다 사라져 버리고, 조선의 주인이 기자라는 것이지요. 이것을 『삼국유사』에 기록해 놓고 "중국의 문서를 보면, 한나라가 설치한 식민지 군이 세 개가 있다더라"라고 하고는 '무엇이 진실인가?' 하는 의혹을 제기하면서 끝나 버립니다.

周虎王 即位己卯에 封箕子於朝鮮하니

壇君乃移於藏唐京이라가 後에 還隱於阿斯達하사

爲山神하시니 壽는 一千九百八歲시니라

King Wu of the Zhou Dynasty became ruler in the year of the Yellow Rabbit (1122 BCE) and assigned Gija to rule Joseon. Dangun thus relocated to Jangdang-gyeong. He returned to Asadal only later, and there he entered into seclusion, became a mountain deity, and lived 1,908 years.

唐裴矩傳에 云

In the "Biography of Pei Ju" in *The Book of Tang*, it is written:

高麗는 本孤竹國이니

周以封箕子爲朝鮮하고 漢分置三郡하니

謂玄菟樂浪帶方(北帶方)이라하고 通典도 亦同此說이라

Goguryeo was originally Gojukguk, and the Zhou Dynasty appointed Gija as the King of Joseon. The Han Dynasty divided this land into three commanderies called 'Xuantu,' 'Lelang,' and 'Daifang (North Daifang).'

Tongdian provides the same account.

In the last part of the chapter is the story of Joseon, established by Gija (or Jizi), which succeeded the Joseon of the *dangun*s. The story states that King Wu of Zhou (last of China's three ancient dynasties of Xia, Shang, and Zhou) appointed Gija, one of the three wise men of late Shang, as the first King of Joseon. The *dangun*s thus disappear from our history, and Gija becomes the ruler and sovereign of Joseon. This is what was written into *Samguk Yusa*. At the end of the chapter are passages about three commanderies of Han China that appear in Chinese records, in the footnote of which the author raised a question regarding whether three or four is an accurate number (not whether the commanderies actually existed).

주 이 봉 기 자 위 조 선
周以封箕子爲朝鮮

주나라(무왕)가 기자를 봉하여 조선왕으로 삼았다.

(『삼국유사』「고조선」)

환국, 배달, 조선의 한민족 뿌리 역사가 이렇게 신화의 역사, 인물사가 되어 완전히 잘려나갔습니다.

그 결론은 무엇인가? 일제와 중국이 동방 문화의 원주인이요 문화의 아버지요 종주인 환국, 배달, 조선의 역사를 어떻게 마무리했는가? 결론은 '북쪽은 중국이 기자조선과 한사군을 두었으니 중국의 식민지였고, 남쪽은 일본이 3세기 후반에 가야 땅에 임나일본부任那日本府를 두었으니 일본의 식민지였다'라는 것입니다. 다시 말해서 대한민국의 역사는 본래 북쪽은 중국의 식민지로, 남쪽은 일본의 식민지로 시작되었다는 것입니다. 중국의 패권주의 역사관, 일본의 침략주의 역사관이라는 두 칼날이 한민족 역사의 뿌리를 단절시킨 것입니다.

대한민국의 강단사학자들은 고고학을 근거로 해서 이구동성으로 '국가 건설의 기준은 청동기이다. 대한민국은 청동기 문화가 한 3천 년밖에 안 됐다'라고 말합니다.

중국과 일본의 식민지로 시작된 대한민국 역사

중국 식민지 ▸ 한사군 ▸ 위만조선 ▸ 기자조선

일본 식민지 ▸ 임나일본부

周以封箕子爲朝鮮

King Wu of Zhou enfeoffed Jizi as the ruler of Joseon.
("Old Joseon" chapter of *Samguk Yusa*)

This is how the foundational history of our nation—Hwanguk, Baedal, and Joseon—became personal histories, a myth, and was excluded from written history.

Where does all of this lead? Into what did colonial Japan and China turn the history of Hwanguk, Baedal, and Joseon? Dynasties that were the creators of Eastern culture and the originators of that civilization?

According to them, the northern part of Korea was occupied by Gija and the Han Commanderies, so Korea was essentially a colony of China. In the south, the Japanese entered Gaya territory in the late third century and established Mimana-fu. Thus, southern Korea was a Japanese colony. This is what they are saying.

What does this assert? It asserts that Korea historically began as a colony. Northern Korea was colonized by China, and the southern part of Korea by Japan.

Our history was thoroughly hacked apart by the hegemonic history of the Chinese and the imperialistic history of the Japanese, and we have been cut off from our roots.

This really begs a question: what are scholars in Korea's historical establishment saying about this issue? Well, they say that the Bronze Age was the critical threshold of statehood, and that based on archaeological evidence, the Bronze Age in Korea only started three thousand years ago.

The Erroneous Claims that the History of Korea Began as an Occupied Colony of China and Japan

Colony of China	Colony of Japan
‣ Four Commanderies of Han	‣ Imna Ilbonbu
‣ Wiman Joseon	(Mimana Nihonfu)
‣ Gija Joseon	

　그러나 실제로는 청동기 문화가 4,500년 전까지 올라가고, 4,700년 전 황제헌원, 동방의 천자 치우천황 때까지도 거슬러 올라갑니다. 서양에 가보면 5천 년 이전의 청동기 문화가 나오는 곳도 있습니다. 그런데 강단사학에서는 '한국은 청동기 역사가 기껏 3천 년 전후다. 그래서 그 전에는 역사가 성립될 수 없다'라고 주장합니다.

동아시아의 청동기 문화

管子曰蚩尤受盧山之金하야而作五兵이라.
관자에 '치우가 노산의 금을 얻어 다섯 가지 병기를 만들었다'고 하였다.

(『사기색은』「오제본기五帝本紀」)

　'치우가 금속으로 병기를 만들었다'는 기록은 금속 무기의 원조가 치우천황임을 밝히고 있다. 실제로 치우천황이 다스리던 시기인 약 4,700년 전(BCE 27세기)에 동아시아 지역에서는 이미 청동이 사용되고 있었다는 사실이 유물을 통해 밝혀졌다.

　요서 지방과 내몽골 일대에서도 하가점 하층문화夏家店下層文化라 불리는 청동기문화가 약 4,400년 전(BCE 24세기)부터 존재했다. 신석기시대 홍산문화紅山文化의 후기 유적인 요령성 건평현 홍산 우하량牛河梁 유적에서도 5,000여 년 전(BCE 3000년 경)에 이미 청동기를 제작하였다는 새로운 사실이 밝혀지고 있다.(편집자 주)

　서울 용산에 있는 중앙국립박물관을 가보면, 〈고조선실〉을 작은 사글셋방처럼 꾸며놓고 한반도에서 출토된 청동검과 질그릇 등 도구 몇 개를 진열해 놓았습니다. 여기서 대한민국의 역사 인식이 어느정도인지 분명히 확인할 수 있습니다. 또 중고등학교 역사교과서를 통

But the truth is that the Bronze Age in Korea began 4,500 years ago. Actually, I should say 4,700 years, all the way back to the time of the Yellow Emperor and to Chiu, the Emperor of Baedal at the time. If we look at Europe and the West, their Bronze Age can be traced back five thousand years. But we still have historians in Korea saying, 'The Bronze Age in Korea only dates back three thousand years, and there is no state history before that.'

The Bronze Age of East Asia

管子日 蚩尤受盧山之金하야 而作五兵이라.

"In Guanzi, it is said, 'Chiu gained possession of metals from Lushan and fashioned five kinds of weapons.'" ("Chronicles of the Five Emperors," *Shiji Suoyin*)

There is a record that states, "Chiu had fashioned weapons of war with metal." This shows that it was Emperor Chiu who first made metal weaponry. Many artifacts attest to the fact that bronze was already being used in East Asia 4,700 years ago (2700 BCE), when Emperor Chiu was on the throne.

In addition, there was a thriving Bronze Age culture 4,400 years ago (2400 BCE) in Liaoxi and Inner Mongolia, known as the 'Lower Xiajiadian Culture.' In fact, bronze implements were already being made at the Niuheliang site in Liaoning province, which represents the later phase of the neolithic Honghsan culture and has been dated to approximately five thousand years ago (3000 BCE).

During visits to the National Museum near Yongsan, people are greeted by the 'Old Joseon' room, which is but a small exhibition room with a rather paltry collection of excavated artifacts.

In contemplating all of this, we really must ask ourselves: what are we learning in our history books? We are learning in these

해서도 우리 한민족의 역사를 한반도 안으로 축소시켜 놓은 **소한사관小韓史觀, 반도사관半島史觀**에서 벗어나지 못하고 있습니다.

일본 기후현 미노카모시에는 일본의 근대 학자로 유명한 쓰다 소키치津田左右吉의 기념관이 있습니다. 그가 태어나 살던 집을 역사박물관으로 만들어 놓은 것입니다. 쓰다 소키치가 어느 정도로 공부를 한 근대 사학자인지 잘 알 수 있게 유물을 전시해 놓았습니다.

그 쓰다 소키치가, '한반도 남쪽 백제 땅에는 쉰네 개의 소국(성읍국가)이 있었고, 신라 쪽에는 열두 개, 가야에도 열두 개의 소국이 있었다'라고 했습니다. 진수陳壽의 『삼국지三國志』 「동이열전東夷列傳」〈한조漢條〉에 있는 내용을 살짝 따다가 한반도 남부에 일흔여덟 개의 동네 국가가 바글바글했다고 한 것입니다.

쓰다 소키치津田左右吉
Tsuda Sokichi
(1873~1961)

그러나 당시 일본에는 약 백여 개의 작은 국가가 있었습니다. 그런데 히미코라는 여왕이 근 30여 개를 통합하고, 나중에 4세기 후반에 백제계와 부여계에서 건너간 기마민족, 즉 우리 조상들이 야마토 정권으로 통합했습

서울 국립중앙박물관 고조선실

고조선의 변천
Change of Gojoseon

한국식 동검 문화의 성립
Establishment of
Korean Type Bronze Dagger Culture

textbooks a picture of Korea as a little country, what I call 'a peninsular history' wherein little Korea is crammed inside a little peninsula.

In Japan, they have turned the former house of the famous modern historian Tsuda Sokichi into a history museum, arranging the exhibits in a way that highlights how erudite a historian Tsuda was.

For us, however, Tsuda is the man who essentially told us, 'All you had in southern Korea, in Baekje territory, were fifty-four little statelets. In Silla's territory, you had twelve tiny statelets. And you also had twelve little statelets in the Gaya area.' He alluded to the "Han" section of "The Annals of Dongyi" in *Records of the Three Kingdoms* (三國志 東夷列傳 韓條) written by Chen Shou (陳壽), which says that seventy-eight tiny statelets, essentially town-states, were packed into southern Korea.

But what about Japan, then? It was divided into over one hundred tiny statelets. Then a queen named 'Himiko' linked thirty of them together loosely. The rest were only consolidated into the so-called 'Yamato regime' in the late fourth century by a people referred to as 'horse riders,' who were actually Baekje and Buyeo emigrants.

Old Joseon Room, National Museum of Korea, Seoul.

히미코卑彌呼 여왕
2세기 후반, 소국들 간 전쟁에서 야마대국耶馬台國 히미코 여왕이 30여개 나라를 통합함(『삼국지』「위지동이전」)

Queen Himiko
(Third-century CE ruler of Yamataikoku in ancient Japan.) According to the "Book of Wei" in *Records of the Three Kingdoms*, she became a ruler following decades of warfare among thirty or so small communities of Wa during the late Yayoi period.

니다. 그런데 역사 콤플렉스를 가지고 있는 그들은 한민족의 유구한 역사의 뿌리를 보고 충격을 받아서, '한민족을 영구히 지배하기 위해서는 역사의 뿌리를 잘라내야 한다!'고 했습니다. 이것이 초대 통감으로 온 이토 히로부미伊藤博文의 특명입니다.

조금 전에 살펴본 우리 역사의 뿌리를 말살시킨 3인방 가운데 이마니시 류今西龍와 쓰다 소키치의 회심작이 바로 '한민족의 고대국가가 실제 성립한 것은 4세기에 가서나 가능했다. 한국의 역사는 1,600년이다'라는 것입니다.

그런데 이것도 더 끌어내려서 지금은 AD 5세기, 6세기 쯤에 와서야 비로소 진정한 왕조 국가의 체제를 완비했다고 말하고 있습니다.

기자조선箕子朝鮮이라는 것도 원래 없는 것입니다. 이것은 우리 한민족 역사의 뿌리를 제거하기 위해 하나의 전략으로서 중국이 주장한 것입니다. 기자조선은, 기자가 한반도에 와서 조선의 왕이 되어 다

"일본이 조선을 영구지배하려면
조선역사 뿌리를 제거해야 한다."

Ito believed that Japan could establish perpetual control over Korea by exterminating Korean culture and Korea's historical roots.

이토 히로부미伊藤博文 Ito Hirobumi (1841-1909)

So, the Japanese, who always had a historical inferiority complex toward the Koreans, were utterly shocked when they read about the roots of our history. They were determined to cut Koreans off from the root of their history, so much so that Ito Hirobumi, the first Japanese resident-general in Korea, issued a special directive. And it was one of the three main historical conspirators whom I just talked about, Imanishi Ryu, along with Tsuda Sokichi, who advanced their most far-reaching theory—that ancient states in Korea were only formally established around the fourth century CE, which would mean that Korean history was only 1600 years old.

And now, that has been shortened even further by the assertion that Koreans were only able to establish formal dynastic states in the fifth and sixth centuries CE.

This entity called 'Gija Joseon' (箕子朝鮮) never existed.

It is a dubious claim made by China, as a ploy to erase the origins of Korean history. The theory claims that someone named 'Gija' came to the Korean Peninsula and became King of Joseon.

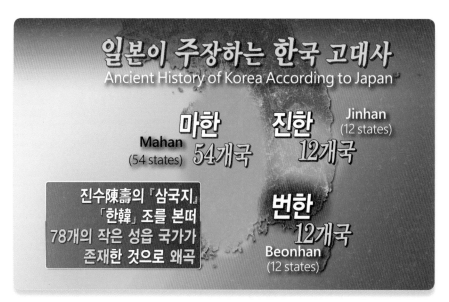

Japan actively approved the false claim in the "Han" section of Chen Shou's *History of the Three Kingdoms* that 78 tiny statelets/city-states were packed into southern Korea during the Four Kingdoms period.

스렸다는 것입니다.

『환단고기』에는 25세 솔나率那단군 때 '기자가 서화西華라는 곳에 와서 은둔했다'라고 했습니다. 자기가 살던 은나라가 망하자 동방 땅 문화 조국으로 와서 은둔생활을 했다는 것입니다. 중국을 답사해 보면 기자는 서화 지역 위아래에서 돌다가 거기서 돌아가셨다는 것을 알 수 있습니다.

기자의 실체에 대한 진실

箕子가 徒居西華하야 謝絶人事하니라

기자가 서화(중국 하남성)에 살면서 인사를 사절하였다.

- 『단군세기』 솔나 37년(BCE1114)

According to *Hwandan Gogi*, Gija moved to a place called 'Xi-hua' and went into hiding during the reign of Solna, the twenty-fifth *dangun*. Essentially, Gija retreated to his ancestral home in the east and became a hermit after Shang, the kingdom that he served, fell. If we actually go to China and investigate, it becomes fairly certain that Gija never left his place in the Xihua region and died there.

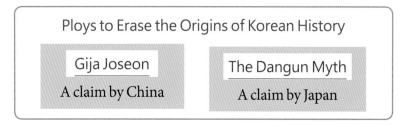

箕子가 徙居西華하야 謝絶人事하니라

In the *dangun*'s thirty-seventh year of rule (1114 BCE), Gija (Jizi) moved to Seohwa and withdrew from public life. *(Dangun Segi of Hwandan Gogi)*

고려에 와서는 '단군보다 기자가 훨씬 더 높은 분이다. 우리에게는 문화의 근원이 되는 분이다' 이렇게 왜곡되었습니다. 또 『조선왕조실록』을 보면 이성계가 역성혁명을 해서 고려 왕조를 무너뜨리고 태조로 등극하는데, 중국을 천자의 나라라 해서 명 태조 주원장朱元璋에게 사절을 보내 "나라 이름을 '조선朝鮮'과 '화령和寧' 가운데 선택하여 윤허를 내려 주옵소서."라고 했습니다. 또 국서에 '일찍이 기자 시대에도 이미 조선이란 호칭이 있었사옵니다'라고 하면서 조선으로 해 달라고 했습니다. 그러면서 "천자님의 허락이 이렇게도 빨리 시원스럽게 떨어져 특별한 은혜가 사무칩니다."라고 『조선왕조실록』에 기막힌 기록을 남겼습니다.

그리고 매월 초하루와 보름날에 기자에게 제사를 지냈습니다. 1년이면 스물네 번입니다. 그러면서 국조이신 단군왕검께는 봄가을로

근장조선 화령등호 문달천총
謹將朝鮮, 和寧等號, 聞達天聰,

복망취자성재
伏望取自聖裁.

조선과 화령 등의 칭호로써 천총天聰에 주달하오니
삼가 황제(주원장)께서 재가해 주심을 바라옵니다.

"Your highness, please select a name for my new dynasty amongst the many candidates, including 'Hwaryeong' (和寧) and 'Joseon.'"

－『조선왕조실록』 태조 1년(1392년)
(The Records of King Taejo (1392)
in The Annals of the Joseon Dynasty)

However, matters became twisted in Goryeo, as Gija became someone more important than Dangun, the founder and creator of Korean culture. It gets even worse in *The Annals of the Joseon Dynasty*. When Yi Seong-gye destroyed Goryeo in a coup and became the first king of the Joseon Dynasty (1392-1910 CE), he sent an envoy to Zhu Yuanzhang, emperor of Ming China. The envoy asked him to choose between 'Hwaryeong' (和寧) and 'Joseon' as the name for the new dynasty. The letter to the Ming emperor also said, "'Joseon' was a name used in the time of Gija as well," and it even thanked the Ming emperor for his "expeditious permission." They actually included this truly ghastly record in the annals of their dynasty.

Not only that, official memorial rites were held to Gija on the first and fifteenth day of each lunar month. That is twenty-four memorial rites to Gija every year. On the other hand, there were only two

석 재 기 자 지 세　이 유 조 선 지 칭
昔在箕子之世, 已有朝鮮之稱
옛날 기자箕子의 시대에 있어서도
이미 조선이란 칭호가 있었으므로,

– 『국서』

"'Joseon' was a name used in the time of Gija as well." (From a letter of King Taejo, Yi Seong-gye, to Zhu Yuanzhang, Ming Emperor)

두 번 제사를 모셨습니다. 단군왕검을 모시는 사당도 기자보다 3백 년이나 늦게 만들었습니다. 일찍이 고려·조선 왕조 시대 동안에 국조 단군왕검을 찬밥신세로 모독한 어두운 역사가 장장 천 년 동안 지속되었습니다.

근세조선 때 유학 태두泰斗의 경지에 간 **퇴계退溪**, **율곡栗谷** 같은 이들이 단군왕검과 우리 시원 역사에 대해서 상상도 못할 소리를 했습니다. **'우리 조선 민족은 옛날부터 야만족으로 무지했는데 기자라는 분이 한반도까지 와서 문자를 가르쳐 줘서 우리가 문명국이 됐다'**는 것입니다. 명나라의 임금님이 우리의 황상이고 명나라가 우리의 천조天朝라고 했습니다.* 지금은 기자조선이 우리 역사 교과서에서 사라졌지만, 아직도 중국 공산정권 하의 역사학자들과 대만 학자들은 기자조선을 주장합니다.

조선이라는 말에 대해 중국, 북한, 그리고 대한민국, 일본이 주장하는 개념이 다 다릅니다. **중국에서는 기자조선, 일본에서는 위만조선, 북한에서는 단군조선**을 말합니다. 그런데 **대한민국에서는 단군조선**

평양 단군사당
1425년 건립
(조선 세종)

Dangun Shrine
Located in Pyongyang.
Built in 1425, during the
reign of Sejong.

---

* 퇴계 이황 : 기자조봉箕子肇封, 근통문자僅通文字. 기자가 봉해지고 나서야 겨우 문자를 통했다. (『대동야승大東野乘』「기묘록별집己卯錄別集」)
율곡 이이 : 기자께서 조선에 이르시어 우리 백성을 천한 오랑캐로 여기지 않고 후하게 길러 주시고 부지런히 가르쳐 주셨다. 우리나라는 기자에게 한없는 은혜를 받았으니 그것을 집집마다 노래하고 사람마다 잘 알아야 할 것이다.(『율곡선생전서栗谷先生全書』「기자실기箕子實記」)

rites to Dangun each year, in spring and autumn. Even the shrine for Dangun Wanggeom was made three hundred years after that for Gija. Throughout Goryeo and Joseon (1392-1910 CE) for almost a thousand years, Dangun Wanggeom, our founder, was spat upon and turned into a pariah. It was a dark age in our history.

Even esteemed scholars such as Toegye and Yulgok, who were considered great teachers of Confucianism during the Joseon Dynasty, were given to words of unimaginable ignorance when it came to our pristine origins. They actually said that Koreans were but ignorant barbarians in the ancient times, until Gija came to Korea to teach us to read script, after which we became a civilized country. Also, to them, it was the Ming emperor who was our true sovereign; the Ming were the celestial dynasty.*

Luckily, the notion of Gija has been discredited and has largely disappeared from our textbooks. Yet, Gija Joseon is alive and well among historians in both Communist China and Taiwan.

What makes the problem worse is that scholars in China, North Korea, South Korea, and Japan are all saying different things. In China, Korea is said to have begun as Gija Joseon. The Japanese

평양 기자사당
1102년 건립
(고려 숙종)

Gija Shrine
Located in Pyongyang. Built in 1102, during the reign of King Sukjong of Goryeo.

---

* "Only after Gija received title to this land did it come to know written script (箕子肇封,僅通文字)." (Toegye's quote from "Supplementary Collections of the Gimyo Records (己卯錄別集)" in *Unofficial Records of the Great East* (大東野乘)). "Gija did not treat the people like barbarians when he came to Joseon, but was generous in raising and teaching them. Since we have received ineffable grace from Gija, every household would do well to acknowledge this and sing his praises." ("Records of Gija (箕子實記)" in *Complete Collections of Master Yulgok* (栗谷先生全書))

을 신화로 싹 부정해 버리고, 우리 역사가 한사군, 즉 중국의 식민지에서 시작됐다고 합니다. 이것은 사실 제정신을 차리고 생각해 보면 너무도 기가 막힌 일입니다. 이것이 오늘날 강단사학자들, 대한민국 정부를 대변하는 관변 사학자들, 소위 아카데미 사학자들이 써 놓은 대한민국 시원 역사의 현주소입니다.

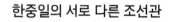

이처럼 각기 다른 조선관에서 비롯한 기자조선, 위만조선, 단군조선, 그리고 단군조선 자체를 부정하는 단군조선 신화가 있습니다.

그러면 위만조선은 무엇입니까? 위만衛滿이라는 자가 와서 단군조선의 마지막 왕을 내쫓고 수도 왕검성王儉城을 탈취했는데, 장하게도 그 사람이 단군조선조의 정통 계승자라는 것입니다.

원래 위만은 연燕나라의 장수인 노관盧綰의 부하였습니다. 그런데 한고조 유방이 죽고 나서 그의 아내 여태후가 공신들을 숙청할 때, 연나라의 왕으로 임명됐던 노관이 너무 두려워서 흉노로 도망을 가 버렸습니다. 그러자 갈 곳이 없어진 위만은 조선의 왼쪽 날개 번조선의 마지막 왕(75世)인 준왕에게 와서 거두어 달라고 사정합니다.

당시 이미 만주 단군조(진조선=대부여)는 패망을 당한 상태였습니다. 47세 고열가古列加단군이 정사政事를 버리고 산속으로 들어가면서 오가五加에게 나라를 공동 경영하게 하였습니다. 그리하여 6년 간의 공화정 시대가 열리는데, 그때 나온 분이 해모수解慕漱입니다. 해모수가 대부여大夫餘를 계승하여 만주 지역에 북부여北扶餘를 건국하였습니다.

say Korean history started with Wiman Joseon. In North Korea, it is Joseon. But what about right here, in the Republic of Korea? Joseon is discredited as a myth. Korean history begins with the Four Chinese Commanderies—a Chinese colony, essentially. Indeed, this is completely mad, if we come to our senses and clearly think about it. Ladies and gentlemen, this is the view of the beginning of Korean history being asserted by official historians, the historical establishment that supposedly represents Korea.

Differing Historical Perspectives of Korea, China, and Japan

China	Japan	North Korea	South Korea
Gija (Jizi) Joseon	Wiman Joseon	Dangun's Joseon	Dangun's Joseon (dismissed as myth)

Differing views on Joseon have led to differences in focus: on the Dangun myth, Gija Joseon, and Wiman Joseon.

Let us talk about Wiman Joseon. What was it? It was a kingdom founded by Wiman, a usurper who drove out the last *dangun* and occupied Wanggeom, the capital city of Beon-Joseon. According to some, this Wiman was the rightful successor to the Joseon of the *dangun*s.

Wiman was actually an officer working under Lu Guan, a Han general who received the title of the 'King of Yan.'

After the death of Liu Bang, the first emperor of Han and his wife, Empress Lu, engaged in a massive purge of the founding ministers. Lu Guan, the King of Yan, feared for his life and fled to the Xiongnu. Not knowing where to go, Wiman had no choice but to flee to Gi Jun, who was the seventy-fifth King of Beon-Joseon, which formed the left flank of Joseon. Wiman asked King Gi Jun to grant him refuge, and Gi Jun did.

At this point, the main part of the empire, Jin-Joseon, had already collapsed. Goyeolga, the forty-seventh *dangun*, gave up his throne and went into the mountains, leaving the O-ga, or the Five Minis-

　북부여의 해모수단군이 임종하기 직전에 번조선의 준왕準王에게 '위만을 절대 받아주지 말아라. 네가 패망한다'고 했습니다. 그런데 준왕이 워낙 착해서, 해모수단군의 말을 안 듣고 위만을 받아들여서는 연나라와의 국경 지역인 상하운장上下雲障을 방비하는 수비대장을 맡겨 버렸습니다. 해가 바뀌자, 몰래 군사를 기른 위만이 왕검성을 기습했습니다. 쫓겨난 준왕은 배를 타고 황해를 건너 군산群山 지역 어래산御來山으로 들어와 한씨韓氏의 조상이 됐다고 합니다.

　위만이 번조선의 준왕에게 왔을 때 조선인의 옷을 입고 상투를 틀고 변장을 했는데, 이에 대해 역사학자 이병도는 "위만은 조선족 옷을 입고 상투를 틀었으니 조선 사람이다."라고 했습니다. 그 한마디를 강단사학자들이 그대로 추종해서 '맞소! 옳소!'라고 했습니다. 그래서 위만은 단군조선을 계승한 자라는 것입니다. 바로 이것이 위만조선의 실체입니다. 정확하게 따지고 보면, **위만이 조선 왕조의 왕이 된 것이 아니니 '위만조선'이 아니요, '위만정권' 정도 되는 것**입니다.

　위만은 단군조선의 서쪽 귀퉁이를 잠시 차지하고 있다가 손자 우거右渠 때에 한나라 무제에게 망합니다. 무제는 위만정권이 흉노의 침략

노관의 망명과 위만의 투항 Travel Routes of Wiman and Lu Guan

선비
Seonbi (Xianbi)

북부여
North Buyeo

흉노
Xiongnu

번조선
Beon-Joseon

막조선
Mak-Joseon

왕험성(창려)
Wanggeom (Changli)

노관 망명
(BCE195)
Lu Guan (BCE 195) defects to Xiongnu.

연燕
Yan

한漢
Han

위만, 번조선 75세
준왕에게 투항(BCE195)
Wiman defects to King Gi Jun, seventy-fifth King of Beon-Joseon (BCE 195).

ters, to rule the land in commonwealth form. This is when a figure named 'Haemosu' emerged. Haemosu succeeded Great Buyeo and established the state of North Buyeo in what is now Manchuria.

Haemosu, as he was dying, issued a warning to Gi Jun not to grant Wiman refuge, saying that "Wiman would surely be your downfall." Gi Jun, however, was not hard-hearted, and not only did he take in Wiman, he made Wiman the general in charge of defending Upper and Lower Unjang, which were Joseon's border with the Yan. The following year, after Wiman had carefully marshalled forces, he attacked Wanggeom City, and King Gi Jun was forced to flee.

After fleeing Wanggeom City, Gi Jun boarded a ship and sailed all the way to present-day Gunsan, where he settled near Eoraesan and became the ancestor of the Han (韓) clan.

All of this started with a record that says Wiman disguised himself as a Korean by wearing Joseon clothing and tying his hair in a topknot when he presented himself to Gi Jun of Beon-Joseon. The scholar Yi Pyong-do read this and assumed, "Since Wiman was dressed like a Korean and had a topknot, he must be Korean." The established historians encountered this assertion and decided to adopt it blindly. This is how Wiman Joseon became a part of history, and Wiman became the successor to Joseon.

But if we really think about it, Wiman never became the ruler of all Joseon. He simply set up a regime for himself. Wiman's regime very briefly occupied the remote western corner of Joseon, until it was destroyed by the armies of Han Wudi during the time of his grandson, Ugeo.

King Wudi of Han feared that the Wiman regime would serve as a springboard for the Xiongnu to launch an invasion of China, and he attacked Ugeo in the belief that he could destroy the regime and unify all of northeast Asia. But the war did not end quickly, dragging on for over a year, so he resorted to subterfuge, sowing dissension in Ugeo's regime so that Ugeo's own vassals killed him.

거점이 될 것을 두려워해서 '차제에 이를 아주 없애버리고 동북아 전체 역사를 내가 대통일해야 되겠다'는 야망을 가지고 우거 정권을 공격했습니다. 그런데 그 전쟁이 1년이 가도 결판이 안 났습니다. 그래서 내분책을 이용해서 신하들로 하여금 우거를 죽이게 만들었습니다.

그리고 나서 한 무제가 네 개의 군, 소위 한사군을 설치했다는 것입니다. 왕검성(왕험성)은 창려현昌黎縣에 있었습니다. 지도를 보면 만리장성과 가까운 아래쪽에 낙랑군 수성현遂城縣이 있고, 오른쪽에 만리장성이 시작되는 갈석산碣石山이 있습니다. 그런데 한국의 강단사학자들이 왕검성을 한반도 서북부의 평양에다 갖다 놓습니다. 땅을 뜨는 재주가 있어서 말입니다.

지도를 조작해서 왕검성이 평양에 있었다 하고, 한나라가 왕검성을 공격해서 무너뜨리고 그 주변에 사군四郡을 설치했다는 것입니다.

번조선 준왕의 이동 경로 King Gi Jun's Travel Route

번조선
Beon-Jeseon

북부여
North Buyeo

Upper and Lower
Unjang (Yunzhang)
상하운장

갈석산 Mt. Galseok
(Jieshishan)

왕험성
Wanggeom

연燕
Yan

(준왕이) 위만에게 속아 패하여
마침내 배를 타고 바다로 가서
돌아오지 않았다
「북부여기」「삼한관경본기」

군산
Gunsan

"King Gi Jun was duped by Wiman and was defeated. He fled across the sea on a ship and never returned." (*Chronicles of North Buyeo* and *Annals of the Realm of Three Hans of Hwandan Gogi*)

After defeating Ugeo's Joseon, King Wudi is supposed to have created four commanderies in its former territory. If that is the case, it should be noted that Wanggeom City was in present-day Changli Prefecture, near the Great Wall that you see on the map here. Also near the Great Wall was Suicheng Prefecture, which was in Lelang (Nangnang) Commandery (which is one of the commanderies Wudi created). To the right of Suicheng was Mt. Jieshi (碣石 山), where the Great Wall began. The commanderies were near the Great Wall, but the historical establishment still places Wanggeom City near present-day Pyongyang. They must have lifted a large chunk of land and moved it somehow.

It is actually much simpler. The historians of the establishment tampered with the map so they could say that Wanggeom City was in Pyongyang, which King Wudi is supposed to have conquered and replaced with his commanderies.

우거의 신하 5명이 제후로 책봉된 적저, 기, 홰청, 온양, 평주
Five Estates Enfeoffed to Five Vassals of King Ugeo

North Buyeo
북부여

북경
Beijing

왕험성
(창려)
Wanggeom
(Changli)

Wenyang (Onyang)
Nie Yang (Nalyang)

적저

기   홰청   온(열)양
Hua Qing(Hwaecheong)

평주
Pingzhou
(Pyeongju)

한 漢
Han

Left General Xun Zhi
(50,000 infantry)
좌장군 순체
육군 5만명

Wanggeom
(Changli)
왕험성
(창려)

누선장군 양복
해군 7천명
Admiral Yang Pu (7,000 marines)

한무제의 위만정권 침입(BCE109~BCE108)
Invasion of Wiman's Kingdom by Wudi of Han

낙 랑 수 성 현 유 갈 석 산 장 성 소 기
樂浪 遂城縣 有碣石山 長城所起

낙랑 수성현에 갈석산이 있는데 만리장성의 기점이다.

(『사기史記』「하본기夏本記」)

『수서隋書』「양제본기煬帝本紀」에, 수隋나라 양제煬帝가 고구려를 침략할 때, 특수부대에게 "낙랑, 임둔, 진번, 현도 이 사군四郡을 통과해서 평양을 공격하라."는 특명을 내렸다는 구절*이 있습니다. 낙랑이 지금 북한의 평양이면 수양제의 공격 명령은 말이 되지 않습니다. 수양제의 고구려 공격 경로를 봐서도 한사군은 한반도에 있지 않았습니다. 평양 주변에 낙랑, 임둔, 진번, 현도 등 한나라의 식민지 네 개 군현이 있었다는 것은 분명한 조작입니다. **한사군은 요서 지역에 잠시 있었을 뿐**입니다.

『환단고기』를 보면, 고구려 10세 산상열제山上烈帝 때(CE 197년) 낙랑과 현도를 점령해서 완전히 평정했다는 기록이 있습니다.

----

* "좌군의 제7군은 요동도를 거쳐, 제8군은 현도도, 제9군은 부여도, 제10군은 조선도, 제12군은 낙랑도를 거쳐 평양으로 집결하라.", "우군 제4군은 임둔도, 제11군은 대방도를 거쳐 평양으로 총집결하라." (『수서』「양제본기」)

Goguryeo
고구려

Xuantu
현도군

Lelang
낙랑군

Lindun
임둔군

Chenfan
진번군

한반도 한사군설
「아틀라스 한국사」 **24쪽**
The map of the four commanderies in *Korean History Atlas* is based on a factual error.

> 樂浪 遂城縣 有碣石山 長城所起
>
> Jieshishan, located in Suicheng County in Lelang, is where the Great Wall begins. ("Annals of Xia," *Shiji*)

There is more. When Yangdi of the Sui Dynasty was attacking Goguryeo, he ordered his crack troops to attack Pyongyang by way of Lelang, Lindun, Zhenfan, and Xuantu. But if Pyongyang was Lelang, then this order would not make sense. Yangdi's very command to his troops tells us that the four commanderies were never on the Korean Peninsula.

The claim that the four commanderies of Lelang, Lindun, Zhenfan, and Xuantu were established around Pyongyang is, therefore, pure fabrication. The so-called four commanderies were actually in China's Liaoxi area and only temporarily, because Lelang and Xuantu were conquered by the tenth Emperor of Goguryeo, Sansang, in the third century.

낙랑군 수성현遂城縣의 위치
Suicheng Was Located on the Foot of Mt. Galseok

'Extended' Great Wall

Great Wall 만리장성
Sanhaegwan (Shanhakguan)
늘어난 만리장성

Mt. Galseok (Jieshishan) 갈석산
산해관
낙랑군 수성현
Suicheng County, Lelang
왕험성 (창려현)
Wanggeom (Changli)
평양
Pyongyang
수안군
Suan County

"수성현遂城縣…지금 황해도 북단에 있는 수안遂安에 비정하고 싶다" (이병도, 『낙랑군고』)

"I'd like to posit [...] Suan County as the probable location of Suicheng." ("Treatise on Lelang" in *Studies in Ancient Korean History* by Yi Pyong-do)

이 낙랑, 임둔, 진번, 현도 등의 한사군 식민지는 한반도에 전혀 있지 않았습니다. 그런데 평양에서 유물이 나왔다고 하고, 그 유물을 가지고 중국의 식민지 군현이 평양 주변, 한반도 북부에 있었다고 주장합니다.

이것은 **낙랑국과 낙랑군***을 **구분하지 못해서** 비롯된 것입니다. 고구려 대무신열제大武神烈帝의 아들인 호동 왕자가 사랑한 여인이 낙랑국의 공주였습니다. 그 낙랑국의 시조는 최숭崔崇인데, 최숭은 왕험성(왕검성) 창려현 쪽에 있었던 낙랑산에 살던 대부호였습니다. 고조선 본조가 망해 버리니까 재산을 다 팔아서 마한(말조선)의 대동강 평양 쪽에 와서 나라를 열었습니다. 그것이 낙랑국(최씨낙랑국)입니다.

낙랑국의 마지막 왕인 최리崔理의 딸 낙랑 공주가 고구려 왕자와 연애를 했는데, 적의 침략을 알리는 북(자명고)을 찢어 버려서 결국 낙랑국이 멸망하고 말았습니다.

----
* (3세) 대무신열제大武神烈帝 20년(37), 열제께서 낙랑국을 기습하여 멸하셨다. 이리하여 동압록(지금의 압록강) 이남이 우리(고구려)에게 속하였다. / (10세) 산상제山上帝 원년(197), 아우 계수罽須를 보내어 공손탁公孫度을 쳐부수고, 현도와 낙랑을 쳐서 멸함으로써 요동이 모두 평정되었다. (『태백일사』「고구려국본기」)

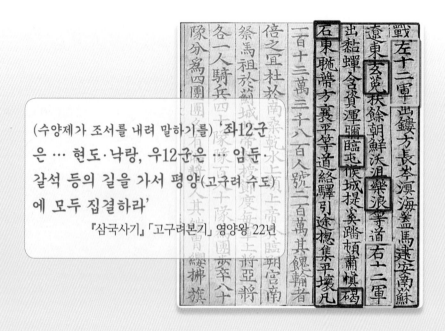

(수양제가 조서를 내려 말하기를) '좌12군은 … 현도·낙랑, 우12군은 … 임둔 갈석 등의 길을 가서 평양(고구려 수도)에 모두 집결하라'
『삼국사기』「고구려본기」 영양왕 22년

Again, the so-called 'four commanderies' of Lelang, Lindun, Zhenfan, and Xuantu were never on the Korean Peninsula. However, the academics claimed that artifacts were uncovered around Pyongyang, that there were many of these, and that they were all Lelang artifacts. They cite these artifacts to claim, yet again, that Chinese commanderies were in northern Korea, in and around Pyongyang. This is actually an error stemming from the inability to distinguish the Lelang Commandery from the Kingdom of Nangnang ('Lelang' in Chinese).*

It was a princess of this Kingdom of Nangnang with whom Prince Hodong, son of the third Emperor of Goguryeo, Daemusin, fell in love. That kingdom had been founded by man named 'Choe Sung,' a very wealthy man who lived in Nangnangsan, which was near Wanggeom City, in present-day Changli Prefecture. He sold all of his assets when he saw the dynasty fall and moved to Mak-Joseon, near the Daedong River in present-day Pyongyang. This is the state that we know as the 'Kingdom of Nangnang.'

And again, the princess of that kingdom, daughter of the last king, fell in love with a Goguryeo prince. At the behest of Prince Hodong, she destroyed the war drum** used to signal enemy invasions, and the Kingdom of Nangnang fell to Goguryeo.

----

* "In the twentieth year of his reign (37 CE), Emperor Daemusin (the third Emperor of Goguryeo) assailed and conquered the Nangnang state. Thus, the land south of the East Amnok River was absorbed by Goguryeo." (*Goguryeo-guk Bongi* of *Taebaek Ilsa*)

** Planning to attack the Nangnang [Lelang] Kingdom, Daemusin of Goguryeo asked Prince Hodong to destroy a signal drum used to warn people of enemy invasions. At Hodong's request, a princess of Nangnang destroyed the drum with a sword, allowing Goguryeo to invade Nangnang by surprise.

[Yangdi commanded,] "The Seventh Army of the Left Command shall march by the Liaodong Route; the Eighth Army by the Xuantu Route; the Ninth Army by the Fuyu Route; the Tenth Army by the Chaoxian Route; the Twelfth Army by the Lelang Route; and they shall converge on Pyongyang. The Fourth Army of the Left Command shall march by the Lindun Route; the Eleventh Army by the Daifang Route; and they shall converge on Pyongyang." ("Annals of Yangdi," *Book of Sui*)

낙랑군과 낙랑국은 전혀 다릅니다. **낙랑군 수성현은 만리장성 쪽**
에 있었고 낙랑국은 한반도 평양 쪽에 있었습니다. 그런데 지금 강단
사학자들이 '식민지 군현 낙랑군은 대동강 평양 부근에 400여 년간
있다가 313년에 고구려에 병합되었다'고 주장합니다.* 이런 논리에
대해, 인하대 융합고고학과 남창희 교수는 이렇게 말합니다.

"주류 사학계에서 유물 때문에 낙랑군이 한반도에 있었다고 주장
한다. 그런 논리라면 백제 유물이 많이 출토되는 오사카, 나라 지방
은 백제 식민지라고 해야 한다. 이것은 논리적 비약에 불과하다."

'유물이 나오는 것만 가지고 그곳을 낙랑군이라 할 수 있나? 일본
오사카 주변에서 백제 유물이 어마어마하게 나온다. 그러면 그곳을
백제 식민지라고 해야 될 것 아니냐!' 왜 그런 주장은 못 하느냐는 말
입니다.

지금 '단군조선을 계승한 것은 북부여의 해모수가 아니라 위만이
다. 중국의 침략자 위만이 단군조선의 왼쪽 날개인 번조선의 마지막
75세 준왕을 내쫓고 그 나라를 잠시 뺏었는데, 그 침략자 위만이 단

---

* 서울대 이성규 : "대동강 유역 낙랑군은 313년 고구려에게 병합될 때까지 400여
년간 중국 군현으로서 존속했다."

The Kingdom of Nangnang : A small kingdom established in Pyongyang by
Choe Sung, leader of a wealthy clan (BC 195).

This Kingdom of Nangnang and the Lelang Commandery were two totally different entities. It was the Kingdom of Nangnang that was in present-day Pyongyang. The Lelang Commandery was far away, near the Great Wall. Established historians, however, are saying that the Lelang Commandery existed near Pyongyang for over four hundred years, until it was annexed by Goguryeo in 313 CE.*

This fallacy was pointed out by Professor Nam Chang-hui of Inha University, who said, "Chinese artifacts in Pyongyang do not prove that it was the Lelang Commandery. After all, would the numerous Baekje artifacts found around Osaka not similarly be proof that Osaka belonged to Baekje? There would be no reason why we could not also make that same sort of assertion."

As far as established academics are concerned, Joseon was succeeded not by Haemosu and North Buyeo, but by Wiman Joseon. That treacherous invader Wiman from the Yan, who drove out the seventy-fifth King of Beon-Joseon and briefly usurped the Joseon throne, is considered the legitimate successor! What is more, Wiman was succeeded by Han Wudi, who destroyed Wiman's kingdom and established the four commanderies in that territory. It is

----

* "The Commandery of Lelang existed around the Daedong River near Pyongyang for four hundred years, until it was annexed by Goguryo in 313 CE." (Lee Seong-gyu of Seoul National University)

낙랑군樂浪郡과 최씨낙랑국樂浪國
The Kingdom of Nangnang and the Lelang Commandery

Kingdom of Nangnang
(of the Choe Clan)

Lelang Commandery
Suicheng County, Lelang

Pyongyang
(Korean Peninsula)

Beijing
북경

낙랑군
낙랑군 수성현

(최씨)낙랑국
한반도 평양

군조선의 정통 계승자'라는 것입니다. 그리고 '한 무제가 위만정권을 무너뜨리고 그 곳에 세운 한사군이 역사를 계승했다'고 합니다. 이것은 천인이 공노할, 한민족 9천 년 역사의 조상들이 분노할 수밖에 없는 잘못된 역사관이 아니겠습니까?

1963년 **중국의 전前 총리 주은래周恩來**가 북한 조선과학원 사절단을 만나서 이런 고백을 했습니다. '우리 중국이 대국주의 역사관, 쇼비니즘(국수주의)에 따라 중국 중심의 역사관으로 역사를 서술한 것은 잘못된 것이다. 그리고 그런 **대국주의 사관으로 한국의 고대사를 왜곡하고 심지어 조선족朝鮮族은 기자지후箕子之后라고 덧씌우기를 했다. 이것은 역사왜곡이다**'라고 했습니다.

지난 4월에 국회가 아주 발칵 뒤집어진 사건이 있었습니다. 국비로 운영하는 동북아역사재단이 문제가 되는 지도책을 발간하려고 한 것입니다. 중국의 복단대학復旦大學 역사학과 주임교수를 지내고, 중국 역사지리지연구소 소장을 하던 담기양譚其驤이 얼마 전에 세상을 떠났는데, 이 양반이 평생 공부한 것을 역사 지도책으로 펴냈습니다. 그런데 동북아역사재단에서 그 지도를 그대로 베낀 것입니다. 그것도 47억이라는 거액의 국가 예산을 써가면서 말이죠.

지도를 보면, 조조曹操의 위魏나라가 한반도의 경기도 남부까지 지배한 것으로 되어 있습니다. 경악을 금치 못할 내용입니다. 독도 같

1963년 6월 28일 북한 조선과학원 대표단 20명과 만났을 때의 발언

주은래周恩來(1898~1976). 전 중국 총리
"역사 연대에 대한 두 나라(중국과 한국) 역사학의 일부 기록은 진실에 그다지 부합되지 않는다. 이는 중국 역사학자나 많은 사람들이 대국주의, 대국 쇼비니즘 관점에서 역사를 서술한 것이 주요 원인이며, 그리하여 많은 문제들이 불공정하게 쓰였다. 중국 역사학자들은 어떤 때는 고대사를 왜곡했고, 심지어 조선족은 '기자지후箕子之后'라는 말을 억지로 덧씌우기도 했는데 이것은 역사 왜곡이다."

the kind of monstrous history that should make everyone, including the ancestors in our nine-thousand-year history, boil with rage.

You should all hear what the former Chinese premier, Zhou Enlai, said when he was meeting envoys from the North Korean Academy of Sciences in 1963: "It was very wrong for us Chinese to write works of sinocentric history, based on hegemonic notions and chauvinism." He followed this up with the statement: "We have used such history to distort ancient Korean history, turning Koreans into descendants of Jizi (Gija). It was blatant historical perversion."*

The Northeast Asia Foundation published an atlas last April that rocked the entire National Assembly. It was a historical atlas by Tan Qishang (譚其驤), the Chairman of the China Geographic Institute and formerly professor of history at Fudan University, who had just passed away. The atlas was a culmination of everything Mr. Tan researched.

The Northeast Asia Foundation virtually copied the atlas and published it, which cost KRW 4.7 billion (four million USD) in taxpayer money.

One of the maps shows the Wei Kingdom of Cao Cao extend-

----

* This comment was made to twenty visiting representatives from North Korea's State Academy of Sciences. His full comment was: "Some of the records on the historical chronology of the two countries are NOT in accordance with the truth. This is mainly due to many people, including historians, who wrote works of sinocentric history based on hegemonic notions and chauvinism. Many issues were written in an unfair manner. Chinese historians have used such history to distort ancient Korean history, turning Koreans into descendants of Jizi (Gija). It was blatant historical perversion."

Zhou Enlai's Statement in a Meeting with the North Korean Envoys

"Some of the records on the historical chronology of the two countries are NOT in accordance with the truth.... Chinese historians have used such history to distort ancient Korean history, turning Koreans into descendants of Jizi (Gija). It was blatant historical perversion."

Zhou Enlai (1898–1976). The first Premier of the People's Republic of China.

(From a 1963 archive of the Chinese Foreign Ministry)

은 건 지명도 써놓지 않았습니다. 백제, 신라는 4세기에 있지도 않았고, 그곳에 임나일본부가 엄연히 실존했다는 것입니다.

지금 중국은 북한이 붕괴할 경우 '한강까지 본래 중국의 땅이다' 해서 북한 땅을 차지하려고 합니다. 위만조선, 한사군이 이미 그 근거를 제공했습니다. 만약 UN의 역사 재판소에 소송을 제기한다 할지라도 우리가 그것을 이겨낼 수 있을까요?

대한민국의 강단사학자들, 정부를 대변하는 동북아역사재단에서 국고 수십억을 쓰면서 중국 역사학자의 침략사관을 대변하는 지도를 그린 것입니다.

담기양譚其驤 (1911~1992).
전 중국 역사지리연구소장, 전 상해 복단대학 교수,
『중국역사지도집』(중국사화과학원, 중국지도출판사,
1982년) 간행

Tan Qishang (1911-1992)
Former Chairman of the China Geographic Institute.
Former professor of history at Fudan University.
Compiler of *Historical Atlas of China*.

조조의 위나라가 경기도까지 지배한 것으로 표기한 『중국역사지도집』
The Territories of Cao Wei Described in *Historical Atlas of China*

ing its territory all the way to southern Gyeonggi province. This is absolutely ridiculous.

Dok-do is not even included. Baekje and Silla are not even there in the fourth century, and it places Mimana-fu (Imna) in southern Korea.

So why are they doing this? The Chinese are preparing to occupy northern Korea if North Korea ever collapses, and they are preemptively attempting to legitimize this by claiming that the Korean Peninsula was Chinese territory down to the Han River. Wiman Joseon and the four commanderies already give them enough justification. Even if Korea was to take the case before the UN, I am not sure that we would even win.

The established historians of Korea's Northeast Asia History Foundation are actually acting like spokespeople for the hegemonic, expansionist history of a Chinese scholar; and they are doing this while taking millions of dollars in budget money from our government.

국고 47억 원을 들여 대한민국 동북아역사재단이 만든 〈동북아역사지도〉
The Territories of Cao Wei Depicted in *Historical Atlas of Northeast Asia*

담기양의 지도집을 표절해 경기도까지 위나라 영토로 그렸다.

Historical Atlas of Northeast Asia virtually plagiarized the map by Tan Qishang and extended Cao Wei territory to Gyeonggi province.

오늘 한민족은 환국, 배달, 조선의 역사는 말할 것도 없고 삼국시대 초기 역사 4~5백 년마저도 사라진, **역사의 암흑기에** 놓여 있습니다.

중국에서는 5,500년 전의 총묘단塚廟壇*이 있는 홍산문화 유적지에 박물관을 완공해 놓고, **한국의 고대사, 즉 환국, 배달, 조선의 역사를 완전히 뿌리 뽑아 중국화하는 동북공정이** 진행 중입니다. 그야말로 한민족 시원 역사의 어둠의 시간대가 개막된 것입니다. 이제 우리 모두 함께 진실로 깨어나야 합니다. 우리 한민족 모두가 각성해야 합니다. 그리고 이 비상사태에 대해서 다시 한번 크게 뭉치기를 소망합니다.

---

* 인류 창세 역사의 원형문화인 적석총, 신전(묘), 제단이 150m 길이로 해서 한곳에서 나왔다. 이미 그 시대에 분업화된 국가 단위의 문명국가가 있었음을 보여준다. 2012년 9월에 우하량유지박물관을 준공하였다.

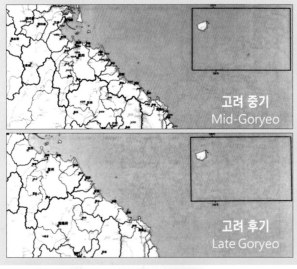

<동북아역사지도>의 고려 중·후기 지도. 100장이 넘는 지도에서 독도를 전혀 표시하지 않았다.

Dok-do not included in any of the 100+ maps in the *Historical Atlas of Northeast Asia.*

고려 중기
Mid-Goryeo

고려 후기
Late Goryeo

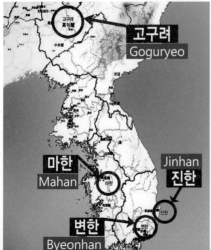

<동북아역사지도>의 4세기경 한반도 지도. 일제 식민사학자들의 주장을 답습하여 백제, 신라를 지워버렸다.

Map of the Korean Peninsula in the 4th century CE in the *Historical Atlas of Northeast Asia.*

Baekje and Silla not included in accordance with claims of Japanese colonial historians.

고구려
Goguryeo

마한
Mahan

진한
Jinhan

변한
Byeonhan

Indeed, the loss of the history of Hwanguk, Baedal, and Joseon has been compounded by the loss of the history of the first four to five hundred years of the more recent Three Kingdoms period. We are truly seeing a dark age of historical writing in Korea.

In China, they have already built a museum over the site of the graves and altars of the Hongshan Culture,* where one of the pristine cultures of humanity existed 5,500 years ago. They are doing this as part of the Northeast Project, to uproot the history of Hwanguk, Baedal, and Joseon, and hence completely sinicize our pristine culture.

Another dark age of Korean history, wherein the histories of Hwanguk, Baedal, and Joseon would be erased from existence and completely sinicized, is almost nigh.

----

* A stone-mound tomb, temple, and altar (hallmarks of original, pristine human cultures) were found in one location within an area of 150 meters—evidence of an organized state with a clear division of labor. The Niuheliang Archaeology Museum was completed in April of 2012.

요령성 우하량유지박물관 Niuheliang Archaeology Museum, Liaoning Province, China. 2012년 9월 준공 Completed in September, 2012.

한민족 역사를 바로 세우는 역사 경전 『환단고기』

우리 한민족 역사의 근원과 시원 문화의 뿌리가 완전히 제거당하는 결정적인 운명의 시간, 어둠의 시간대를 맞이한 지금 『환단고기』 사서의 중요성을 다시 한번 되새겨 보겠습니다.

『환단고기』의 구성을 보면, 먼저 **신라 때 안함로安含老의 「삼성기三聖紀」 상, 고려 말 원동중元董仲의 「삼성기」 하**가 있습니다. 우리 연구소에서 조사한 바에 의하면 원동중이라는 분은 태종 이방원(세종의 아버지)의 스승인 원천석元天錫(1330~?)일 가능성이 많다고 합니다. 또 그런 주장을 펴는 학자도 있습니다. 그리고 이곳 강화도에서 **단군조 2천 년 왕조사 틀을 바로 세우신 행촌杏村 이암李嵒(1297~1364) 선생의 『단군세기檀君世紀』, 복애거사伏崖居士 범장范樟(?~1395)의 『북부여기北夫餘紀』**가 있습니다.

또 이암 선생의 현손인 **일십당一十堂 이맥李陌(1455~1528) 선생**이 조선 중종 때 실록을 기록하는 찬수관으로서 비밀스럽게 내려오는 모든 문헌을 정리하고, 또 일찍이 충청도 괴산에 귀양을 가서 수집한 내용을 합쳐서 **『태백일사太白逸史』**로 묶었습니다.

환단고기의 구성과 저자

삼성기 상	삼성기 하	단군세기	북부여기	태백일사
안함로 (579~640)	원동중 (?~?)	이암 (1297~1364)	범장 (?~1395)	이맥 (1455~1528)
1책 1권	1책 1권	1책 1권	1책 2권	1책 8권
다섯 분이 쓴 총 5종 13권의 역사서				

Righting the Ship of Korean History: Hwandan Gogi

We are now faced with the danger of having the root of our foundational history and culture completely erased, dooming us to a historical dark age. At this juncture, we must revisit and emphasize the importance of *Hwandan Gogi*.

Hwandan Gogi starts out with the first volume of *Samseong Gi* by Anhamro of Silla, then comes the second volume of *Samseong Gi* written during the late Goryeo era by Won Dong-jung.

Research by the Sangsaeng Cultural Institute has revealed that Won Dong-jung was likely Won Cheon-seok (1330-?), who was a mentor to Yi Bang-won, the third king of the Yi Dynasty. It is a notion being forwarded by a number of scholars.

The two *Samseong Gi* books are followed by *Dangun Segi*, written by Master Yi Am, who firmly established the two-thousand-year dynastic history of the Joseon of the *danguns*. After that comes the *History of North Buyeo*, by Beom Jang (?-1395), who is also known as the 'Hermit of the Hidden Cliffs.'

Books of *Hwandan Gogi* and Their Authors

Samseong Gi – First Volume	*Samseong Gi* – Second Volume	*Dangun Segi*	*Buk Buyeo Gi*	*Taebaek Ilsa*
Anhamro (579-640)	Won Dong-jung (?-?)	Yi Am (1297-1364)	Beom Jang (?-1395)	Yi Maek (1455-1528)
1 volume, 1 book	1 volume, 1 book	1 volume, 1 book	1 volume, 2 books	1 volume, 8 books

Five titles and thirteen volumes written by five authors.

『태백일사』에는 한민족 문화를 넘어서 인류 창세 역사 문화의 원형을 전해 주는 「삼신오제본기三神五帝本紀」를 비롯하여 환국의 역사인 「환국본기桓國本紀」, 배달의 「신시본기神市本紀」, 단군조의 「삼한관경본기三韓管境本紀」, 그 다음에 환국, 배달, 조선의 문화 경전 '천부경', '삼일신고' 등을 담은 「소도경전본훈蘇塗經典本訓」이 있고, 그리고 「고구려국본기高句麗國本紀」, 발해 역사인 「대진국본기大震國本紀」, 「고려국본기高麗國本紀」가 들어 있습니다.

고성이씨固城李氏의 불멸의 업적, 그 중심에는 우리가 잘 아는 소전거사素佺居士라는 분이 있는데, 이분이 우리 역사 문화의 근원을 복원하는 비책祕冊들을 전해 주었습니다.

한민족 역사 문화 정신의 체계를 세우고 그 가르침을 정리해서 **역사 문화를 회복한 3인방**이 있습니다. 「단군세기」를 쓴 **행촌 이암**, 「북부여기」를 쓴 **복애거사 범장**, 「진역유기震域留記」를 쓴 **이명李茗**입니다. 이분들이 소전거사를 모시고 '우리 역사를 광복하자!' 하고 천지에 맹세를 했습니다.

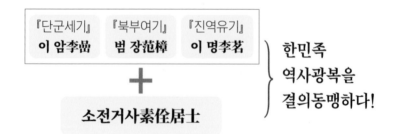

Then we come to Yi Maek (1455-1528), the great-great-grandson of Yi Am, who was an editor in the royal archive during the reign of Jungjong, the eleventh king of the Joseon Dynasty. As an editor, he had access to many secret records which he filed and organized, and he merged them with records that he found while he was exiled to Goesan and hence produced *Taebaek Ilsa*, which consists of eight books and is the last and final section of *Hwandan Gogi*.

The eight books that comprise *Taebaek Ilsa* include *Samsin-oje Bongi*, which tells of the creation of humankind and not just the Korean nation; *Hwanguk Bongi*, the history of Hwanguk; *Samhan Gwangyeong Bongi*, the history of ancient Joseon; *Sodo Gyeongjeon Bonhun*, which is a classic on the culture of the three nations (Hwanguk, Baedal, and Joseon); the ancient religious texts, *Cheonbu Gyeong* and *Samil Singo*; *Goguryeo-guk Bongi*, which is a history of Goguryeo; *Daejin-guk Bongi*, a history of the state known as 'Balhae'; and *Goryeo-guk Bongi*, or *The History of Goryeo*.

As you already know, the accomplishments of the Goseong Yi clan were truly astonishing, and Master Sojeon (素佺居士) was at the center of it all. He is the one who left us with secret guidelines with which to restore our rightful history.

There were three great men who were instrumental in restoring our history and culture by: organizing the historical, cultural, and spiritual teachings; and creating a structured foundation for the historical, cultural, and spiritual aspects of the Korean nation. These were Master Yi Am, author of *Dangun Segi*; Beom Jang, who wrote the *Chronicles of North Buyeo* (*Buk Buyeo Gi*); and Yi Myeong, the author of *Jinyeok Yugi*. These three men became students of Master Sojeon and swore to heaven and earth that they would recover the true history of our nation.

Dangun Segi	Buk Buyeo Gi	Jinyeok Yugi
– Yi Am	– Beom Jang	– Yi Myeong

➕

Master Sojeon

These four people formed a coalition for the restoration of Korean history.

그러고 나서 조선 왕조가 패망한 다음 해, 호남 3대 문호의 한 사람인 **해학海鶴 이기李沂**(1848~1909) 선생이 독립운동을 하는 과정에서 위 책들을 감수하고, 그의 애제자 **운초雲樵 계연수桂延壽가 다섯 종의 책을 묶어 '천지광명의 옛 역사 기록', 즉 『환단고기』라 했습니다.**

『환단고기』는 우리 한민족과 인류가 창세 원형문화 시대에 우주광명을 체험하면서 역사를 만들어나간 기록입니다. 『환단고기』를 인식하고, 첫 페이지부터 제대로 읽으려면 역사관이 없으면 안 됩니다. **'우주 광명문화 역사관'이 바탕이 되어야** 우리의 본래 역사 문화를 들여다볼 수 있습니다.

해학 이기李沂(1848~1909)
이맥의 후손. 「단군세기」, 「태백일사」 감수

Yi Gi

(1848-1909. Courtesy name: 'Haehak.')
Descendant of Yi Maek. One of the 'Three Geniuses' of Honam (Jeolla region). Supervised the compilation of *Hwandan Gogi*.

운초 계연수桂延壽(1864~1920)

Gye Yeon-su

(1864-1920. Courtesy name: 'Uncho.')
Published *Hwandan Gogi* ("*Ancient History of Cosmic Brilliance*") by compiling five books.

Later in our history, a year after Korea's annexation by Japan, all of these books were assembled into the full *Hwandan Gogi*, or *The Ancient History of Universal Brilliance*. The compiler was Gye Yeon-su, a favorite disciple of Yi Gi. Yi Gi, who was one of the three great scholars of the Jeolla region, supervised the compilation of the book by his disciple during the course of his independence activities.

Hwandan Gogi is the very record of how the Korean nation and humanity experienced the light of heaven, earth, and the universe, and made history in the process.

This is a record that must be read carefully and correctly understood, which is only possible with a proper historical perspective.

In other words, a person must be cognizant of the history of Universal Brilliance if they are to examine the original history and culture of the Korean nation.

문희공 이존비李尊庇(1233~1287)를 모신 유호재(충북 문의면).
이존비는 고려 후기 무신으로 행촌 이암의 조부이다.

Yuhojae: a shrine in Munui-myeon, North Chungcheong, dedicated to Yi Jon-bi.
Yi Jon-bi (Lord Munhuigong, 1233-1287) was a scholar of late Goryeo and the grandfather of Yi Am.

『환단고기』는 그냥 나온 것이 아닙니다. 그 중심에는 고성이씨 문중의 대부라 할 수 있는 고려 말의 행촌 이암이 있었습니다. 이암의 할아버지 이존비李尊庇(1233~1287) 선생이 고려 25세 충렬왕에게 이렇게 진언했습니다. "우리나라는 환국, 배달, 조선과 북부여, 고구려 이래로 모두 부강했습니다. 우리 고려의 시조 왕건께서도 칭제건원稱帝建元 했습니다." 독자 연호를 쓰고, 황제라고 호칭했다는 말입니다. "그런데 지금은 사대주의가 국시가 되어, 군신 상하가 이를 수치로 여기지 않습니다. 어찌 후세에 조롱거리가 되지 않겠습니까?"라고 하였습니다.

이런 할아버지의 가르침, 즉 환단, 천지광명의 문화의식이 할아버지로부터 아버지에게로, 그리고 이암 선생에게 전수된 것입니다. 이암은 10대 때 마리산 참성단에 올라 옛 조선 땅을 내려다보면서 "누가 이 동방의 어두운 땅에 새로운 횃불을 붙일 수 있겠는가? 내가 이제부터 동방의 평화를 바로 세우리라."는 시를 읊으며, 하늘땅과 더불어서 맹세하였습니다.

행촌이 10세 때 마리산 참성단에서 읊은 시

숙 장 촉 갈 혼 구 지
執將燭喝昏衢志

그 누가 어두운 동방의 땅을 밝게 비출 것인가

구 아 자 금 천 하 안
求我自今天下安

내가 이제 동방 천하의 평안을 구하리라

Hwandan Gogi did not just appear from nothing. The key figure in all this was Master Yi Am of the Goseong Yi clan, who can be rightfully called the godfather of our historical restoration.

His grandfather was the scholar Yi Jon-bi (1233-1287), who gave this advice to King Chungryeol, the twenty-fifth ruler of Goryeo:

> We have been a wealthy, powerful, and self-reliant nation since the eras of Hwandan, Joseon, North Buyeo, and Goguryeo. We also implemented the practice of naming the eras of the ruler and titling the head of state 'emperor' originally, during the initial stage of our founder king, Taejo.

He was saying that the rulers of Goryeo were all called emperors and had their own reign titles. Then he added:

> But now toadyism has become the national policy. Both the ruler and his vassals tolerate this degradation and fail to promote any movement toward self-renewal. [...] I cannot help but wonder how we will cope with the mocking of future generations of the world.

It is such teachings from a perspective based on knowledge about Hwandan ("Universal Brilliance") that were passed from the grandfather to the father and then into the mind of Yi Am. Thus, these teachings made Yi Am climb Mt. Mari when he was a mere boy of ten. Looking down upon the land from his perch on Chamseong-dan Altar, he recited this poem as he made a pledge to the heavens and the earth:

> Immortal Winds whip across the Heavenly Altar.
> Who will be the one to light up the dark alleys?
> I will now seek peace for the entire world.

제2장

동방 천자의 나라, 단군조선

단군조선의 2,096년 삼왕조三王朝 역사

본론의 둘째 이야기, '동방 천자의 나라 단군조선'으로 들어가 보겠습니다. 전체 단군조의 역사는 2,096년이고, 마흔일곱 분 단군이 다스렸습니다. 그 이전은 환웅천황의 신시 배달이었는데, 도읍은 신시神市이고 나라 이름은 밝은 땅, 배달倍達이었습니다. 열여덟 분의 환웅천황이 1,565년 동안 다스렸습니다.

배달 초기에는 신시에 수도를 두었고, 후기 14세 자오지慈烏支 환웅천황, 즉 치우천황이 청구靑邱라는 곳으로 도읍지를 옮겼습니다. 그래서 **전기를 '신시 시대', 후기를 '청구 시대'**라 부릅니다.

배달 이전에 천산산맥의 동쪽, 바이칼 호수 오른쪽을 경계로 해서 펼쳐졌던 환국 열두 나라의 시대, 일곱 분의 환인이 3,301년을 다스린 무병장수문명 시대가 있었습니다.

환국 - 배달 - 조선 시대를 합하면, 40년 부족한 7천 년입니다. 우리는 한민족과 인류 황금시절의 원형문화 시대, 이 7천 년 역사를 송두리째 잃어버렸습니다. 그리고 전 세계의 모든 역사 교과서에 고조선은 '완전한 신화'의 역사로 매겨져서 철저하게 부정당하는 절망의 시기에 살고 있는 것입니다.

환국 3,301년	배달 1,565년	조선 2,096년
총 역년 6,960년(40년 부족한 7천 년!)		

한민족과 인류 황금시절의 원형문화 시대
7천 년 역사문화 시대를 송두리째 잃어버렸다!

Part II
Joseon, the Land of the Sons of Heaven

What Was Joseon?

Now I will move on to the second of the main points: Joseon, which was an empire ruled by the Sons of Heaven of the East.

Joseon had a history of 2,096 years and was ruled by forty-seven rulers, or *'danguns.'* Before Joseon came the Baedal empire of Hwanung. The name 'Baedal' meant "Bright Land," and Baedal was ruled from its capital at Sinsi. Baedal had a history of 1,565 years and was ruled by eighteen *hwanung*s.

Again, Sinsi was the early capital of Baedal, but the capital was relocated to a place called 'Cheonggu' by the fourteenth *hwanung*, Jaoji, also known as 'Chiu.' Therefore, the history of Baedal can be divided into the early Sinsi Period and the later Cheonggu Period.

And before Baedal, there was Hwanguk, a confederation of twelve countries, spread out to the east of the Tianshan Range, to the east of Lake Baikal. It was a civilization of people who lived long and were free from disease. It had a history of 3,301 years and was ruled by seven *hwanin*s.

If we sum the number of years Hwanguk, Baedal, and Joseon existed, the result is 6,960 years, or forty years short of seven thousand.

And these seven thousand years were erased. All of the history of the pristine era, the golden age of the Korean nation and humanity—gone.

Hwanguk 3,301 Years	Baedal 1,565 Years	Joseon 2,096 Years
6,960 years, forty years short of seven thousand.		

The Korean nation lost seven thousand years of its history.

단군왕검은 어떤 분인지 한번 간단히 정리를 해 보겠습니다. 『환단고기』에 실린, 행촌 이암 선생이 쓰신 「단군세기」 첫 페이지를 딱 넘기면, '어떻게 이걸 다 믿을 수 있을까?' 할 정도로 그 역대기가 너무도 자세히 쓰여 있습니다. 예를 들면, '단군왕검은 신묘년 5월 2일에 태어나셨다. 환웅천황이 백두산 신시에 나라를 세운 첫 개천절로부터 1,528년이 되던 해다. 열네 살 때, 대읍국大邑國의 국사를 맡아보았다'라고 하였습니다.

그러면 어떻게 열네 살 나이에 부왕副王으로서 나라의 정사政事를 돌볼 수 있었을까요? 바로 이것이 단군왕검의 통치력과 인간적 심성을 엿볼 수 있는 아주 중요한 대목입니다.

『환단고기』에는 "일산일수위일국一山一水爲一國이라, 물 하나 끼고 산을 하나 끼면 나라가 될 수 있었다"라고 했습니다. 이것이 역사학에서 말하는 부족국가, 성읍城邑국가입니다.

그때 나라를 다스리는 군장, 임금을 왕검王儉이라 불렀습니다. 그래서 왕검은 수백 명, 수천 명이 됩니다. 그런데 어느 날 갑자기 동방에서 '신인神人 왕검'이 나타났습니다.

신 묘 오 월 이 일 인 시 생
辛卯五月二日寅時生

(단군왕검은) 신묘(BCE 2370)년 5월 2일 인시에 태어나셨다. (『단군세기』)

환웅천황이 백두산 신시에 나라를 세운 첫 개천절로부터 1,528년이 되던 해

First things first: let us discuss what kind of person Dangun Wanggeom really was.

The first impression that a person derives when opening to the first page of *Dangun Segi*, by Master Yi Am, which is included in *Hwandan Gogi*, is actually how detailed it is. This much detail indeed seems a bit unbelievable. For example, the part on Dangun Wanggeom begins:

> In the Hour of In on the second day of the fifth month of 2370 BCE [the 1,528th year since the founding of Baedal], Dangun Wanggeom was born at the foot of a birch tree. [...] When Dangun Wanggeom was fourteen (2357 BCE), he became the viceroy who administered the national affairs of the largest city-substate of Baedal, based upon the recommendation of the King of the Bear Clan, who recognized his divinity.

How would Wanggeom, at the mere age of fourteen, be able to rule and administer as viceroy? This is actually a critical detail that reveals to us the nature of Dangun Wanggeom's rule and his divinity.

In *Hwandan Gogi*, it is said: "A country is a location with one mountain and one river," which means that any area large enough to encompass a mountain and a river was considered a country. These were what historians would describe as a chiefdom or a city-state.

The term *wanggeom* was actually a title for the ruler of such chiefdoms or city-states, meaning there were hundreds or even thousands of *wanggeom*s across the Baedal empire. Then, one day, a great man arose. He was referred to as 'Wanggeom the Divine.'

辛卯五月二日寅時生

"In the Hour of In on the second day of the fifth month of 2370 BCE, Dangun Wanggeom was born...." (*Dangun Segi*)

Dangun Wanggeom was born 1,528 years after the founding of Baedal.

그러면 신인 왕검이란 어떤 분일까요?

'신인 왕검'이라는 말의 정확한 뜻은, '환국, 배달의 천지 우주광명의 심법이 열린 왕검'이라는 뜻입니다. 그만큼 심법과 영대가 통명通明했기 때문에, 그 주변에 있는 나라 사람들이 그분의 신성함을 듣고 찾아가 가르침을 베풀어 달라고 하며 단군조에 합류하기를 원했습니다.

38세 때, 단국檀國의 웅씨熊氏 왕이 전쟁에 나갔다가 죽음을 맞자, 왕검께서 백성들의 인망을 얻어 왕으로 등극하셨는데 그 해가 바로 무진戊辰(BCE 2333)년입니다. 단군왕검은 신교 시대의 삼신문화, 신의 우주 창조 법칙인 3수 원리로 국가를 경영하고 통치한, 인류 창세 역사의 정치 시스템을 가지고 왕도문화를 세운 분입니다.

단군은 주제지장主祭之長, 곧 하늘에 제사 지내는 것을 주관하는 어른, 제사장이고, 왕검은 관경管境, 곧 국가 영토를 관장하는 군주를 말합니다.

단군檀君

주제지장主祭之長

제사를 주관하는 제사장

왕검王儉

관경지장管境之長

국가 영토를 관장하는 군주

『태백일사』「신시본기」

What kind of man was Wanggeom the Divine?

Wanggeom the Divine was the ruler of a small country who had attained enlightenment by following the Baedal empire's spiritual discipline of Universal and Cosmic Brilliance. Because he had been enlightened by spiritual discipline and had attained a high level of spirituality, all the people of neighboring countries heard of his divinity and asked for his teachings and requested that they be allowed to become people of the empire.

When Divine Wanggeom was thirty-eight years old, the King of Danguk from the Ung (Bear) Clan (which was Wanggom's mother's clan), died while fighting his enemies. Wanggeom ascended to the throne by gaining the respect of the people of Danguk. It was the Year Mujin, 2333 BCE.

Wanggeom was thus a person who established a dynasty based not on force, but upon benevolent kingship based on the Singyo faith. Wanggeom's benevolent kingship also stemmed from the Principle of Three, which was the law of creation through which the High God created the universe and was also the foundation of the Samsin (三神) culture that provided law and culture during the Singyo (神教) period, which marked the foundational history of the very first human civilization.

Dangun	A head priest
Wanggeom	A political ruler

(Source: *Taebaek Ilsa*)

단군왕검檀君王儉

38세 때 단국檀國 백성들의 인망을 얻어 초대 단군으로 등극(무진년, BCE 2333년)

Dangun Wanggeom

Dangun Wanggeom ascended to the throne at age thirty-eight (Year Mujin, 2333 BCE) by gaining the respect of the people of Danguk.

그런데 이 단군이라는 말은 원래 하늘, 하느님, 신을 상징하는 말인 **'텡그리**Dengri'에서 왔습니다. 서양 문명의 근원, 기독교 문명의 고향은 수메르 문명입니다. 환국 사람들이 약 8천 년 전부터 천산天山을 넘어 갔는데, 한 6천 년 전에 가장 많이 넘어갔다고 알려져 있습니다. **그 수 메르 사람들이 이 텡그리를 '딩이르**Dingir'라 했습니다. 몽골어로 텡그 리, 한국어로 뎅그리Dengri인데, 그게 **하느님, 하늘, 신**을 말합니다. **단 군이란 바로 하나님, 신의 신성을 가진 분**이라는 의미가 됩니다.

수메르어	딩이르 Dingir	하느님
몽골어	텡그리 Tengri	하늘
한국어	뎅그리 Dengri	신

단군왕검은 우주 창조의 근본 법칙인 **'3수 원리'로 나라를 경영**했 는데, 그것을 **'삼한관경제三韓管境制'**라고 합니다. 삼한관경제는 국가 경영의 기본 시스템으로서, 영토를 셋으로 나누어 다스렸던 것입니 다. 광활한 만주지역이 진한眞韓(중기 이후에는 진조선)으로 수도는 하얼 빈 아사달이고, 한반도 전체는 마한馬韓으로 수도는 평양 백아강伯牙

The System of National Governance of Dangun Wanggeom
'The System of Three Realms'

진한 Jinhan

아사달 (하얼빈) Asadal (Harbin)

Beonhan
번한
안덕향 (당산)
Andeokhyang (Tangshan)

백아강 (평양)
Baegagang (Pyongyang)

마한 Mahan

단군왕검의 국가 경영 기본 시스템
나라를 셋으로 나눠 통치한 삼한관경제

A *dangun* was indeed a holy man, a head priest who presided over rites and ceremonies to heaven. A *wanggeom*, on the other hand, was a political ruler who governed a realm with boundaries.

The term *dangun* itself, however, was rooted in the ancient word *dengri*, which meant "God" or "Lord of Heaven."

The word appeared in Sumer, which is widely considered the origin of both Western civilization and Christianity. People from Hwanguk started crossing the Tianshan range around eight thousand years ago, but the biggest wave of emigration was about six thousand years ago. And 'God,' or 'Dengri,' was rendered as 'Dingir' in the Sumerian language. In Mongolian, 'Dengri' became 'Tengri,' which also meant "the Heavens" or "God."

All of this leads us to the real meaning of the term *dangun*: someone imbued with the divine character of God, the Lord of Heaven.

Sumerian	Dingir	Lord of Heaven
Mongolian	Tengri	the Heavens
Korean	Dengri	God

Dangun Wanggeom ruled his country in accordance with the Principle of Three, which is the fundamental law of universal creation. This yielded the Samhan-gwan-gyeong-je, or the 'Samhan Governance System' (or the 'System of Three Realms'). The empire was divided into three parts in accordance with the fundamental rule of governance in Joseon. Manchuria became 'Jihan' (later 'Jin-Joseon'), with the capital at Asadal, which is present-day Harbin. The Korean Peninsula became 'Mahan,' with the capital at Baegagang, or modern-day Pyongyang. What is now Liaoxi became 'Beonhan,' with the capital at Andeok-hyang. Andeok-hyang is present-day Tangshan, which was destroyed by a huge earthquake in 1976.

岡이고, 그 다음에 요서 지역은 번한番韓으로 수도는 안덕향安德鄉이 었습니다. 안덕향은 1976년에 대지진이 났던 당산唐山입니다.

이 진한, 번한, 마한이 삼한三韓이고, 수도가 셋인 삼경三京입니다. 신라 때만 해도 오경五京이 있었습니다. 대진국(발해)도 오경을 두었습니다. 그런데 그 근원은 무엇일까요?

『환단고기』「삼신오제본기三神五帝本紀」를 보면, '우주의 조물주 삼신三神이 있고, 이것이 우주의 시간 공간의 구조를 가지면서 춘하추동 동서남북과 중앙을 다스리는 오제五帝가 있다'는 우주 창조의 드라마가 나옵니다. **삼신과 다섯 제왕신(오제)의 시스템**으로 우주가 열려서, 지금 이 순간에도 둥글어 가는 것입니다.

삼신三神과 오제五帝, 이것이 우주관으로 전개될 때는 바로 삼신과 오행五行입니다. 여기서 오행이라는 것은 단순히 자연을 구성하는 다섯 가지 기본 요소인 수水, 목木, 화火, 토土, 금金이 아니라, 우주의 다섯 성령인 오령五靈입니다. 그래서 『환단고기』에서는 거기에다 클 태太 자를 붙였습니다. 태수太水, 그냥 물이 아니라는 것입니다. 그 다음에 태목, 태화, 태토, 태금, 이렇게 정의하고 있습니다.

This system produced what is known in history as 'Samhan,' with its three capitals, or 'Samgyeong.' Now, if we look at Silla, it had the O-gyeong, or a System of Five Capitals. Daejin-guk (or Balhae) also had five capitals. So where did this system come from?

In *Hwandan Gogi*, the Samsin (Triune Spirit) exists as the creator of the universe, which is given the structure of space-time that features: the directions east, west, north, south, and the middle; the seasons of spring, summer, autumn, winter; and the in-between transitional seasonal periods. These directions and seasons are presided over by the Oje, which are the "Five Divine Emperors." When this is translated into cosmic theory, they become Samsin and Ohaeng (the "Five Movements").

The term 'Five Movements' does not just refer to the five constituent elements of nature, namely water, wood, fire, earth, and metal. It also includes the O-ryeong, or the "Five Sacred Spirits," of the cosmos. That is why in *Hwandan Gogi*, the character *tae*, or "great," is attached to each of the elements. For example, water becomes Great Water 太水. Likewise, there is Great Wood 太木, Great Fire 太火, Great Earth 太土, and Great Metal 太金.

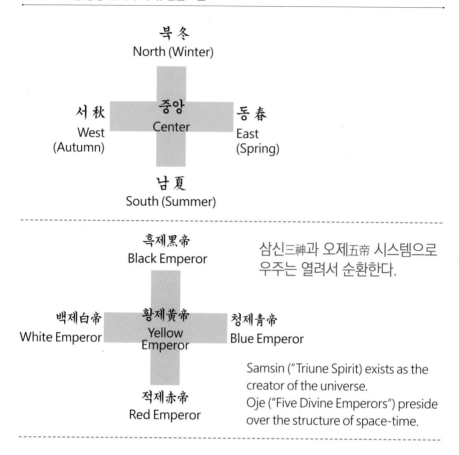

삼신三神과 오제五帝 시스템으로 우주는 열려서 순환한다.

Samsin ("Triune Spirit) exists as the creator of the universe.
Oje ("Five Divine Emperors") preside over the structure of space-time.

그래서 **오행 사상도 원래 신교의 우주관**입니다. 인류 창세 문화의 원전인 『환단고기』에서는 그 후대에 부르는 오행이 아니라 바로 다섯 성령, 오령이라는 놀라운 이야기를 하고 있습니다. 이런 삼신 오제와 오령 사상에 근거해서 나라를 나누고, 수도를 셋(삼경)으로 또는 다섯(오경)으로 해서 다스렸던 것입니다.

6세 단군 달문達門 때 「서효사誓效詞」를 지어서 하늘에 고했는데 이 「서효사」를 일명 「신지비사神誌祕詞」라고도 합니다. 이것을 중국의 도학자들이나 공부 좀 한 사람들이 가져다가 여러 가지 비결로 만들어 유포했습니다. 자, 「서효사」를 함께 보기로 하겠습니다.

This makes the philosophy of the Five Movements an outgrowth of the cosmic theory of Singyo, our ancient religion. *Hwandan Gogi*, the hallowed history of the creation of humanity, asserts that the so-called Five Movements that were known to later history were actually the O-ryeong, the Five Sacred Spirits.

Therefore, it was the philosophy of Samsin Oje and the Five Sacred Spirits that gave rise to the practice of dividing the country and establishing three or five capitals.

It was during the time of Dalmun, the sixth *dangun* of Joseon, that the text called *Seohyosa* was written and read out to Samsin Sangjenim in heaven. *Seohyosa* is also known as *Sinji Bisa*, or *The Secret Verses of Sinji*. Later in history, this text was adopted by Daoists of China and scholars elsewhere, who turned it into an esoteric prophecy and disseminated it. Let us consider what *Seohyosa* is.

6세 단군 달문達門 (재위 BCE 2083~BCE 1986)

Dalmun

(Sixth *dangun*. Reigned BCE 2083-BCE 1986.)

동방 한민족의 역사와 문화정신을 노래한 대서사시 「서효사誓效詞」

조 광 선 수 지
朝光先受地에 　　아침 햇빛 먼저 받는 이 땅에

삼 신 혁 세 림
三神赫世臨이로다 　　삼신께서 밝게 세상에 임하시도다.

환 인 출 상 선
桓因出象先하사 　　환인께서 삼신의 도를 먼저 여겨서

수 덕 굉 차 심
樹德宏且深이로다 　　덕을 베푸심이 크고도 깊도다.

제 신 의 견 웅
諸神議遣雄하사 　　모든 신성한 이들이 의논하여 환웅을 보내시
니

승 조 시 개 천
承詔始開天이로다 　　환웅께서 환인천제의 명을 받들어 처음으로
나라를 여셨도다.

치 우 기 청 구
蚩尤起靑邱하시니 　　치우천황께서 청구를 일으키시어

만 고 진 무 성
萬古振武聲이로다 　　만고에 무용을 떨치셨도다.

회 대 개 귀 왕
淮岱皆歸王하니 　　회수, 태산 모두 천황께 귀순하니

천 하 막 능 침
天下莫能侵이로다 　　천하에 그 누구도 침범할 수 없었도다.

왕 검 수 대 명
王儉受大命하시니 　　단군왕검께서 하늘의 명을 받으시니

환 성 동 구 환
懽聲動九桓이로다 　　기뻐하는 소리가 구환을 움직였도다.

어 수 민 기 소
魚水民其蘇오 　　물고기가 물을 만난 듯 백성이 소생하고

초 풍 덕 화 신
草風德化新이로다 　　바람이 풀을 스치듯 단군왕검의 덕화가 날로
새로웠도다.

원 자 선 해 원
怨者先解怨이오 　　원망하는 자는 먼저 원을 풀어주고

병 자 선 거 병
病者先去病이로다 　　병든 자는 먼저 병을 고치셨도다.

일 심 존 인 효
一心存仁孝하시니 　　일심으로 어짊과 효를 지니시니

사 해 진 광 명
四海盡光明이로다 　　온 천하가 삼신상제님의 광명으로 충만하도
다.

SEOHYOSA: Epic Prose of Korean History and Culture

朝光先受地에
三神赫世臨이로다

Samsin, "the Triune Spirit," descends in radiance to this land, where the morning light is first received.

桓因出象先하사
樹德宏且深이로다

Hwanin is the first to establish the dao of Samsin and bestows grace deep and vast.

諸神議遣雄하사
承詔始開天이로다

An assembly of the divine ones communed and dispatched Hwanung, who, in obedience to a mandate from the *hwanin*, founded the East's first nation.

蚩尤起靑邱하시니
萬古振武聲이로다

Hwanung Chiu rose up at Cheonggu, and his martial valor became renowned for tens of thousands of years.

淮岱皆歸王하니
天下莫能侵이로다

The regions between the Huai River and Mt. Tai came under the aegis of Chiu, and none under heaven dared assail the country.

王儉受大命하시니
懽聲動九桓이로다

Dangun Wanggeom received a mandate from heaven, and the sounds of joy resounded throughout the nine Hwan clans.

魚水民其蘇오
草風德化新이로다

The people were as invigorated as fish returned to water; his virtue renewed the people like wind caressing a field.

怨者先解怨이오
病者先去病이로다

For the bitter and resentful, Dangun Wanggeom first resolved their bitterness and resentment; for the ill, he first cured their ailments.

진 한 진 국 중
眞韓鎭國中하니　진한이 삼한의 중심을 굳게 지키니

치 도 함 유 신
治道咸維新이로다　정치의 도가 다 새로워지도다.

모 한 보 기 좌
慕韓保其左하고　모한(마한)은 왼쪽을 지키고

번 한 공 기 남
番韓控其南이로다　번한은 남쪽을 제압하도다.

참 암 위 사 벽
巉岩圍四壁하니　험준한 바위가 사방을 에워쌌는데

성 주 행 신 경
聖主幸新京이로다　거룩하신 임금께서 새 수도에 납시도다.

여 칭 추 극 기
如秤錘極器하니　삼경이 저울대, 저울추, 저울판 같으니

극 기 백 아 강
極器白牙岡이오　저울판은 마한 수도 백아강이요

칭 간 소 밀 랑
秤輅蘇密浪이오　저울대는 진한 수도 소밀랑이요

추 자 안 덕 향
錘者安德鄉이로다　저울추는 번한 수도 안덕향이로다.

수 미 균 평 위
首尾均平位하야　머리와 꼬리가 함께 균형을 이루어서

뇌 덕 호 신 정
賴德護神精이로다　임금의 덕에 힘입어 삼신의 정기를 잘 간직하도다.

흥 방 보 태 평
興邦保太平하야　나라를 흥성시켜 태평성대를 이루니

조 항 칠 십 국
朝降七十國이로다　일흔 나라가 조회하도다.

영 보 삼 한 의
永保三韓義라야　삼한의 근본정신을 영원히 보전해야

왕 업 유 흥 륭
王業有興隆이로다　왕업이 흥륭하리로다.

흥 폐 막 위 설
興廢莫爲說하라　나라의 흥망을 말하지 말지니

성 재 사 천 신
誠在事天神이로다　진실로 삼신상제님을 섬기는 데 달려 있도다.

一心存仁孝하시니
四海盡光明이로다

He was of one mind and possessed benevolence and filial piety; thus the entire land was full of radiance.

眞韓鎭國中하니
治道咸維新이로다

Jinhan stabilizes the states' center, and the laws of governance have all been renewed.

慕韓保其左하고
番韓控其南이로다

Mohan guards the states' left;
Beonhan controls the states' south.

巉岩圍四壁하니
聖主幸新京이로다

With jagged rocks surrounding on all sides, the holy emperor enters the new capital.

如秤錘極器하니
極器白牙岡이오
秤幹蘇密浪이오
錘者安德鄕이로다

Each of the three capitals are like the balance beam, the weight, and the pan: the pan is Baegagang; the balance beam is Somillang; and the weight is Andeokhyang.

首尾均平位하야
賴德護神精이로다

The head and tail are evenly balanced and the vitality of Samsin has been well preserved thanks to the emperor's grace.

興邦保太平하야
朝降七十國이로다

The realm has prospered and enjoys a great peace, and seventy states come and pay homage.

永保三韓義라야
王業有興隆이로다

The founding spirit of the Three Han States must be permanently preserved if the imperial reign is to succeed and flourish.

興廢莫爲說하라
誠在事天神이로다

Speak not of the rise and fall of the country, for truly this depends upon whether you serve Samsin Sangjenim.

「서효사」는 한민족이 9천 년 동안 섬겨온 천지의 주관자이신 삼신 상제님께 천제를 올리고, 우주 원형문화인 신교의 삼신 우주관으로 나라를 잘 다스려서 만세토록 영화와 평화가 깃들기를 축원한 글입니다.

지도에서 보는 바와 같이 단군조선은 삼신 우주관을 바탕으로 나라를 셋으로 나눠서 경영했습니다. 그 세 곳의 수도가 각각 **저울대, 저울추, 저울판**과 같은 역할을 한다는 것입니다. 저울추가 이동하면 균형이 달라지잖아요. 가장 민감하죠. 그렇듯이 현실적인 정치 판도의 변화를 민감하게 보여준 것이 바로 저 요서 지역에 있는 저울추 역할을 한 번한, 후일의 번조선입니다. 중국에서 동북아를 침략할 때 반드시 통과해야 하는 결정적 관문이 탕지보湯池堡인 안덕향입니다. 그 다음에 저울판 마한의 수도는 백아강, 즉 평양으로 처음부터 끝까지 일관되게 유지했습니다. 그리고 단군조의 원 사령탑 본조本朝인 만주의 진한은 첫 번째 수도인 하얼빈에서 두 번째 수도 백악산 장춘

삼신 우주관으로 국가를 경영하면서 삼한의 수도를 저울대, 저울추, 저울판에 비유
The three capitals of Joseon were compared to the beam, weight, and plate of a scale.

Seohyosa was recited during celestial rites for the grace of Samsin Sangjenim to aid the officials to govern their empire properly in accordance with the cosmic philosophy of the Triune Spirit that is part of our pristine culture, the Singyo religion.

As we can see from the map, Joseon was governed in accordance with the cosmic philosophy of the Triune Spirit. The three capitals were compared to the beam, weight, and plate of a scale. When a weight is moved, the balance point shifts along with it. It is the most sensitive part of the scale. And it was the weight portion of the scale, Beonhan, located in Liaoxi, that reacted most visibly to the changes in the political situation. The one place that the Chinese had to pass through when invading Northeast Asia was Tangchibao, a place we know as Andeokhyang. The capital of Mahan, which was the plate portion of the scale, remained at Pyongyang throughout its history. The main dynasty, Jinhan, began with its capital at present-day Harbin, then moved to Baegaksan (or Changchun) and finally to Jangdang-gyeong (which is Kaiyuan).

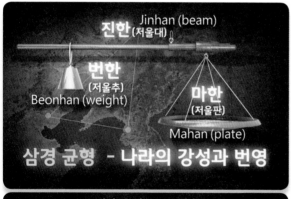

When the three capitals remained in balance, Joseon was strong and prosperous.

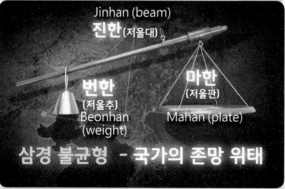

When the three capitals became unbalanced, Joseon's national security weakened.

으로 옮기고, 세 번째에는 장당경 개원으로 천도하였습니다.

한민족의 역사를 영원히 말살하려 한 이토 히로부미伊藤博文가 동북아 역사의 심장부인 단군조 하얼빈에서 안중근 의사의 총탄 세 발을 맞고 넘어갔습니다. 그 소밀랑 하얼빈이 바로 저울대입니다.

조금 전에 삼신 우주관으로 나라를 통치한, 삼한관경제라는 국가 통치 경영에 대해서 살펴본 바 있습니다. 이 우주의 조화주 하나님, 삼신상제님께 천제를 올리면서 서원한 동방 창업의 역사, 그 번영의 도, 그 비결이 무엇일까요? 인류 역사에서 **단군조처럼 2천 년간 나라가 지속된, 역년이 이처럼 긴 왕조**는 별로 없습니다. 로마 역사를 한 2천 년으로 잡고, 이집트 역사를 2천 년 왕조사로 삼는데, 우리 환국이나 조선처럼 제대로 지속되지는 않았습니다.

삼신 문화를 상징하는 단군조선의 세 수도 삼경의 균형이 유지되면 나라가 강성하고 번영이 지속되지만, 이 균형이 흔들릴 때는 국가의 존망이 위태롭다는 것입니다. 이러한 내용을 담아 6세 달문 단군이 백성들과 함께 각성하는 축원문, 발원문을 지은 것이 저 유명한 「서효사」입니다. 『고려사』「김위제전金謂磾傳」에 이러한 내용의 골격이 실려 있고, 조선시대 때 이익李瀷의 『성호사설星湖僿說』「천지문」에도 그 내용의 일부가 언급되었습니다.

우 인 신 지 비 사 왈 여 칭 추 극 기 칭 간 부 소 량
又引神誌秘詞曰 如秤錘極器 秤幹扶疎梁
추 자 오 덕 지 극 기 백 아 강 차 이 칭 유 삼 경 야
錘者五德地 極器百牙岡 此以秤諭三京也

또 『신지비사』를 인용하여 말하기를 (단군조선의 삼한은) 칭·추·극기와 같으니, 칭간(저울대)은 부소량이요, 추자(저울추)는 오덕지요, 극기(저울판)는 백아강이니 이것은 저울로써 삼경을 비유한 것이다.

(이익 『성호사설』「천지문」)

We remember Harbin as the place where Ito Hirobumi, the very person who attempted to erase the history of Korea, died after being struck by three bullets from the patriot Ahn Jung-geun. Harbin was Somilang, the first capital of Jinhan. It was the beam portion of Joseon.

And just a minute ago, we discussed the system of governance based on the cosmic philosophy of the Triune Spirit. So in talking about the history of a nation founded upon the offering of worship and holy rituals to Samsin Sangjenim, God the Cosmic Creator, we must ask: what was the secret, the philosophy that allowed the nation to thrive and prosper? Because a dynasty that endured over two thousand years, as did Joseon, is very rare in world history.

Of course, they say that the Roman Empire or Egypt lasted for two thousand years, but they did not enjoy a continuous history as did Hwanguk or Joseon.

It is simple. The nation became strong and prosperous when the three capitals of Joseon, which were symbols of Samsin culture, remained in balance. When they became out of balance, meaning the balance was disrupted, it put the very survival of the nation in question.

This is basically what is written in the *Seohyosa*, which is, again, a liturgy and prayer that a *dangun* recited with his people. The basics of its content are included in the "Biography of Gim Wijae" chapter of *The History of Goryeo*, and parts of it can also be found in the "Cheonjimun" section of *Seongho Saseol* (성호사설, 星湖僿說).

又引神誌秘詞曰 如秤錘極器 秤幹扶疎梁 錘者五德地 極器百牙岡 此以秤論三京也

According to the *Sinji Bisa*, the Samhan of Joseon are like the weight, beam, and plate of a scale. The beam is Busoryang, the weight is Odeok-ji, and the plate is Baegagang. These are the three capitals represented in the image of a scale. ("Cheonji-mun" section of *Seongho Saseol*)

『고려사』「김위제전」이 전하는 〈신지비사神誌祕詞〉

神誌祕詞에 曰

『신지비사』에서 말하기를

如秤錘極器하니 秤幹扶踈樑이오

"저울대, 저울추, 저울판과 같으니, 저울대를 부소량,

錘者五德地오 極器百牙岡이로다

저울추를 오덕지, 저울판을 백아강으로 하면

朝降七十國하야 賴德護神精하고

일흔 나라가 조공하여 복종할 것이요, 그 덕德에 힘입어 신정神精을 보호하고,

首尾均平位하면 興邦保大平이오

머리와 꼬리가 균형을 이루게 하면 나라가 흥하여 태평을 보전할 것이오,

若廢三諭地하면

만약 삼유三諭의 땅을 폐하면

王業有衰傾이로다

왕업王業이 쇠하여 기울어질 것이다."라고 하였사옵니다.

此는 以秤諭三京也니이다

이것은 저울로 삼경三京을 비유한 것이옵니다.

極器者는 首也오 錘者는 尾也오

저울판은 머리요, 저울추는 꼬리요,

秤幹者는 提綱之處也니

저울대는 벼리가 되는 곳이옵니다.

松嶽은 爲扶踈로 以諭秤幹하고

송악은 부소로서 저울대에 비유되고,

西京은 爲白牙岡으로

서경은 백아강으로서

以諭秤首하고

저울에 비유되며,

三角山南은 爲五德丘로

삼각산의 남쪽은 오덕구로서

以諭秤錘라

저울추에 비유되옵니다.

五德者는 中有面嶽하니

오덕五德이란, 가운데에는 면악산이 있어

爲圓形土德也오

둥근 형태[圓形]로서 토덕土德이요,

北有紺嶽하니 爲曲形水德也오

북쪽으로는 감악산이 있어 굽은 형태[曲形]로서 수덕水德이요,

The Sinji Bisa Quoted by Gim Wije in The History of Goryeo

神誌祕詞에 曰 如秤錘極器하
니 秤幹扶踈樑이오
錘者五德地오 極器百牙岡이
로다
朝降七十國하야 賴德護神精
하고 首尾均平位하면
興邦保大平이오 若廢三諭地
하면 王業有衰傾이로다
此는 以秤諭三京也니이다

極器者는 首也오 錘者는 尾也
오 秤幹者는 提綱之處也니
松嶽은 爲扶踈로 以諭秤幹하
고 西京은 爲白牙岡으로
以諭秤首하고 三角山南은
爲五德丘로 以諭秤錘라

五德者는 中有面嶽하니
爲圓形土德也오 北有紺嶽하
니 爲曲形水德也오

南有冠嶽하니 尖銳火德也오
東有楊州南行山하니
直形木德也오 西有樹州北嶽
하니 方形金德也니

[Gim Wije said,] "Also according to the *Sinji Bisa*, 'They are like the beam, the weight, and the plate of a scale. When Busoryang (扶踈樑) becomes the beam, Odeok-ji (五德地) becomes the weight, and Baegagang becomes the plate, seventy countries will pay tribute and submit. When the nation's virtues guard the spirit and body and achieve balance between the head and body, it will prosper and achieve great peace. When these three lands are closed off, royal rule will weaken and decline,' it is said.

"This is the three capitals being compared to a scale. The plate is the head, the weight is the tail, and the beam is the body.

"Song-ak is like Buso, which makes it the beam. Seogyeong (Pyongyang) is Baegagang, or the plate. And the regions south of Samgak-san are like Odeok-gu, or the weight.

"Odeok, or the 'Five Virtuous Hills,' include Myeonak-san in the middle, which is round and carries the virtues of earth (土德). To the north is Gamak-san, which is curved and carries the virtues of water (水德). To the south is Gwanak-san, which is pointed and carries the virtues of fire (火德). To the east is Namhaeng-san in Yangju, which is upright and

南有冠嶽하니 尖銳火德也오

남쪽으로는 관악산이 있어 뾰족한 형태[尖銳]로서 화덕火德이요,

東有楊州南行山하니

동쪽으로는 양주의 남행산이 있어

直形木德也오

곧은 형태[直形]로서 목덕木德이요,

西有樹州北嶽하니

서쪽으로는 수주의 북악산이 있어

方形金德也니

네모 형태[方形]로서 금덕金德이옵니다.

此亦合於道詵

이것도 도선道詵이 말한

三京之意也니이다

삼경三京의 뜻에 부합하옵니다.

今國家有中京·西京이나

지금 우리나라에는 중경과 서경은 있으나

而南京闕焉하니

남경은 빠져 있사옵니다.

伏望컨대

엎드려 바라옵건대,

於三角山南·木覓北平에

삼각산의 남쪽과 목멱의 북쪽 사이의 평지에

建立都城하야 以時巡駐하소서

도성을 건설하여 때때로 순행하여 머무시옵소서[巡駐].

此實關社稷興衰하야

이는 실로 사직社稷의 흥망에 관련되어

臣干冒忌諱하야

신이 금기를 범하고

謹錄申奏하노이다.

삼가 기록하여 아뢰옵니다.

於是에 日者文象이

이에 일자日者(점치는 관원) 문상文象이

從而和之하고

그 말을 좇아 화답하였다.

睿宗時殷元中도 亦以道詵說로

예종 때에 은원중도 도선의 말로

上書言之하니라

상서上書하여 아뢰었다.

此亦合於道詵三京之意也니
이다

今國家有中京·西京이나
而南京闕焉하니 伏望컨대
於三角山南·木覓北平에
建立都城하야 以時巡駐하소
서 此實關社稷興衰하야
臣干冒忌諱하야 謹錄申奏하
노이다.

於是에 日者文象이 從而和之
하고 睿宗時殷元中도
亦以道詵說로 上書言之하니
라

carries the virtues of wood (木德). To the west is Bugak-san in Suju, which is square and carries the virtues of metal (金德).

"All of this is in accordance with the Three Capitals spoken of by Master Doseon (道詵). As of now, our country has the Central Capital and the Western Capital, but there is no Southern Capital. I beseech you to build another capital in the plains south of Samgak-san and north of Mongmyeok-san and sojourn there from time to time. This is a matter that is vital to the survival of the royal house, and I felt compelled to put this in writing, despite the transgression of forbiddances I am committing."

At this, the astronomer Mun Sang also spoke, expressing agreement. And during the reign of Yejong, the official Eun Won-jung also referred to the words of Master Doseon in presenting a report.

마흔일곱 분 단군왕검의 치적

이제 역대 단군왕검들의 주요 치적을 한번 정리해 보겠습니다.

시조 단군왕검

시조 단군왕검은 38세 되시던 무진戊辰(환기 4865, 신시개천 1565, 단기 원년, BCE 2333)년에 즉위하셨습니다. 제일 먼저 환국과 배달로부터 전수받은 우주광명의 홍익인간 심법을 어떻게 백성들의 생활 속에 실현할 것인지 생각하시고 팔조교八條敎를 제정하셨습니다. 그 외에 강화도 마리산에 제천단을 쌓게 하셨는데, 지금의 참성단塹城壇이 그것입니다. 그때가 재위 51년 되시던 무오戊午(단기 51, BCE 2283)년이었습니다.

또 중국의 국가 운명이 무너지는 동북아 9년 대홍수 때, 맏아들 부루 태자를 도산塗山으로 보내어 오행치수법五行治水法을 우나라 사공司空 우禹에게 전해 치수를 하게 하여, 요순시대에 이어 하夏 왕조가 건국되는 운수를 열어주셨습니다.

부루태자가 전수한 오행치수법

갑술육십칠년 제견태자부루 여우사공
甲戌六十七年이라 帝遣太子扶婁하사 與虞司空으로

회우도산 태자 전오행치수지법
會于塗山하실새 太子가 傳五行治水之法하시고

감정국계 유영이주 속아 정회대제후
勘定國界하시니 幽營二州가 屬我오 定淮岱諸侯하사

치분조이리지 사우순 감기사
置分朝以理之하실새 使虞舜으로 監其事하시니라.

재위 67년 갑술(단기 67, BCE 2267)년에 왕검께서 태자 부루扶婁를 보내어 우순虞舜(순임금)이 보낸 사공司空(우禹를 말함)과 도산塗山에서

The Forty-Seven Danguns: How They Ruled

Now we will move on to the major accomplishments of the *danguns* of ancient Joseon.

The First Dangun: Wanggeom

Dangun Wanggeom was the founder of Joseon. Upon ascending to the throne at the age of thirty-eight, he thought long and hard about how to encourage the spiritual discipline of Hongik Ingan, the humanitarian philosophy of cosmic brilliance that he had inherited from Hwanguk and Baedal, in the actual lives of his people. He created the Eight Laws for the purpose, and he also ordered that Chamseong-dan Altar on Mt. Mari in Ganghwa be built.

And when the Chinese kingdoms were about to collapse as a result of the nine-year flood, he sent the crown prince Buru to an engineer named Yu to teach him the Five Movements Law for Water Control (五行治水法). This allowed Yu to create the Kingdom of Xia that followed the age of Yao (堯) and Shun(舜).

The Knowledge of the Five Movements Law for Water Control, According to Dangun Segi

甲戌六十七年이라 帝遣太子扶婁하사 與虞司空으로
會于塗山하실새 太子가 傳五行治水之法하시고 勘定國界하시니
幽營二州가 屬我오 定淮岱諸侯하사 置分朝以理之하실새
使虞舜으로 監其事하시니라.

In the sixty-seventh year of his reign (2267 BCE), Dangun Wanggeom dispatched Crown Prince Buru to meet an official from the Yu state at Mt. Do. The Crown Prince conveyed to him the Method of Controlling Water with the Five Elements.

만나게 하셨다. 태자께서 '오행의 원리로 물을 다스리는 법[五行治水之
法]'을 전하시고, 나라의 경계를 살펴 정하시니 유주幽州·영주營州 두
주가 우리 영토에 귀속되고, 회수와 태산 지역의 제 후들을 평정하여
분조分朝를 두어 다스리실 때 우순을 시켜 그 일을 감독하게 하셨다.

(『단군세기』)

갑술　　태자부루　　이 명　　　왕 사 도 산
甲戌에 太子扶婁가 以命으로 往使塗山할새

노차낭야　　　유거반월　　　청문민정
路次琅邪하야 留居半月하야 聽聞民情하니

우순　　역솔사악　　보 치 수 제 사
虞舜이 亦率四岳하야 報治水諸事하니라

갑술(단기 67, BCE 2267)년에, 부루태자가 명을 받고 특사로 도산에 갈
때 도중에 낭야에 들러 반 달 동안 머무르며 백성의 사정을 묻고 들었다. 이
때 우순이 사악四岳을 거느리고 치수에 대한 모든 일을 보고하였다.

(『태백일사』 「삼한관경본기」 번한세가)

오행치수법을 전수한 곳은 단군조선의 역사 명령을 받던 지역
Laws for Water Control given to regions under Joseon's control.

He also inspected border regions and settled border issues. Thus, the two provinces of Yuju and Yeongju were added to Joseon's territory. He suppressed the lords between the Huai River and Mt. Tai and established a detached court to rule those regions. Shun of the Yu state was appointed to oversee the process. (*Dangun Segi*)

甲戌에 太子扶婁가 以命으로 往使塗山할새 路次琅邪하야
留居半月하야 聽聞民情하니
虞舜이 亦率四岳하야 報治水諸事하니라

In 2267 BCE, Crown Prince Buru was ordered to go to Mt. Dosan as the *dangun*'s envoy. On his way, he stopped in Nangya for half a month, during which time he inquired about, and was told of, the circumstances of the people.

At this time, King Shun of the Yu state brought four liege lords with him to give a complete report about the water control operation to the crown prince. (*Taebaek Ilsa*)

시조 단군왕검(BCE 2370~BCE 2241)
Dangun Wanggeom
(2370-2241 BCE.)
The founder of Joseon.

태자　지도산　　주리내회　　　인번한
太子가 至塗山하사 主理乃會하실새 因番韓하사

고우사공왈 여　북극수정자야　여후청여
告虞司空曰 予는 北極水精子也라 汝后請予하야

이 욕 도 치 수 토　　증 구 백 성　　삼 신 상 제
以欲導治水土하야 拯救百姓일새 三神上帝가

열여왕조고　내야　　우사공　삼육구배이진왈
悅予往助故로 來也라 … 虞司空이 三六九拜而進曰

태자가 도산에 도착하여 주장[主理]의 자격으로 회의를 주관하실 때,
번한 왕을 통해 우사공虞司空에게 말씀하셨다.

"나는 북극수의 정기를 타고난 아들이니라. 너희 임금(순임금)이 나에
게 수토水土를 다스려 백성을 구해 주기를 청원하니, 삼신상제님께서
내가 가서 도와 주는 것을 기뻐하시므로 왔노라."

… 우사공이 삼육구배를 하고 나아가 아뢰었다.

근 행 천 제 자 지 명　　좌 아 우 순 개 태 지 정
勤行天帝子之命이오 佐我虞舜開泰之政하야

이 보 삼 신 윤 열 지 지 언
以報三神允悅之至焉호리이다.

"삼가 천제자(단군왕검)의 어명을 잘 받들어 행할 것이요, 또 저희 우
순(순임금)께서 태평스런 정사를 펴시도록 잘 보필하여 삼신상제님께
서 진실로 기뻐하시도록 지극한 뜻에 보답하겠사옵니다."

자 태 자 부 부　수 금 간 옥 첩　　개 오 행 치 수 지 요 결 야
自太子夫妻로 受金簡玉牒하니 蓋五行治水之要訣也라

태 자　회 구 려 어 도 산　　명 우 순
太子가 會九黎於塗山하시고 命虞舜하사

즉 보 우 공 사 례　　금 소 위 우 공　시 야
卽報虞貢事例하시니 今所謂禹貢이 是也라.

부루태자로부터 금간옥첩金簡玉牒을 받으니, 곧 오행치수의 요결이었
다. 태자께서 구려九黎를 도산에 모아 놓고, 우순에게 명하여 조공 바
친[虞貢] 사례를 보고하게 하시니, 오늘날 이른바 「우공虞貢」이란 이러
한 역사적 사실을 말한다.

(『환단고기』「태백일사」〈삼한관경본기〉)

太子가 至塗山하사 主理乃會하실새 因番韓하사 告虞司空曰 予는
北極水精子也라 汝后請予하야 以欲導治水土하야 拯救百姓일새
三神上帝가 悅予往助故로 來也라 … 虞司空이 三六九拜而進曰

Crown Prince Buru arrived at Mt. Dosan and, in the ca-
pacity of senior person, presided over the conference, during
which he conveyed the following to a public works official
from the Yu state through the King of Beonhan:

I am the son born with the essence of North Pole Water.
Your king (Shun) has requested that I teach him the method
for controlling water and earth to save his people. I have
come because it pleases Samsin Sangjenim that I help him.

The official from the Yu state performed the Great Propriety
of Three and Six, then stepped forward and declared:

勤行天帝子之命이오 佐我虞舜開泰之政하야
以報三神允悅之至焉호리이다.

I shall humbly obey the order of the Son of the Heavenly
Sovereign (Dangun Wanggeom) and aid King Shun so that
he may govern his lands well and peacefully. By doing so,
I will repay Samsin Sangjenim's grace sufficiently to truly
please him.

自太子夫婁로 受金簡玉牒하니 盖五行治水之要訣也라
太子가 會九黎於塗山하시고 命虞舜하사 即報虞貢事例하시니
今所謂禹貢이 是也라.

He received from Crown Prince Buru a book of gold tablets
and jade scrolls, the general contents of which were the key to
the Method of Controlling Water with the Five Elements.

The crown prince gathered the leaders of Guryeo at Mt. Dosan
and commanded King Shun of the Yu state to report the occa-
sions of tribute being offered. The "Yu Gong (Tribute of Yu)"
chapter in the Book of Documents refers to this. (*Taebaek Ilsa*)

중국의 9년 홍수 치수 역사 조작

9년 홍수를 다스려서 중국의 첫 번째 고대 왕조인 하나라를 탄생시킨 건국자, 우임금의 9년 홍수 치수 성공 이야기는 조작되었습니다. 4,300년 전, 9년 대홍수로 우나라 순임금이 패망 위기에 처하자 단군 왕검께서 낭야성에 태자 부루를 보내 순임금에게 대홍수의 참상을 보고받습니다. 그리고 태자 부루로 하여금 오나라, 월나라의 옛 땅인 <u>도산塗山에서 회의를 소집하여 사공 우에게 오행치수법을 전수</u>하게 합니다. 그 원본이 홍범구주입니다. 중국사는 이를 조작 날조*하여 『오월춘추』의 창수사자蒼水使者 이야기로 왜곡해 놓았습니다.

우 내 동 순　　등 형 악　　혈 백 마 이 제
禹乃東巡하야 登衡嶽하고 血白馬以祭로대

불 행 소 구　　우 내 등 산　　앙 천 이 소
不幸所求어늘 禹乃登山하야 仰天而嘯러니

인 몽 현 적 수 의 남 자　　자 칭 현 이 창 수 사 자
因夢見赤繡衣男子하야 自稱玄夷蒼水使者라

문 제 사 문 명 어 사　　고 래 후 지
聞帝使文命於斯하고 故來候之로다.

비 궐 세 월　　장 고 이 기　　무 위 희 음
非厥歲月이어늘 將告以期하리니 無爲戲吟하라.

고 의 가 복 부 지 산
故倚歌覆釜之山이로다 하고

동 고 위 우 왈 욕 득 아 산 신 서 자
東顧謂禹曰 欲得我山神書者면

재 어 황 제 암 악 지 하
齋於黃帝岩嶽之下하고

삼 월 경 자　　등 산 발 석　　금 간 지 서 존 의
三月庚子에 登山發石하면 金簡之書存矣리라 하거늘

우 퇴 우 재　　삼 월 경 자　　등 완 위 산
禹退又齋하고 三月庚子에 登宛委山하야

발 금 간 지 서　　안 금 간 옥 자　　득 통 수 지 리
發金簡之書하고 案金簡玉字하야 得通水之理러라.

---

* 중국 사서에 기록된 고조선 별칭: 구이九夷(『논어』), 이예夷穢(『여씨춘추』), 직신稷愼(『일주서』), 숙신肅愼(『산해경』), 맥貊(『논어』), 예맥穢貊, 산융山戎, 동호東胡, 발發조선(『관자』), 청구靑丘

The Historical Fabrication of the Quelling of the Nine-Year Flood

Noticing that King Shun's regime was on the verge of collapse from the nine-year flood, Dangun Wanggeom sent the crown prince, Buru, and received reports from King Shun of the devastation from the flooding. Buru then called for a conference at Tushan, which is located in the Wu-Yue (吳越) region, and conferred the knowledge of water control to Yu. This was the *Hongbeom Guju* (洪範九疇/*Hongfan Jiuchou*, "The Grand Plan in Nine Categories"). Chinese historians distorted this into the tale of the emissary from the Blue Seas (蒼水使者)* in *The History of Wuyue* (吳越春秋).

禹乃東巡하야 登衡嶽하고 血白馬以祭로대 不幸所求어늘

禹乃登山하야 仰天而嘯러니 因夢見赤繡衣男子하야

自稱玄夷蒼水使者라 聞帝使文命於斯하고 故來候之로다.

非厥歲月이어늘 將告以期하리니 無爲戲吟하라.

故倚歌覆釜之山이로다 하고 東顧謂禹曰 欲得我山神書者면

齋於黃帝岩嶽之下하고

三月庚子에 登山發石하면 金簡之書存矣리라 하거늘

禹退又齋하고 三月庚子에 登宛委山하야

發金簡之書하고 案金簡玉字하야 得通水之理러라.

After this, Yu went to the east and climbed Hengshan, where he killed a white horse as a sacrifice to the mountain god. He was still unable to obtain the divine scripture. When he rose to the highest peak and shouted at the heavens, he fell asleep suddenly and met a man in silk robes embroidered with red patterns, who told him, "I am an emissary of the Blue Sea from the

---

* The official name of the dynasty, 'Joseon,' was omitted deliberately in Chinese records. Other names for Joseon in Chinese records include: 'Jiuyi' (九夷, "Nine Peoples"; *The Analects*), 'Yihui' (夷穢, "Dirty Barbarians"; *Lushichunqiu*), 'Jixun' (稷愼; *Rizhoushu*), 'Sushen' (肅愼, "Dour People"; *Classic of Mountains and Seas*), 'Mo' (貊; *The Analects*), 'Huimo' (穢貊, "Dirty Tribe"), 'Shanrong' (山戎), 'Donghu' (東胡, "Eastern Barbarians"), 'Fa-Joseon' (發朝鮮; *Guanzi*), 'Qingqiu' (青丘, "Verdant Hills").

우는 곧 동쪽으로 순행하여 형산(형악衡嶽)에 올라가 백마를 죽여 그 피로 산신에게 제사지냈으나 신서는 발견하지 못했다. 그러자 우는 산 꼭대기에 올라가 하늘을 바라보며 소리치다가 갑자기 잠이 들어, 꿈에 붉은 색으로 수놓은 비단 옷을 입은 남자를 만났는데, 스스로 이렇게 말하였다. "나는 현이 창수사자인데, 듣자하니 황제께서 그대를 이곳으로 보냈다고 해서 기다리고 있었노라. 지금은 아직 볼 때가 아니니 내가 그 때를 알려주려고 하노라. 내가 농담한다고 생각하지 말지니, 나는 본디 복부산覆釜山에서 곡에 따라 노래를 부르고 있노라."
이 사람이 동쪽으로 고개를 돌려 우에게 말하였다. "우리 산신의 책을 얻으려면 모름지기 황제암악黃帝巖嶽 아래서 재계한 뒤에 3월 경자일에 다시 산꼭대기로 올라 와 돌을 들춰 보면 금간金簡으로 된 책이 있으리라." 우는 물러나서 다시 재계하고 3월 경자일에 완위산에 올라가 금간으로 된 책을 찾았는데, 금간에 쓰인 옥 글자를 살펴보고 물길을 소통시키는 이치를 알게 되었다.

(『오월춘추吳越春秋』권6「월왕무여외전越王無余外傳」)

우임금이 받았다는 낙서洛書의 진실

『대변설大辯說』에서 말하였다. '처음에 단군이 글을 완성하여 금거북에 새겨 바다에 띄워 보내며 말씀하시기를, "동쪽으로 가든 서쪽으로 가든 네가 가는 대로 맡기리라. 이것을 얻는 자는 성인이리라." 하셨다. 당시에 우禹가 낙수洛水에 이르니 해인海人이 금거북을 바쳤다. 이것이 낙서洛書이다.'

(『태백속경太白續經』)

치수 중인 우禹
1세 단군왕검 재위 67년(BCE2267), 고대 중국의 운명이 무너지던 9년 홍수 때 '오행치수법'을 맏아들 부루夫婁를 통해 우禹에게 전하여 요순시대 다음 하夏 왕조가 건국되는 운수를 열어줌.

North (玄夷). I was told that your sovereign had sent you, and I have been expecting you. The time when you will be able to see the divine scripture has not yet come, but I will tell you when it will be. Do not think that I am speaking this in jest, as I had previously been singing at Mt. Fubushan according to the tune."

The man then turned his head to the east and continued speaking, "You must cleanse yourself underneath the Yellow Emperor's Precipice (黃帝巖嶽) and come back here to the peak on Gyungja Day (庚子日) of the third month. Look underneath a rock and there you will see a book made of strips of gold." Yu descended the mountain, cleansed himself, and climbed Mt. Wanwei-shan* (宛委山) on Gyungja Day and indeed found a book of golden strips. He read the jade letters embossed on the strips and gained knowledge about controlling water flow. (*The History of Wuyue*)

The Truth Behind the Luoshu that King Yu Received

According to *Daebyeonseol*, "When Dangun first finished the diagram, he inscribed it upon a golden turtle to preserve the diagram, and then put the turtle into the sea. He said, 'Whether you head to the west or go to the east, I leave entirely to you. And whoever claims you will be called a holy man.' A seaman found the turtle and presented it to Yu. Yu had went to Luoshu (洛水) when he received this diagram, and it was called 'Luoshu' (洛書)." (*Taebaek Sokgyeong*)

---

* **Mt. Wanwei-shan.** Another name for Mt. Fubushan.

Yu working to control the flood
(Sixty-seventh year of the reign of Wanggeom, first *dangun*. BCE 2267).
When ancient China was on the brink of collapse due to the Nine-Year Flood, Wanggeom conferred upon Yu the Five Movements Law for Water Control through his son, Buru. This had the effect of laying the foundation for the Xia Dynasty that came after kings Yao and Shun.

2세 부루扶婁단군

단군왕검의 아드님인 부루가 2세 단군입니다. 그리스 마케도니아의 알렉산터 대왕 이상으로 무용이 대단했던 고구려 광개토태왕의 군사들이 출정할 때에 '**어아가於阿歌**'를 불렀다고 합니다. 이 '어아가'를 부루단군이 직접 작사·작곡하셨습니다. '어아 어아~ 아등대조신我等大祖神의 대은덕大恩德은 배달국아등倍達國我等이 개백백천천년물망皆百百千千年勿忘이로다. 어아 어아 우리 대조신의 크나큰 은덕이시여! 배달의 아들딸 모두 그 은혜를 백백천천 영세토록 잊지 못하오리다'라고 해서, 배달국 환웅천황의 은혜를 잊어서는 안 된다, 우리들의 큰 조상님이신 대조신大祖神을 잘 모셔야 한다고 노래했습니다.

그 다음, **추수감사절의 풍속인 업주가리業主嘉利 문화**가 시작되었습니다. 부루단군이 붕어하신 뒤, 나라의 온 백성이 부루단군의 공덕을 추모하여, 제사를 지낼 때 집 안의 정한 곳에 제단을 설치하고 가을에 추수한 햇곡식을 단지에 담아 제단 위에 모셨습니다. 이를 부루단지라 부르고 업신業神으로 삼았는데, 다른 말로 전계佺戒라고도 했습니다.

시조 단군은 신인 왕검으로서 환국, 배달을 계승하여 동북아 대왕조사의 문을 여셨습니다. 천지 우주광명 인간, 바로 홍익인간의 도를 깨친, 그것을 이룬 사람을 한 글자로, 사람 인(亻)변 옆에 온전 전全 해서 전佺이라 씁니다. 전佺이란 온전한 사람, 우주광명의 인간이 된 사람을 말합니다.

2세 단군 부루扶婁 (재위 BCE 2240~BCE 2138)

Buru
(Second *dangun*. Reigned BCE 2240-BCE 2183.)

The Second Dangun: Buru

The crown prince Buru, son of Dangun Wanggeom, became the second *dangun*.

The armies of Gwanggaeto the Great, who were just as brave and fierce as the armies of Alexander, sang a song called "Eo-a-ga" when they were on the march to war. And Dangun Buru was both the writer and the composer of "Eo-a-ga."

This was a song of giving proper respect to their forefathers. "Eo-a, eo-a! We descendants of Baedal will never forget, for hundreds and thousands of years, the bountiful grace and virtue of our Great Progenitor Spirit."

It was after Buru's reign that a custom called 'Eopjugari' began, and it was not unlike Thanksgiving. When Dangun Buru passed away, the people remembered the grace and benevolence of Buru by dedicating memorial rites to him, during which they would gather some grain from their first harvest, put it in a jar, and place the jar in an appropriate location in their home. This jar ritual was called the 'Eopjugari,' or 'Jeon-gye' (佺戒), which means "Perfect Instruction." You see, the founding *dangun* was a holy man who had succeeded the legacy of Hwanguk and Baedal, becoming the grand ancestor and sovereign of all Northeast Asia. The first character of *jeon-gye*, *jeon*, describes a person who has attained enlightenment by way of the way of Hongik Ingan (弘益人間) and has become a Person of Universal Cosmic Brilliance (天地光明人間). It is the combination of *human* (人) and *whole* or *complete* (全). Therefore, as I have already said, *jeon* (佺) means "a perfect person," someone who has become a Person of Universal Cosmic Brilliance.

업주가리(부루단지).
가을에 햇곡식을 담아 모시던 단지

Eopjugari
A jar ritual of keeping the sacred first grains harvested in fall. The jars for this ritual were called 'Buru's pots.'

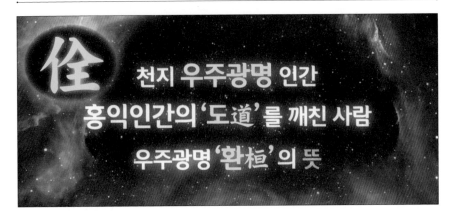

바로 그러한 밝은 우주광명의 인간이 되는 생활지침, 그것이 '전계
佺戒'입니다. 다시 말해서 전계란 '온전한 사람이 되는 계율을 받아[佺
人受戒] 업주가리業主嘉利가 된다'는 뜻으로, 전계를 지키는 것을 인생
일대의 유일한 삶의 목적으로 삼았습니다.

전계위업佺戒爲業!

이것은 너무도 강력한, 우리 한민족 한 사람 한 사람의 삶의 근본
목적, 유일한 목적, 궁극 목적입니다. '이 구도의 삶, 전계를 내 필생
의 업으로 삼는다'는 풍속이 숭고한 홍익인간 정신과 어우러져 민족
대동의 축제문화로 발전하였습니다. 또 온 나라 백성 한 사람 한 사
람의 보은 제천 의식을 바탕으로 업신業神 문화를 열어 나갔습니다.

3세 가륵嘉勒단군

그 다음에 3세 가륵단군입니다. 이분이 삼랑三郞* 을보륵乙普勒에게
신왕종전神王宗佺의 도에 대해서 한번 얘기해 보라고 하셨습니다.** 그
리고 을보륵에게 동북아 최초로 우주의 이법으로 만든 한글의 원형,
가림토加臨土 문자 서른여덟 자를 창제하게 했습니다. 이것은 잠시 뒤
에 다시 살펴보기로 하겠습니다.

가륵단군이 삭정索靖을 약수弱水 지방에 유배시켰다가 후에 사면을

---

* 삼랑은 삼신을 모시는 제관이다. 이 삼랑이 화랑문화의 근원이다.
** 己亥元年이라. 五月에 帝召三郞乙普勒하사 問神王宗佺之道하신대 (『환단고기』「단
군세기」)

Jeon = Hwan = Hongik Ingan

Persons of Universal Cosmic Brilliance

Jeon-gye simply means a way of life, instructions for proper living, that helps people become Persons of Universal Cosmic Brilliance. This became the sole purpose of life for people.

This is the most potent, singular, and ultimate purpose of life for each and every member of the Korean nation. It is this custom of having the attainment of enlightenment as the greatest purpose in life that created our festive culture, which is characterized by festivals in which everyone comes together as one. In addition, we also created the *eopsin* ("spirits of destiny") culture through our celestial rituals for thanksgiving.

The Third Dangun: Gareuk

After Buru came Gareuk, the third *dangun* of Joseon. He commanded the head priest, Samrang* Eulboreuk, to tell him about 'the dao of God, kings, teachers (*jongs*), and mentors (*jeons*).'** Then he had Samrang Eulboreuk create what was to be the precursor to Hangul, the Garimto Script, made up of thirty-eight letters. We will talk about that a bit later.

First, I have to tell you about a man named 'Sakjeong,' whom Dangun Gareuk banished to Yaksu (or the Amur River). He was later pardoned and was made a ruler there, after which he became an ancestor of the Huns. The tribe's original name was actually 'Hun,' but the Chinese hated them so much that they vilified them

---

* **Samrang**. The title for a priest who presides over rituals to the Triune Spirit. The Samrang were the origin of the Hwarang.
** "Dangun Gareuk came to power in 2182 BCE. In the fifth month of that year, he summoned Samrang Eulboreuk and made inquiries about the dao of God, kings, and *jongs* and *jeons*." (*Dangun Segi*)

하고 그곳에 봉했는데, **훈족의 시조**가 되었습니다. 본래 훈족인데, 중국에서 폄하하기 위해서 흉악한 노예 같은 위인들이다 해서 '흉노匈奴'라고 했습니다. 서양은 물론 지구촌 역사를 흔들어 놓은, 동북아 유목 민족 가운데 가장 강력한 족속이 훈족입니다.

또 가륵단군은 신지神誌 고설高契에게 명하여 『배달유기倍達留記』라는 책을 편찬하게 하셨습니다.

4세 오사구烏斯丘단군

4세 오사구단군은 아우 오사달을 지금의 몽골 땅에 몽고리한蒙古里汗, 즉 왕으로 임명했습니다. 그러니까 **4,100여 년 전에 몽골의 시조 왕이 탄생한 것**입니다. 이것도 아주 놀라운 역사의 기록입니다.

당시 마한 왕이 6세 근우지近于支인데, 오사구단군의 명으로 상춘常春, 지금의 만주 장춘長春 구월산九月山에 와서 삼신께 제사 지내는 일을 도왔다고 합니다. 이 구월산이 후대에 내려와서 지금의 황해도 구월산이 된 것입니다. 황해도 구월산에 삼성사三聖祠라는 신묘神廟가 있는데 지금도 환인, 환웅, 단군 삼성조를 모시고 있습니다.

5세 구을丘乙단군

5세 구을단군을 보면, 단군께서 장당경에 순행하여 삼신단을 쌓고 환화桓花를 많이 심으셨습니다. 본래 **우리 민족의 꽃은 환화**입니다. 이 환화가 무궁화냐, 진달래냐 하는 여러 가지 주장이 있는데, 지금

3세 단군 가륵嘉勒(재위 BCE 2182~BCE 2138)

Gareuk
(Third *dangun*. Reigned BCE 2182-BCE 2138.)

with the name 'Xiongnu (Hyung-no, 匈奴),' which means "Savage Slaves." The Huns were the most powerful tribe in Northeast Asia. They were the very tribe that shook the West and had a huge impact on world history. After that, Dangun Gareuk had his *sinji* (神誌), or "scribe," who was named 'Goseol,' write a book called *Baedal Yugi*.

The Fourth Dangun: Osagu

Dangun Osagu had a younger brother named 'Osadal,' whom he appointed Han (Khan) of Mongoli, or 'Mongolia.' This means the very first king and founder of Mongolia arose 4,100 years ago! This is truly fascinating history.

Moving on, the King of Mahan around this time was named 'Geunuji.' He came to Mt. Guwol in Sangchun (常春), or the present Changchun (長春), to help his lord, the *dangun*, hold rites to the Triune Spirit. The name 'Guwol' was taken southward to Hwanghae Province, where the present Mt. Guwol is. There, we have the Samseongsa, or the "Shrine to the Three Sages"—Hwanin, Hwanung, and Dangun—all of whom are worshipped there.

The Fifth Dangun: Gueul

Gueul, the fifth *dangun* of Joseon, traveled to Jangdang-gyeong and built Samsin-dan, the Altar to the Triune Spirit, and also planted *hwanhwa* blossoms. *Hwanhwa* is the flower that symbolizes this nation. I believe there is a debate as to whether *hwanhwa*

4세 단군 오사구烏斯丘(재위 BCE 2137~BCE 2100)

Osagu
(Fourth *dangun*. Reigned BCE 2137-BCE 2100.)

환인천제
First Hwanin

환웅천황
First Hwanung

단군왕검
Dangun Wanggeom

삼성사(황해도 구월산)

Samseongsa ("Shrine to the Three Sages")
Mt. Guwol, Hwanghae Province.

우리나라는 무궁화를 나라꽃으로 소중히 여기고 있지요.

11세 도해道奚단군

11세 도해단군은 대시전大始殿을 지었습니다. '내가 동방의 유구한 역사, 그 문화 정신을 복원하겠다!' 하여 큰 대大 자, 비로소 시始 자를 썼습니다. 대시전에는 환웅천황의 유상遺像을 받들어 모셨습니다. 그리고 큰 나무를 정하여 '이것이 환웅님의 성체다' 하여 '환웅상桓雄像'으로 모심으로써 웅상雄常이라는 문화 전통을 다시 세웠습니다.

대시전의 본래 이름은 환웅전桓雄殿인데, 후에 불교가 들어와서 환웅전이 대웅전으로 바뀐 것입니다. 11세 도해단군은 환국, 배달의 시조를 섬기는 제사 문화를 크게 부흥시켰습니다. 또 환국, 배달로부터 전해 내려온 「천부경」과, 삼신문화에 대한 가르침, 천상의 삼신상제님의 궁전, 세계, 그리고 인간에 대한 가르침을 정리한 366자로 이루어진 「삼일신고」 등의 내용을 근거로 하여 환국, 배달의 **소의경전**所依**經典을 완성**하여 온 나라에 덕화德化를 베푸셨습니다. 그것이 바로 **하늘·땅·인간의 창조정신과 목적을 밝힌 〈염표문**念標文**〉 창제·반포**입니다. 이 〈염표문〉 창제의 역사적 의미에 대해서 제대로 알아야 합니다.

"불상이 처음 들어왔을 때 절을 지어 대웅大雄이라 불렀다. 이것은 승려들이 옛 풍속(雄常)을 따라 그대로 부른 것이다"

『신시본기神市本紀』

"When Buddhist statues were first introduced, temples were built and called 'daeung.' The monks adhered to ancient custom in naming them so; 'daeung' was not originally a Buddhist term." (Sinsi Bongi) are chrysanthemums or azaleas; but as of now, it is the *mugung-hwa* that is regarded and valued as our national flower.

The Eleventh Dangun: Dohae

Then during the reign of the eleventh *dangun*, Dohae, the Dae-shijeon ("The Hall of Great Beginning") was built. Dangun Dohae vowed to restore the history and the spirit of the Great East, and that is why he used the name the 'Great (大) Beginning (始).' The *dangun* then declared a large tree to be the 'body of Hwanung' and brought back the tradition of Ungsang (雄常).

Daesijeon thus came to be called 'Hwanung-jeon,' or the "Hall of Hwanung," but had its name changed to 'Daeungjeon' after Buddhism was introduced to Korea.

Dangun Dohae thus rejuvenated the tradition of worship observed by the founders of Baedal and Hwanguk. He also completed an ancient Korean scripture based on teachings that were passed down from Hwanguk and Baedal, including *Cheonbu Gyeong* (天符經) and *Samil Singo** (三一神誥). This is also called the 'Yeompyomun' (念標文) or the 'Spirit Marker.' The promulgation of the Spirit Marker is a historical event that we need to understand thoroughly.

----

* *Samil Singo*. This text describes the Triune Spirit, the heavenly palace of Samsin, the world, and humanity. It is composed of 366 characters.

11세 단군 도해道奚(재위 BCE 1891~BCE 1835)

Dohae
(Eleventh *dangun*. Reigned BCE 1891-BCE 1835.)

『환단고기』에는 또 도해단군이 선비 20명을 선발하여 하夏나라 수도로 보내 '나라를 이렇게 다스려라!' 하고 국훈國訓을 전수하여 위엄을 보여주셨다는 내용이 나옵니다.

환국·배달 소의경전	완성	11세 도해단군
「천부경」「삼일신고」		「염표문」 창제 반포

13세 흘달屹達단군

13세 흘달단군 때, 은나라가 하나라를 치자 하나라의 마지막 왕 걸桀이 구원을 청하였습니다. 단군께서 군대를 보내 걸을 돕자 은나라의 탕이 사죄하면서 군대를 되돌렸습니다. 이때 하나라 걸왕桀王이 약속을 어기고 군사를 보내 길을 막고 맹약을 깨뜨리려 하자, 단군께서 은나라와 함께 걸을 치고 탕 임금이 은나라를 열 수 있도록 지원하였습니다.

하나라 멸망과 은나라 건국 (『단군세기』)

是歲冬에 殷人이 伐夏한대 其主桀이 請援이어늘
帝以邑借末良으로 率九桓之師하사 以助戰事하신대
湯이 遣使謝罪어늘 乃命引還이러시니 桀이 違之하고
遣兵遮路하야 欲敗禁盟일새 遂與殷人으로 伐桀하시고
密遣臣智于亮하사 率畎軍하시고 合與樂浪하사
進據關中邠岐之地而居之하시고 設官制하시니라.

이 해 겨울, 은殷나라 사람이 하夏나라를 치자 하나라 왕 걸桀(BCE 1818~BCE 1767)이 구원을 청하였다. 임금께서 읍차邑借 말량末良에게 구환의 병사를 이끌고 전투를 돕게 하셨다.
이에 탕湯이 사신을 보내 사죄하므로 군사를 되돌리라 명하셨다. 이때 걸이 약속을 어기고 군사를 보내어 길을 막고 맹약을 깨뜨리려 하였다. 그리

Also, Dangun Dohae provided King Yu of Xia with official instructions regarding how to govern a country properly.

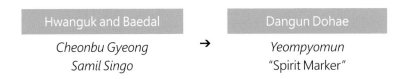

Hwanguk and Baedal		Dangun Dohae
Cheonbu Gyeong	→	*Yeompyomun*
Samil Singo		"Spirit Marker"

The Thirteenth Dangun: Heuldal

During the reign of Heuldal, the thirteenth *dangun*, there was an incident in which Jie, the last King of Xia, broke his pact with Joseon. Dangun Heuldal responded by sending troops to aid Shang in attacking Jie and establishing the Shang Dynasty.

The Fall of Xia and the Founding of Shang

是歲冬에 殷人이 伐夏한대 其主桀이 請援이어늘
帝以邑借末良으로 率九桓之師하사 以助戰事하신대
湯이 遣使謝罪어늘 乃命引還이러시니 桀이 違之하고
遣兵遮路하야 欲敗禁盟일새 遂與殷人으로 伐桀하시고
密遣臣智于亮하사 率畎軍하시고 合與樂浪하사
進據關中邠岐之地而居之하시고 設官制하시니라.

In winter that year, the people of Yin attacked Xia. Jie, King of Xia, requested aid from the *dangun*. Dangun Heuldal had a town leader, Mal-lyang, lead the armies of the nine Hwan clans to help Jie in the battle. Tang (King of Yin) sent an envoy to offer apologies, and the *dangun* commanded his forces to turn back.

Jie broke the agreement and sent his troops to block the way, intending to violate the pact. At this, the *dangun* ultimately attacked Jie with the men of Yin; and he also secretly sent a provincial governor, Uryang, to lead the Gyeon army and, joining forces with Nangnang, to advance into and occupy the

하여 임금께서 마침내 은나라 사람과 함께 걸을 치는 한편, 은밀히 신지臣智 우량于亮을 보내어 견군畎軍을 이끌고 낙랑樂浪 군사와 합세하여 관중의 빈邠·기岐 땅을 점령하여 주둔시키고 관제官制를 설치하셨다.

(『단군세기』)

하나라 멸망과 은나라 건국 (『후한서』)

제 이 내 침 은 탕 혁 명 벌 이 정 지
諸夷內侵殷湯革命伐而定之

모든 동이가 침범해 오니 탕湯이 혁명하여 걸왕을 쳐서 평정하였다.

(『후한서』「동이열전」)

배달		조선		북부여		신라
삼랑	⇨	국자랑 (천지화랑)	⇨	천왕랑	⇨	화랑

흘달단군은 나라 안에 소도를 많이 설치하고 천지화天指花를 심었습니다. 신라에는 꽃을 머리에 꽂은 화랑이 있었습니다. **화랑은 '꽃을 꽂고 다니는 젊은이'**라는 뜻입니다.

13세 흘달단군은 소도 제천행사를 크게 부흥시키셨습니다. 당시 천지의 조물주 삼신 하나님, **삼신상제님을 모시는 제관인 삼랑**三郎이 있었습니다. 여기 강화도 마리산에 삼랑성이 있잖아요. 흘달단군 때 미혼 소년들을 선발하여 독서와 활쏘기를 익히게 하고, 이들을 **국자랑**國子郎이라 하였습니다. 국자랑은 곧 삼랑인데, 이들이 밖에 다닐 때 머리에 천지화를 꽂고 다녀서 **천지화랑**天指花郎이라 불렀습니다. 천지화란, 하늘에서 '이것이 너희들의 나라 꽃이다!'라고 지적을 했다는 뜻입니다. 신라 **'화랑花郎'**의 원래 말이 천지화랑입니다. 이러한 사실을 제대로 알려주는 것은 『환단고기』의 「단군세기」밖에 없습니다. 『환단고기』는 화랑문화의 뿌리를 밝혀주는 유일한 사서입니다.

lands of Gwanjung, Bin and Gi. The *dangun* stationed troops and established administrative laws there. (*Dangun Segi*)

諸夷內侵 殷湯革命伐而定之

All the Eastern Barbarians invaded the land; and King Tang rose up to strike and defeat King Jie. ("Eastern Barbarians" chapter of *Houhanshu*)

Baedal	Joseon	North Buyeo	Silla
Samrang	⇨ Gukjarang (Cheonji Hwarang)	⇨ Cheonwang-rang	⇨ Hwarang

Also, Dangun Heuldal built a great many *sodo*, or places of worship, around the country, and he planted *cheonjihwa* (*mugunghwa*) around them.

Now, you already know that there were young men, called 'Hwarang,' who wore flowers in their hair. The word 'Hwarang' literally means "Young Men Who Wear Flowers."

The thirteenth *dangun*, Heuldal, organized a massive revival of celestial rites at *sodos*. The men presiding over these rituals at a *sodo*—priests who worshipped Samsin Sangjenim, the Creator of the Universe—were called the 'Samrang' (三郎). Let us remember that we have a Samrang-seong right here on Ganghwa Island, on Marisan. Joseon trained its young men to be Samrang or Gukjarang. They were also referred to as the 'Cheonji-Hwarang,' in light of the flower *cheonjihwa*, which is said to have been ordained as the symbol of the country by the heavens. This is the flower that they wore, and that is also why young men like these were called 'Hwarang' in Silla.

The term 'Hwarang,' therefore, comes from the ancient term 'Cheonji-Hwarang,' and *Dangun Segi*, which is part of *Hwandan Gogi*, is the only record that teaches us this fact and the only record that reveals the origin of the Hwarang.

다설소도　　식천지화
多設蘇塗하사 植天指花하시고

사미혼자제　　독서습사　　호위국자랑
使未婚子弟로 讀書習射하사 號爲國子郎하시니라.

국자랑　출행　도삽천지화
國子郎이 出行에 頭插天指花하니

고　시인　칭위천지화랑
故로 時人이 稱爲天指花郎이라.

소도蘇塗를 많이 설치하고 천지화天指花를 심으셨다. 미혼 소년들에게 독서와 활쏘기를 익히게 하고, 이들을 국자랑國子郎이라 부르셨다. 국자랑이 밖에 다닐 때 머리에 천지화를 꽂았기 때문에 당시 사람들이 천지화랑天指花郎이라 불렀다. (『단군세기』)

15세 대음代音단군

15세 대음단군 때, 나라의 세제를 80분의 1로 개혁했습니다. 그리고 아우 대심代心을 남선비국의 대인으로 봉했습니다. 선비족, 선비 문화의 원형과 근원도 여기서 살펴볼 수가 있습니다.

시세　개팔십세일지제
是歲에 改八十稅一之制하니라.

이 해(단기 673, BCE 1661)에 세제를 개혁하여 80분의 1 세법으로 고쳤다. (『단군세기』)

13세 단군 흘달屹達(재위 BCE 1782~BCE 1722)

Heuldal
(Thirteenth *dangun*. Reigned BCE 1782-BCE 1722.)

多設蘇塗하사 植天指花하시고 使未婚子弟로 讀書習射하사
號爲國子郎하시니라. 國子郎이 出行에 頭揷天指花하니
故로 時人이 稱爲天指花郎이라.

In the twentieth year of his reign (1763 BCE), Dangun Heuldal established many *sodo*s and had many *cheonji* flowers planted. He also had unmarried young men read and practice archery, calling them the 'Gukjarang.' Gukjarang wore *cheonji* flowers in their hair when they went out, so people of the era referred to them as the 'Cheonji Hwarang' (*hwa* means "flower"; *rang* means "man"). (*Dangun Segi*)

The Fifteenth Dangun: Daeum

During the reign of Daeum, the fifteenth *dangun*, the tax system was reformed and the people paid one-eightieth of their income.

Also, the *dangun*'s brother, Daesim, was made Lord of Namseonbi, or Southern Xianbi. Now we know where the Xianbi tribe (the 'Seonbi tribe' in Korean) as well as the culture of the *seonbi* (literati) of Joseon originated.

是歲에 改八十稅一之制하니라.

Dangun Daeum began his rule in 1661 BCE. That year Xiao Jia, King of Yin (the seventh ruler), sent an envoy and sued for peace. In the same year, the tax system was reformed into a one-eightieth tax approach. (*Dangun Segi*)

15세 단군 대음代音(재위 BCE 1661~BCE 1611)

Daeum
(Fifteenth *dangun*. Reigned BCE 1661-BCE 1611.)

己未四十年이라 封皇弟代心하사 爲南鮮卑大人하시니라.

재위 40년 기미(단기 712, BCE 1622)년에 아우 대심代心을 남선비국 南鮮卑國의 대인으로 봉하셨다. (『단군세기』)

16세 위나尉那단군

16세 위나단군은 영고탑寧古塔에서 삼신상제님께 제사를 지낼 때, 환인천제, 환웅천황, 치우천황, 단군왕검을 배향하셨습니다. 부여의 **영고제迎鼓祭**라는 제천문화 풍속이 여기에서 온 것입니다. 이것은 단군왕검 이전부터 내려온 조물주 삼신 하나님을 맞이하는 천제이자 축제이며 대동굿인데, 세상 사람들이 이걸 모르고서, 이 유구한 전통을 받아들이지 않고서 그냥 시비를 거는 것입니다.

In the fortieth year of his reign, Dangun Daeum's younger brother, Daesim, was made Lord of Southern Xianbei, which was the origin of the Xianbei (Seonbi) nomadic culture.

己未四十年이라 封皇弟代心하사 爲南鮮卑大人하시니라.

In his fortieth ruling year (1622 BCE), the *dangun* conferred upon his younger brother, Daesim, the lordship of the Southern Xianbei state. (*Dangun Segi*)

The Sixteenth Dangun: Wina

Wina, the sixteenth *dangun* of Joseon, included Hwanin, Hwanung, Chiu, and Dangun Wanggeom on the altar when holding rites to Samsin Sangjenim in Yeonggotap.

This is the origin of the Yeonggo-je (the "Divine Reception Rite") a religious festival of Buyeo, that was part of their custom of celestial rites. This was a celestial rite and festival for receiving Samsin the Creator to earth, and it had been a tradition long before the time of Dangun Wanggeom. It was also a ceremony for grand unity. Then again, many people do not know this. They refuse to accept it as tradition and simply criticize the facts.

16세 단군 위나尉那(재위 BCE 1610~BCE 1553)
영고탑에서 삼신상제님께 천제를 올림

Wina
(Sixteenth *dangun*. Reigned BCE 1610-BCE 1553.)

회 구 환 제 한 우 영 고 탑　　　제 삼 신 상 제
會九桓諸汗于寧古塔하사 **祭三神上帝**하실새
배 환 인 환 웅 치 우　　급 단 군 왕 검 이 향 지
配桓因桓雄蚩尤와 及檀君王儉而享之하시고
오 일 대 연　　　　여 중　　　명 등 수 야　　　창 경 답 정
五日大宴하실새 **與衆**으로 **明燈守夜**하사 **唱經踏庭**하시며

임금께서 구환족의 모든 왕을 영고탑에 모이게 하여 삼신상제님께 천제를 지낼 때, 환인천제·환웅천황·치우천황(14세 환웅천황)과 단군왕검을 배향하셨다. 5일간 큰 연회를 베풀어 백성과 함께 불을 밝히고 밤을 새워 「천부경」을 노래하며 마당밟기를 하셨다. (『단군세기』)

위서론자들은 이 영고탑이 청나라 후대에 만들어졌다고 하면서, '『환단고기』「단군세기」에 영고탑이 나오지 않냐, 그러니 『환단고기』는 결정적으로 조작된 위서다'라고 주장합니다. 단지 자기들의 식민 역사관의 틀을 합리화하기 위해서, 그것을 넘어서는 모든 것은 비합리적인 조작된 역사로 매도하고 있습니다.

앞에서도 언급했지만, 16세 위나단군은 삼신상제님께 천제를 올릴 때 국조國祖 단군왕검을 모시면서 환인천제, 환웅천황, 치우천황까지 해서 네 분의 성조聖祖를 모시는 제사문화의 전통을 세웠습니다. 그리고 그때 「천부경」을 노래했다는 구절이 나옵니다.

21세 소태蘇台단군

21세 소태단군 때는 은나라 21세 소을小乙 왕이 사신을 보내서 조공을 바쳤습니다. 중국의 역대 하나라, 은나라, 주나라 초기까지 본조本朝인 단군조선과 문화 교류를 하면서 조공을 바치고 사절을 교환한 기록이 「단군세기」 여러 곳에 나와 있습니다.

會九桓諸汗于寧古塔하사 祭三神上帝하실새

配桓因桓雄蚩尤와 及檀君王儉而享之하시고

五日大宴하실새 與衆으로 明燈守夜하사 唱經踏庭하시며

In the twenty-eighth year of his rule (1583 BCE), the *dangun* assembled all the kings of the nine Hwan clans in Yeonggotap and offered a heavenly ritual to Samsin Sangjenim; and alongside the ritual, he also held rituals to Hwanin, Hwanung, Chiu (the fourteenth *hwanung*), and Dangun Wanggeom.

A five-day grand feast ensued, in which the *dangun* and his people left the lanterns lit throughout the night and chanted *Cheonbu Gyeong* while treading the earth. (*Dangun Segi*)

The naysayers continue to claim that the name 'Yeonggotap' only came into existence during the late Qing Dynasty and seek to use this claim as evidence to assert that *Hwandan Gogi* is a fabrication, simply because the word 'Yeonggotap' appears in *Hwandan Gogi*.

They are trying to straightjacket everything within their framework of colonial history. And in order to justify this, they are smearing everything that exists outside of it as illogical fabrications.

As I have already mentioned, the sixteenth *dangun*, Wina, created the tradition of rituals in worship of Hwanin, Hwanung, and Chiu alongside Dangun Wanggeom—four of them together in a single ceremony. The people gathered recited and sang *Cheonbu Gyeong*.

The Twenty-First Dangun: Sotae

The Shang Dynasty paid tribute to us, as its King Xiaoyi (小乙) did during the reign of Sotae, the twenty-first *dangun* of Joseon. In fact, Chinese dynasties paid tribute to us and exchanged missions with Joseon throughout the Xia, Shang, and Zhou periods— a fact recorded in many places inside the pages of *Dangun Segi*.

단군조선	21세 소태 단군 (BCE 1337~ BCE1284)	백이와 숙제 이야기 (고죽국 왕자 백이·숙제가 왕위를 사양하고 동해 물가에서 밭을 일구어 먹고 살았다.)
중국 왕조 (은)	21세 소을왕 (BCE 1352~ BCE1325)	BCE 1337(갑진)년 은나라 왕 소을이 사신을 보내 조공을 바쳤다. (『단군세기』)
	22세 무정왕 (BCE 1324~ BCE 1266)	BCE 1291(경인)년, 은나라 왕 무정이 전쟁을 일으켰으나 단군조선의 군사에 대패하여 화친을 청하고 조공을 바쳤다. (『단군세기』)

단군조선과 중국 하·은·주 교류 기록

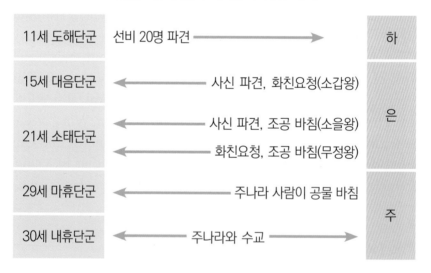

『단군세기』에는 은나라 22세 무정武丁왕이 군사를 일으켜 귀방鬼方을 물리치고 삭도, 영지 등을 침공하였으나, 소태단군에게 대패하고서 조공을 바쳤다는 기록이 있습니다.

Joseon	21st Dangun, Sotae (BCE 1337–BCE 1284)	"[During the reign of Dangun Sotae], Baegi and Sukje relinquished their succession rights as princes of the state of Gojuk and retired to the coast of the East Sea, where they focused on sustaining themselves by farming." (*Dangun Segi*)
China (Shang)	21st King, Xiaoyi (BCE 1352–BCE 1325)	"Xiao Yi (the twenty-first king of the Yin Dynasty) sent an envoy to offer tribute to the *dangun* that year [1337 BCE]." (*Dangun Segi*)
	22nd King, Wuding (BCE 1324–1266)	"In the forty-seventh year of the *dangun's* rule (1291 BCE), Wu Ding, the twenty-second king of the Yin Dynasty, launched a war [...] ultimately suffering a major defeat at the hands of our military. He thus sought peace with the *dangun* and offered him tribute." (*Dangun Segi*)

Records of Exchange Between Joseon and Xia/Shang/Zhou

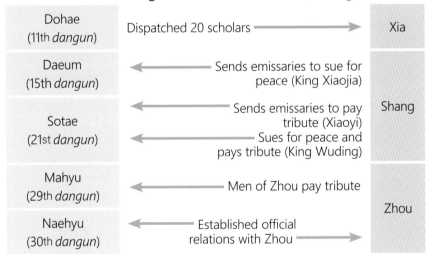

(Source: *Dangun Segi*)

There is also a record about the Shang king, Wuding (武丁), who raised an army, conquered Guifang, and invaded places such as Sudu (索度) and Lingzhi (令支), but was crushed by the armies of Dangun Sotae and forced to pay tribute.

갑 진 원 년　　　은 주 소 을　　견 사 입 공
甲辰元年이라 殷主小乙이 遣使入貢하니라.

경 인 사 십 칠 년　　　은 주 무 정　　기 승 귀 방
庚寅四十七年이라 殷主武丁이 旣勝鬼方하고

우 인 대 군　　　침 공 삭 도 영 지 등 국　　　위 아 대 패
又引大軍하야 侵攻索度令支等國이라가 爲我大敗하고

청 화 입 공
請和入貢하니라.

소태단군의 재위 원년은 갑진(환기 5861, 신시개천 2561, 단기 997, BCE 1337)년이다. 은나라 왕 소을小乙(21世)이 사신을 보내 조공을 바쳤다.

재위 47년 경인(단기 1043, BCE 1291)년에 은나라 왕 무정武丁(22世)이 전쟁을 일으켜 이미 귀방鬼方을 물리치고 나서 다시 대군을 이끌고 삭도索度와 영지令支 등 여러 나라를 침공하다가 우리 군사에게 대패하여 화친을 청하고 조공을 바쳤다. (『단군세기』)

22세 색불루索弗婁단군: 제2왕조 시대 개막

22세 색불루단군 때부터 제2왕조 시대입니다. 제2왕조는 백악산 아사달에서 860년 동안 이어졌습니다. 색불루단군은 도읍을 송화강 아사달(하얼빈)에서 백악산으로 옮기고, **나라를 삼한에서 삼조선 체제로 바꿨습니다.** 그리고 중국 사서에도 나오지만 고조선의 금팔조禁八條 법을 선포했습니다. 법사상의 근원이 되는, 국가 경영의 바탕인 법체계가 색불루단군 때 정립된 것입니다.

21세 단군 소태蘇台(재위 BCE 1337~BCE 1285)

Sotae
(Twenty-first *dangun*. Reigned BCE 1337-BCE 1285.)

甲辰元年이라 殷主小乙이 遣使入貢하니라.

庚寅四十七年이라 殷主武丁이 旣勝鬼方하고 又引大軍하야
侵攻索度令支等國이라가 爲我大敗하고 請和入貢하니라.

The first year of Dangun Sotae's rule was 1337 BCE. That
year, the King of Yin, Xiao Yi (the twenty-first ruler), sent an
envoy and offered tribute.

In the forty-seventh year of the *dangun*'s rule (1291 BCE),
Wu Ding, the twenty-second King of Yin, launched a war and
quickly defeated the Gwibang. He then led a great army in an
invasion of several states, including Sakdo and Yeongji. He then
suffered a major defeat at the hands of the *dangun*'s military,
and thus he sued for peace and paid tribute. (*Dangun Segi*)

The Twenty-Second Dangun: Saekbulu;
The Second Dynasty of Joseon Begins

The reign of the twenty-second *dangun*, Saekbulu, represented
the beginning of the second dynasty of Joseon. The new dynasty's
capital was at Baegaksan Asadal, and it lasted 860 years.

Dangun Saekbulu moved the capital from Asadal near the
Songhwa River to Mt. Baegaksan and reformed the administrative
system, from a Samhan system to a Samjoseon system.

Then he created the so-called 'Eight Laws,' which show up in
Chinese records as well. These Eight Laws by Saekbulu became
the foundation of the law systems of the later dynasties.

22세 단군 색불루索弗婁(재위 BCE 1285~BCE 1238)

Saekbulu
(Twenty-second *dangun*. Reigned BCE 1285-BCE
1238.)

색불루단군의 치적

1. 제2왕조 시대(860년) 개창

2. 수도 이전(송화강 아사달→백악산)

3. 국제國制 변경(삼한→삼조선)

『태백일사』에서 전하는 팔조금법

위 민 설 금 팔 조　　상 살　　이 당 시 상 살
爲民設禁八條하니 相殺에 以當時償殺하고

상 상　　이 곡 상　　상 도 자　　남 몰 위 기 가 노　　여 위 비
相傷에 以穀償하고 相盜者는 男沒爲其家奴오 女爲婢하며

훼 소 도 자　　금 고　　실 예 의 자　　복 군
毀蘇塗者는 禁錮하고 失禮義者는 服軍하고

불 근 로 자　　징 공　　작 사 음 자　　태 형
不勤勞者는 徵公하고 作邪淫者는 笞刑하고

행 사 기 자　　훈 방
行詐欺者는 訓放이러니

백성을 위하여 금팔조禁八條를 정하였는데, 다음과 같다.

제1조: 살인한 자는 즉시 사형에 처한다.

제2조: 상해를 입힌 자는 곡식으로 보상한다.

제3조: 도둑질 한 자 중에서 남자는 거두어들여 그 집의 노奴로 삼고,
여자는 비婢로 삼는다.

제4조: 소도를 훼손한 자는 금고 형에 처한다.

제5조: 예의를 잃은 자는 군에 복역시킨다.

제6조: 게으른 자는 부역에 동원시킨다.

제7조: 음란한 자는 태형笞刑으로 다스린다.

제8조: 남을 속인 자는 잘 타일러 방면한다.

(『태백일사』「삼한관경본기」)

During the Reign of Dangun Saekbulu:

ɷ Beginning of the second dynasty of Joseon.

ɷ Relocation of capital from Songhwagang to Baegaksan.

ɷ Reform of the administrative system from a Samhan system to a Samjoseon system.

Code of Eight Clauses of Prohibition Recorded in Taebaek Ilsa

❀ Article 1: One who commits murder must be immediately repaid with death.

❀ Article 2: One who brings harm to another must compensate them with grain.

❀ Article 3: One who robs another must be reduced to the victim's male or female slave.

❀ Article 4: One who damages a *sodo* must be imprisoned.

❀ Article 5: One who violates propriety and morality must be drafted into the military.

❀ Article 6: One who does not work diligently must be put to forced labor.

❀ Article 7: One who commits obscene acts must be flogged.

❀ Article 8: One who deceives another must be admonished and then set free.

("The Annals of Joseon, Ruled as Three Hans" Chapter of *Taebaek Ilsa*)

『한서』「지리지」가 전하는 팔조금법의 3개 조항

상 살 이 당 시 상 살
相殺以當時償殺

살인한 자는 즉시 사형에 처한다.

상 상 이 곡 상
相傷以穀償

상해를 입힌 자는 곡식으로 보상한다.

상 도 자 남 몰 입 위 기 가 노 여 자 위 비
相盜者男沒入爲其家奴女子爲婢

도둑질한 자, 남자는 그 집의 노奴로 삼고, 여자는 비婢로 삼는다.

(『한서』「지리지」)

23세 아홀阿忽단군

23세 아홀단군 때, 아우 고불가固弗加에게 명하여 낙랑홀樂浪忽을 다스리게 했습니다. 낙랑은 역사의 기원이 워낙 오래되었는데, 5,400년 전 우리 태극기 팔괘를 만드신 태호복희란 분이 낙랑과 진의 땅을 거쳐 산동성 왼쪽으로 진출하셨다는 기록이 『환단고기』「태백일사」에 나와 있습니다.

밀 기 왈 복 희 출 자 신 시 세 습 우 사 지 직
密記에 曰「伏羲는 出自神市하사 世襲雨師之職하시고
후 경 청 구 낙 랑 수 사 우 진 여 수 인 유 소
後에 經靑邱樂浪하사 遂徙于陳하시니 並與燧人有巢로
입 호 어 서 토 야
立號於西土也시라.

『밀기密記』에 이렇게 기록되어 있다.
복희는 시시에서 출생하여 우사雨師 직책을 대물림하셨다. 후에 청구, 낙랑을 지나 진陳 땅에 이주하여 수인燧人, 유소有巢와 함께 서쪽 땅[西土]에 나라를 세우셨다.

(『환단고기』「신시본기」)

Three of the Eight Prohibitions of Joseon in the "Geography"
Chapter of The Book of Han

1. Murderers shall be immediately put to death.
2. Those who cause injury to others must compensate them
   with grain.
3. Those who steal are to become slaves of the household they
   robbed.

The Twenty-Third Dangun: Ahol

After taking the throne, Dangun Ahol made his younger broth-
er, Gobulga, ruler of the Nangnang (Lelang) region. Nangnang ac-
tually has had a long presence in Korean history. It is recorded in
Taebaek Ilsa of *Hwandan Gogi* that the sage-ruler Taeho Bokhui
(Fuxi), passed Nangnang and Jin (Chen) on his way to founding
his kingdom in Shandong 5400 years ago.

密記에 曰「伏羲는 出自神市하사 世襲雨師之職하시고
後에 經靑邱樂浪하사 遂徙于陳하시니 並與燧人有巢로
立號於西土也시라.

Milgi ("*Esoteric Records*") reveals: "Born in Sinsi, Bokhui suc-
ceeded to the post of Usa. He later ruled Cheonggu and Le-
lang, and ultimately moved to the land of Chen, establishing a
state in the western land together with
Suiren and Youchao...." (*Sinsi Bongi,
Hwandan Gogi*)

23세 단군 아홀 阿忽(재위 BCE 1237~BCE 1162)

Ahol
(Twenty-third *dangun*. Reigned BCE 1237-BCE 1162.)

25세 솔나率那단군

25세 솔나단군 때는 은殷나라가 망하고 주周나라가 들어섭니다. 문왕과 그 아들 무왕이 은나라의 마지막 왕 주왕紂王을 벌하고, 동이족 출신의 재상 강태공의 보필을 받아서 주나라를 세웠습니다.

이때 은나라의 기자箕子가 서화에 와서 은둔생활을 했다는 기록이 있습니다. 이를 보면 중국이 주장하는 기자조선은 허구입니다. 「단군세기」 25세 솔나단군조를 보면 기자가 한반도 조선 땅에 온 적이 없다는 것이 명백합니다.

> 정해삼십칠년   기자 사거서화   사절인사
> 丁亥三十七年이라 箕子가 徙居西華하야 謝絶人事하니라.
>
> 재위 37년 정해(BCE 1114)년에 기자가 서화에 살면서 인사를 사절하였다. (『단군세기』)

27세 두밀豆密단군

27세 두밀단군 때는 수밀이국須密爾國, 양운국養雲國, 구다천국句茶川國 등 환국 열두 나라에 속했던 나라들이 당시에도 존속했고 ,이들 나라에서 사신을 보내 방물을 바쳤다는 기록이 있습니다.

25세 단군 솔나率那(재위 BCE 1150~BCE 1063)

Solna
(Twenty-fifth *dangun*. Reigned BCE 1150-BCE 1063.)

The Twenty-Fifth Dangun: Solna

During the reign of Solna, the twenty-fifth *dangun* of Joseon, the Shang Dynasty fell to the Zhou Dynasty. Zhou was established by King Wen and his son, King Wu, who defeated Zhou (紂), the last King of Shang. They were helped in their endeavor by Gahng Taegong (Jiang Ziya), who was of Dongyi origin.

Records from this period state that Gija, who was from Shang, traveled only as far as Seohwa ('Xihua' in China) and lived as a recluse. This proves that the Gija Joseon spoken of in the Chinese histories is utterly false.

The fact that Gija never came anywhere close to the Korean Peninsula is proven clearly by a reading of records from the twenty-fifth year of Dangun Solna's reign.

丁亥三十七年이라 箕子가 徙居西華하야 謝絶人事하니라.

In the *dangun*'s thirty-seventh year of rule (1114 BCE), Gija (Jizi) moved to Seohwa and withdrew from public life. (*Dangun Segi*)

The Twenty-Seventh Dangun: Dumil

Amazingly, during the reign of Dumil, the twenty-seventh *dangun* of Joseon, we can see that some of the twelve countries that made up the ancient Hwanguk Confederation—including Sumiri, Yang-un, and Gudacheon—still existed. Not only that, they actually sent envoys and tribute to us.

27세 단군 두밀豆密(재위 BCE 997~BCE 972)

Dumil
(Twenty-seventh *dangun*. Reigned BCE 997-BCE 972.)

환국 열두 나라에 속했던 나라들이 사신을 보내 방물을 바쳤다.

갑 신 원 년
甲申元年이라. 天海水溢하고 斯阿蘭山이 崩하니라.

시 세　수 밀 이 국　양 운 국　구 다 천 국　개 견 사
是歲에 須密爾國과 養雲國과 句茶川國이 皆遣使하야

헌 방 물
獻方物하니라.

두밀단군의 재위 원년은 갑신(환기 6201, 신시개천 2901, 단기 1337, BCE 997)년이다. 천해天海의 물이 넘치고 사아란산斯阿蘭山이 무너졌다. 이 해에 수밀이국須密爾國·양운국養雲國·구다천국句茶川國이 모두 사신을 보내 방물을 바쳤다.(『단군세기』)

33세 감물甘勿단군

33세 감물단군 때 영고탑 서문 밖 감물산 아래에 삼성사三聖祠를 세우고 제를 올렸다는 기록이 있습니다.

영고탑 서문 밖 감물산에 삼성사를 세우고 친히 천제를 올리다

무 자 칠 년　영 고 탑 서 문 외 감 물 산 지 하
戊子七年이라 寧古塔西門外甘勿山之下에

건 삼 성 사　친 제　유 서 고 문
建三聖祠하시고 親祭하실새 有誓告文하시니

왈　삼 성 지 존　여 신 제 공
曰「三聖之尊은 與神齊功하시고

삼 신 지 덕　인 성 익 대
三神之德은 因聖益大로시다.

재위 7년 무자(단기 1521, BCE 813)년에 영고탑 서문 밖 감물산甘勿山 아래에 삼성사三聖祠를 세우고 친히 제사를 드렸는데, 그 「서고문誓告文」에서 이렇게 말씀하셨다. 세 분 성조(환인·환웅·단군)의 높고도 존귀하심은 삼신과 더불어 공덕이 같으시고 삼신(상제님)의 덕은 세 분 성조로 말미암아 더욱 성대해지도다.

(『단군세기』)

환국 열두 나라에 속했던 나라들이 사신을 보내 방물을 바쳤다.

甲申元年이라. 天海水溢하고 斯阿蘭山이 崩하니라.
是歲에 須密爾國과 養雲國과 句茶川國이
皆遣使하야 獻方物하니라.

Dangun Dumil came to the throne in 997 BCE. In that year,
the waters of the Cheonhae ("Heavenly Sea") River overflowed
and Mt. Sa-aran collapsed. Also, the states of Sumiri, Yang-
un, and Gudacheon sent envoys to present the *dangun* with
products unique to their lands. (*Dangun Segi*)

The Thirty-Third Dangun: Gammul

The record of the reign of Gammul, the thirty-third *dangun* of
Joseon, states that the Samseong ("Three Sages") Shrine was built
at Gammulsan outside the west gate of Yeonggotap.

Dangun Gammul Held Rites at the Samseong Shrine

戊子七年이라 寧古塔西門外甘勿山之下에
建三聖祠하시고 親祭하실새 有誓告文하시니
曰「三聖之尊은 與神齊功하시고 三神之德은 因聖益大로시다.

In the seventh year of his reign (813 BCE), Dangun Gammul
erected the Samseong Shrine ("Shrine of the Three Sacred An-
cestors") at the foot of Mt. Gammul beyond the west gate of
Yeonggotap, and there the *dangun* presided over an ancestral
ritual. His prayer of allegiance declared:

> The lofty nobility of the three sacred forefather sovereigns
> (Hwanin, Hwanung, and Dangun Wanggeom) equals
> Samsin (Sangjenim) in merit; the virtue of Samsin
> (Sangjenim) has been made ever greater through the three
> sacred forefather sovereigns. (*Dangun Segi*)

35세 사벌沙伐단군

35세 사벌단군 때, 장군 언파불합彦波弗哈*을 보내어 지금의 일본 큐슈 지방에 있던 웅습熊襲(구마소)을 평정하였습니다.

「일본서기日本書紀」에 등장하는 언파불합

일본서기 권 제2에서는 언파불합彦波不合이라는 이름이 등장한다. 이는 환단고기의 언파불합彦波弗哈과 음이 일치한다. 그의 아들로 도반명稻飯命이 있고, 협야狹野가 있었다. 협야는 반여언磐余彦이고 그는 곧 일본 왕가의 뿌리인 1세 진무神武천황이다. 진무천황의 어릴 적 이름이 협야였다고 한다. 『환단고기』에서는 배반명裵礬命이 나오는데 이 역시 일본서기의 도반명稻飯命과 동일 이름이라 볼 수 있다. 裵를 이두식으로 표기하여 稻(벼 도)라고 한 것이다.

언 파 렴 무 로 자 초 즙 불 합 존　이 기 이 옥 의 희 위 비
彦波瀲武鸕鷀草葺不合尊, 以其姨玉依姬爲妃.

생 언 오 뢰 명　차 도 반 명　차 삼 모 입 야 명
生彦五瀨命. 次稻飯命. 次三毛入野命.

차 신 일 본 반 여 언 존　범 생 사 남
次神日本磐余彦尊. 凡生四男.

구 지 언 파 렴 무 로 자 초 즙 부 합 존　붕 어 서 주 지 궁
久之彦波瀲武鸕鷀草葺不合尊, 崩於西洲之宮.

인 장 일 향 오 평 산 상 릉
因葬日向吾平山上陵.

---

* 戊午五十年이라 帝遣將彦波弗哈하사 平海上熊襲하시니라. (『환단고기』 「단군세기」)

33세 단군 감물甘勿(재위 BCE 819~BCE 796)

Gammul
(Thirty-third *dangun*. Reigned BCE 819-BCE 796.)

The Thirty-Fifth Dungun: Sabeol

During the reign of Sabeol, the thirty-fifth *dangun* of Joseon, a general named 'Eonpabulhap' was sent to Ungseup (Kumaso, Kyushu) to conquer the area.*

Eonpabulhap in the Nihon Shogi (日本書記)

The name 'Eonpabulhap (彦波不合)' appears in Book 2 of *Nihon Shogi*. While the characters are slightly different than the name in *Hwandan Gogi* (彦波弗哈), the pronunciation in Korean is the same. The general also had sons, Dobanmyung (稻飯命) and Hyupya (狹野). 'Hyupya' is actually another name for Banyoeon (磐余彦), who happens to be Sinmu (神武, Japanese: 'Jimmu'), supposedly the first 'emperor' (*tenno*) and founder of the Japanese imperial line. 'Hyupya' was simply Sinmu's name when he was young. *Hwandan Gogi* also cites the name 'Baebanmyung (裴幣命),' and this person is actually 'Dobanmyung (稻飯命)' from *Nihon Shogi*. The first word, *bae* (배), is simply the character *do* (도) rendered in *idu*, the archaic Korean writing system.

彦波瀲武鸕鶿草葺不合尊, 以其姨玉依姬爲妃. 生彦五瀨命.
次稻飯命. 次三毛入野命. 次神日本磐余彦尊. 凡生四男.

---

* "In the fiftieth year of his reign (723 BCE), the *dangun* sent General Eonpabulhap across the sea to conquer Ungseup (Kumaso)." (*Dangun Segi* of *Hwandan Gogi*)

35세 단군 사벌沙伐(재위 BCE 772~BCE 705)

Sabeol

(Thirty-fifth *dangun*. Reigned BCE 772-BCE 705.)

일서왈 선생언오뢰명 차도반명 차삼모입야명
一書曰, 先生彦五瀨命. 次稻飯命. 次三毛入野命.
차협야존 역호신일본반여언존 소칭협야자
次狹野尊. 亦號神日本磐余彦尊. 所稱狹野者,
시년소시지호야 후발평천하 엄유팔주 고복가호
是年少時之號也. 後撥平天下, 奄有八洲. 故復加號,
왈신일본반여언존
曰神日本磐余彦尊.

언파렴무로자초즙불합존彦波瀲武鸕鷀草葺不合尊은 이모 옥의희를 비
로 삼았다. 언오뢰명을 낳고, 이어 도반명, 삼모입야명, 신일본반여언
존, 모두 4남매를 낳았다. 얼마 후에 언파렴무로자초즙불합존은 서주
궁에서 죽었다(崩). 그래서 일향 오평산의 상릉에 장사지냈다.

어떤 책(一書)에는 다음과 같이 전하고 있다. 먼저 언오뢰명을 낳았다.
다음 도반명, 다음 삼모입야명, 다음 협야존, 다른 이름은 신일본반여
언존이라 한다. 협야란 어릴 적의 이름이다. 후에 천하를 평정하여 팔
주를 다스렸다. 그러므로 또 이름을 더하여 신일본반여언존이라 한
다. (『일본서기』)

『일본서기』에 따르면 진무천황이 가시하라신궁橿原神宮(나라현, 가시
하라시)에서 등극한 해가 BCE 660년이라고 한다. 『환단고기』에서는
BCE 667년 12월에 열도를 평정했다고 한다. 두 기록이 7년 차이가
난다. 『환단고기』는 일본 천황가의 뿌리를 밝힐 수 있는 단서를 제공
해준다.

36세 매륵買勒단군

이제 진짜 중요한 36세 매륵단군 때의 일입니다. 일본 창세 역사
의 시조 왕이 나옵니다. 36세 매륵단군 재위 38년 갑인(단기 1667, BCE
667)년에 협야후陝野侯 배반명裵幋命을 보내어 해상의 적을 토벌*하고
이어서 12월에는 삼도三島를 모두 평정합니다.

본래 3세 가륵단군 시절에 춘천의 우수국牛首國 소시모리가 반란을

* 甲寅三十八年이라 遣陝野侯裵幋命하사 徃討海上하시니 十二月에 三島悉平이러라.
(『환단고기』「단군세기」)

久之彥波瀲武鸕鶿草葺不合尊, 崩於西洲之宮. 因葬日向吾平山上陵.
一書曰, 先生彥五瀨命. 次稻飯命. 次三毛入野命. 次狹野尊.
亦號神日本磐余彥尊. 所稱狹野者, 是年少時之號也. 後撥平天下,
奄有八洲. 故復加號, 曰神日本磐余彥尊.

Hikonagisata Keugaya Hukiaezu no Mikoto (彥波瀲武鸕鶿草葺
不合尊) took as his queen Tamayorihime, who gave birth to four
children: Itsuse-no-mikoto, Inahi-no-mikoto ('Dobanmyung'
in Korean), Mikenu-no-mikoto, and Kamuyamato Iwarehiko-
no-mikoto. Hikonagisata died not long after this in the Western
Palace (西州宮) and was buried in Hyuga atop Mt. Ahiryayama.

In another book, it is written: "First to be born was Itsuse,
followed by Inahi, Mikenu, and Sano-mikoto (also known as
'Kamuyamato Iwarehiko-no-mikoto'). 'Sano' was the latter's
name when he was young. He later conquered the entire land
and ruled all Eight Realms. This is why he came to have the
name 'Kamuyamato Iwarehiko-no-mikoto.'" (*Nihon Shogi*.)

According to *Nihon Shogi*, the year when Jimmu supposedly rose
to the throne as the first 'emperor' of Japan at the Kashihara Palace
was 660 BCE. In *Hwandan Gogi*, the conquest of Japan occurred in
667 BCE, a difference of seven years. Regardless, this gives us clues
regarding how to clarify the roots of Japan's ruling line.

The Thirty-Sixth Dangun: Maeruk

But it was during the reign of Maeruk, the thirty-sixth *dan-
gun* of Joseon, when something very important happened. That
event was the first appearance in history of the so-called very first
King of Japan. The Marquis of Hyeopya, Baebanmyeong, was dis-
patched against the enemies across the sea. He crossed the sea and
conquered what is now Kyushu, Honshu, and Shikoku.

There was once a rebellion by a chief of Usu-guk named 'Sos-
himori.' Usu-guk ("Bull's Head Country") was a small statelet
near Chuncheon. General Yeosugi was sent there to vanquish the
rebels. It is said that there was a descendant of Soshimori named

일으키자 여수기餘守己를 보내 참수를 했습니다. 그런데 그 후손 가운데 배반명이 나와, 일본에 가서 일본 건국의 시조 진무왕神武王이 됐다는 이야기를 하고 있습니다. 지금도 일본 사람들이 춘천에 소머리나라 우수국이 있었다고 해서 우두산에 가서 참배를 합니다.

소머리국에 대한 세 가지 해석

구메 구니다케 도쿄대 교수가 『일본고대사(1907)』에서 "스사노오는 신라신이다. 스사노오가 하늘나라 고천원高天原으로부터 지상으로 내려간 곳이 신라 땅 우두산牛頭山이며, 그곳에서 배를 만들어 바다 건너 이즈모 땅으로 건너왔다"고 하였다. 이를 근거로 일제는 춘천에 우두왕, 우두대왕의 신사를 세우려고 했다. 일본 천왕가의 고향 우두국에 대한 세 가지 설을 소개한다.

① 경주설(가나자와 쇼자부로)

가나자와 쇼자부로는 『삼국사기』나 『동국여지승람』에 나오는 우수주牛首州는 일설에 우두주牛頭州로 쓰기 때문에 춘천일 것으로 생각하기 쉽지만, 문제는 우두를 소시모리라고 훈독한 예가 보이지 않는다는 점을 들었다. 소시모리曾尸茂梨 가운데 '시尸'는 조사로서 그것을 제외한 소모리는 서벌(徐伐/소호리)이라는 것을 이유로 들며 서벌은 신라의 수도이므로 그는 경주설을 주장한다.

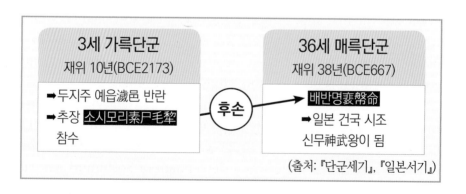

3세 가륵단군		36세 매륵단군
재위 10년(BCE2173)		재위 38년(BCE667)
➡두지주 예읍濊邑 반란	후손	➡배반명裴幋命
➡추장 소시모리素尸毛犁 참수		➡일본 건국 시조 신무神武왕이 됨

(출처: 『단군세기』, 『일본서기』)

'Baebanmyeong' who supposedly went to Japan and became King Jimmu, the founder of Japan. The Japanese, realizing that Usu-guk existed near Chuncheon, are still making pilgrimages to Mt. Udu near Chuncheon to worship there.

Three Interpretations of Udu-guk (Usu-guk)

Professor Kume Kunitake (久米 邦武, 1839-1931), a historian in the Meiji and Taishō periods of Japan, wrote in his *Ancient History of Japan* that "Susano-o was a Sillan god. Susano-o descended from the High Heavens (高天原) to the earthly realm, and arrived at Mt. Udu ("Bull's Head") in Silla. From there, he fashioned a boat and crossed the sea, arriving at Izumo." This was the pretext the Japanese colonial rulers needed to build in Chuncheon a Shinto temple dedicated to the Japanese deity Gozu Tennō (牛頭天王, "Bull-Headed Heavenly King"; pronounced 'Udu Cheonwang' in Korean). There are three theories about the state named 'Udu-guk' ("Bull's Head Country"), otherwise known as 'Usu-guk' or 'Somori-guk,' the origin of Japan's imperial household according to legend.

① Udu-guk in Sohori/Gyeongju (Kanazawa Shozaburo)

Kanazawa Shozaburo claimed the Usu-ju (牛首州) in *Chronicles of the Three Kingdoms* (三國史記) or *Geographical Survey of the Eastern Realm* (東國輿地勝覽) was also referred to as 'Udu-ju (牛頭州),' and thus was easily confused with Chuncheon. However, he noted that the term 'Udu ("Bull's Head")' has

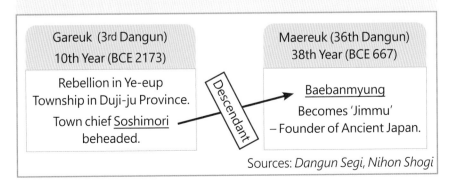

Gareuk (3rd Dangun) 10th Year (BCE 2173)		Maereuk (36th Dangun) 38th Year (BCE 667)
Rebellion in Ye-eup Township in Duji-ju Province. Town chief <u>Soshimori</u> beheaded.	Descendant →	<u>Baebanmyung</u> Becomes 'Jimmu' – Founder of Ancient Japan.

Sources: *Dangun Segi, Nihon Shogi*

② 춘천설(일본 신도 연구자, 신화학자, 가아노 반세이 기자)

춘천설은 일본의 신도 연구자들과 신화학자들이 소시모리를 언어학적으로 풀어서 '소의 머리'로 보았고 춘천에 있는 우두리牛頭里와 연결하였다. <조선일일신문朝鮮日日新聞> 기자 카아노 반세이는 1935년 <춘천풍토기>에서 마을사람들이 우두산을 영지靈地로 생각해왔다는 점, 유생儒生들이 말하는 바 등을 종합해서 우두牛頭를 소머리가 전화轉化된 것이라고 하였다. 드라마 <겨울연가> 이후 많은 일본 관광객들이 춘천을 방문한 것도 우두산의 영향이 있다.

③ 가야의 소머리산(와다 유지)

와다 유지는 소시모리를 경상남도 가야산으로 보고 있다. 『동국여지승람』에 가야산이 일명 우두산이었고 이즈모에서 낙동강을 거슬러 오는데 편리하다는 것을 그 이유로 들고 있다. 거창군 가조면 우두산 장군봉에 천조대신이 숨었던 굴이 있고, 지명 역시 궁배미(궁궐 터), 고만리高萬里 등이 있다. 주변 형세와 지명들이 일본 고서인 『고사기古事記』와 『일본서기日本書紀』의 내용과 정확하게 부합한다. (《『환단고기』 북콘서트》 부경대 편 참조)

36세 단군 매륵買勒(재위 BCE 704~BCE 647)

Maereuk
(Thirty-sixth *dangun*. Reigned BCE 704-BCE 647.)

Mt. Udu in Chuncheon, Gangwon Province.

우두산牛頭山 (강원도 춘천)

never been read as 'Soshimo.' The word *shi* (尸) in 'Soshimori (曾尸茂梨)' is merely a particle and thus should be excluded. The rest of the name 'Somori (曾尸茂梨)' is very similar to 'So-hori,' the old Japanese pronunciation for 'Seobol (徐伐),' which is Seorabol or Gyeongju. Since Seobol was the capital of Silla, Kanazawa claims that Soshimori was Gyeongju.

② The 'Udu-guk as Chuncheon' Theory
(Kano Bansei: Shinto Scholar/Mythologist/Reporter)

The 'Udu-guk as Chuncheon' theory began with Shinto scholars and mythologists in Japan taking a linguistic approach, reading 'Soshimori' as *'so-eui-meo-ri,'* which is Korean for "bull's head." Thus, the name was interpreted as 'Udu-ri (牛頭里),' a location in Chuncheon. Kano Bansei, a reporter for "Chosen Nichinichi Shinbun" (朝鮮日日新聞) stated in "Local Reports on Chuncheon (春天風土記)" that the locals had revered Mt. Udu (牛頭山) as sacred, and he also collected stories told by local Confucian scholars and concluded that 'Udu (牛頭)' was the translation of the original term *'somori.'* The more recent upsurge in the number of Japanese tourists to Chuncheon is also related to the presence of Mt. Udu.

③ 'Bull's Head Mountain' in Gaya (Wada Yuji)

Wada Yuji sees Soshimori as Mt. Gaya in South Gyeongsang Province. His reasoning is based on records in *Geographical Survey of the Eastern Realm*, which states that Mt. Gaya was once called 'Mt. Udu.' For any who travel from Izumo, Mt. Gaya is readily accessible by the Nakdong River. Also, in Gajo-myeon in Geochang County, there is a cave on Janggun Peak ("General's Peak") in Mt. Udu where Amaterasu once hid. Also, there are place names such as 'Gungbaemi' ("Palace Site") and 'Gomanri (高萬里).' These geographical markers and place names are congruent with those found in *Kojiki* (古事記) and *Nishon Shogi* (日本書紀) – (Hwandan Gogi Lecture Series at Bukyeong University).

43세 물리勿理단군

43세 물리단군 때, 우화충于和沖의 대반란 사건으로 임금이 붕어하셨습니다. 그 해에 백민성白民城의 욕살인 구물丘勿이 천명을 받들어 병사를 일으켰는데, 그가 장당경藏唐京을 점령하자 아홉 지역 군사들이 추종하였습니다.

44세 구물丘勿단군

구물이 병사 1만 명을 이끌고 역적들을 토벌하고, 모든 장수의 추대를 받아 3월 16일에 천제를 올리고, 새 수도 장당경에서 단군으로 즉위하였습니다. 그리고 나라 이름을 대부여大夫餘로, 삼한三韓을 삼조선三朝鮮으로 바꿉니다. 이때는 이미 나라가 실질적으로 망해서 병권이 한반도의 말조선, 만주의 진조선, 요서의 번조선 이렇게 나뉘어 버렸습니다. **나라 이름을 조선에서 대부여로 바꾼** 이것이 부여의 기원입니다.

丘勿이 爲諸將所推하야 乃於三月十六日에
築壇祭天하시고 遂卽位于藏唐京하사
改國號爲大夫餘하시고 改三韓爲三朝鮮하시니
自是로 三朝鮮이 雖奉檀君하야 爲一尊臨理之制나
而惟和戰之權은 不在一尊也라.

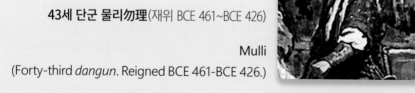

43세 단군 물리勿理(재위 BCE 461~BCE 426)

Mulli
(Forty-third *dangun*. Reigned BCE 461-BCE 426.)

The Forty-Third Dangun: Mulli

At the end of the reign of Mulli, the forty-third *dangun* of Joseon, a man named 'Uhwachung,' rebelled and sacked the capital. Dangun Mulli died as he fled. Then Gumul, the governor of Baekmin Fortress, honored the will of heaven by raising an army. He then marched and occupied Jangdang-gyeong, whereupon armies of the nine regions flocked to his banner.

The Forty-Fourth Dangun: Gumul

Leading an army of ten thousand soldiers, Gumul destroyed the rebels, after which every general under his banner suggested that he take the throne. He held a rite to heaven on the sixteenth of the third month and became *dangun* at the new capital of Jangdang-gyeong.

Gumul would also change the name of the country. At this point, the central government had collapsed and military power was divided between the Three Joseons: Mak-joseon of the Korean Peninsula; Jin-Joseon of Manchuria; and Beon-Joseon of Liaoxi.

丘勿이 爲諸將所推하야 乃於三月十六日에
築壇祭天하시고 遂即位于藏唐京하사
改國號爲大夫餘하시고 改三韓爲三朝鮮하시니
自是로 三朝鮮이 雖奉檀君하야 爲一尊臨理之制나 而惟和戰之權
은 不在一尊也라.

44세 단군 구물丘勿(재위 BCE 461~BCE 426)

Gumul
(Forty-fourth *dangun*. Reigned BCE 425-BCE 397.)

구물이 모든 장수의 추대를 받아 3월 16일에 단을 쌓아 하늘에 제사 지내고 장당경에서 즉위하였다. 구물단군께서 국호를 대부여大夫餘로 바꾸고, 삼한三韓을 삼조선三朝鮮으로 바꾸셨다. 이로부터 삼조선이 비록 대단군을 받들어 한 분이 다스리는 제도는 그대로 유지하였으나 화전和戰의 권한(병권兵權)은 단군 한 분에게 있지 않았다. (『단군세기』)

『삼국유사』에서 단군왕검이 1,908세를 살았다고 했습니다. 이것은 단군 한 분이 그렇게 산 게 아니라, **단군조선의 존속 기간(1세에서 43세까지), 즉 역년이 1,908년**이라는 것입니다. 그리고 **44세 단군 이후부터 47세 고열가단군까지가 188년 대부여의 역사 시대**입니다. 비록 국호를 대부여로 바꿨지만, 단군조선의 기본적인 시스템인 삼신제도를 바탕으로 삼조선을 다스렸기 때문에 대부여 역사 188년도 단군조선의 전체 역사에 넣는 것입니다.

재위 2년, 나라가 어느 정도 안정되자 3월 16일 대영절에 삼신영고제三神迎鼓祭를 올렸는데, 이때 단군께서 친히 삼육대례三六大禮의 예법으로 삼신상제님께 경배를 드립니다.

丁巳二年이라 禮官이 請行三神迎鼓祭하니
乃三月十六日也라. 帝親幸敬拜하실새
初拜三叩하고 再拜六叩하고 三拜九叩가 禮也나
從衆하사 特爲十叩하시니 是爲三六大禮也라.

재위 2년 정사(단기 1910, BCE 424)년에 예관禮官이 삼신영고제三神迎鼓祭를 올리기를 청하니 3월 16일(대영절大迎節)이었다. 임금께서 친히 납시어 경배하실 때, 초배에 세 번 조아리고, 재배에 여섯 번 조아리고, 삼배에 아홉 번 조아리는 것이 예禮이지만, 무리를 따라 특별히 열 번 조아리셨다. 이것이 삼육대례三六大禮이다. (『단군세기』)

Thereupon, with the unanimous agreement of the generals, Gumul was enthroned as *dangun* in Jangdang-gyeong on the sixteenth day of the third month, after performing an offering ritual to heaven at a newly built altar. Dangun Gumul changed the name of the realm to 'Dae Buyeo' and revised the 'Three Han States' system to establish the new 'Three Joseon States' system. Thenceforth, although the three states of Joseon continued to have the *dangun* as their highest ruler, authority over war and peace was the one aspect of statecraft no longer vested in the *dangun* alone. (*Dangun Segi*)

So, remember the part in *Samguk Yusa* where it says that Dangun Wanggeom lived for 1,908 years? This does not mean a lifespan of 1,908 years for one person. It means it was 1,908 years from the first to the forty-third *dangun*. The 188 years from the forty-fourth *dangun* to the forty-seventh *dangun* would be called the 'Daebuyeo period.' But the overall system of threes, as in Samsin ("Triune Spirit"), was still maintained, as can be seen in the minor name change from 'Samhan' to 'Samjoseon.' The 188 years of Daebuyeo is counted as part of the history of Joseon because it was the continuation of the same system.

Also, Dangun Gumul organized a Samsin Yeonggo-je ("Divine Ritual of Welcoming/Receiving Samsin"), wherein he engaged in the Grand Rite of Three and Six.

丁巳二年이라 禮官이 請行三神迎鼓祭하니 乃三月十六日也라.
帝親幸敬拜하실새 初拜三叩하고 再拜六叩하고 三拜九叩가
禮也나 從衆하사 特爲十叩하시니 是爲三六大禮也라.

In the second year of Dangun Gumul's reign (424 BCE), the Officer of Propriety requested that the *dangun* hold a Samsin Yeonggo Ritual. It was to be held on the sixteenth day of the third month. The *dangun* personally presided over the ritual and performed bows at the altar in a courteous man-

46세 보을普乙단군

46세 보을단군 재위 19년 무술년 정월에 국읍의 군장인 기후箕詡가 번조선 궁에 진입하여 '내가 번조선 왕이요!' 하며 윤허를 청하자 '그래 한번 해 봐라' 하고 인정해줍니다. 이로부터 기씨가 번조선의 왕이 되는데요, 70세 기후를 시작으로 그 후손 여섯 사람이 왕이 됩니다. 기후 다음에 기욱, 기석, 기윤, 기비 그리고 마지막에 75세 기준箕準이 나옵니다.

기자 후손으로 볼 수 있는 이 여섯 왕 때문에 단군조선 전체를 '기자조선'이라 말합니다. 너무도 우습지 않습니까? 삼한, 즉 삼조선의 한쪽 나라인 번조선 말기에 기자 후손이라 하는 기씨 왕 여섯 대가 나왔다고, 단군조선을 통칭해서 기자조선이라 할 수 있냐 이 말입니다.

47세 고열가古列加단군

마지막 47세 고열가단군입니다. 단군왕검의 사당을 백악산에 세우고 유사有司를 두어 계절마다 제사를 지냈습니다. 그런데 고열가단군이 서력 전 238년 계해년에 나라를 도저히 경영할 수가 없어 오가의 족장들에게 국권을 맡기고 '나는 이제 그만 물러나겠다' 하고서 산으

46세 단군 보을 普乙
(재위 BCE 341~BCE 296)

Boeul

(Forty-sixth *dangun*.
Reigned BCE 341-BCE 296.)

47세 단군 고열가高列加
(재위 BCE 295~BCE 238)

Goyeolga

(Forty-seventh *dangun*.
Reigned BCE 295-BCE 228.)

ner. Though propriety demanded he bow three times for the first prostration, six times for the second prostration, and nine times for the third prostration, on this occasion the *dangun* made an exception and accompanied the people in bowing ten times. These ways of performing bows are referred to as 'the Great Propriety of Three and Six.' (*Dangun Segi*)

The Forty-Sixth Dangun: Boeul

In the first month of the nineteenth year (Jeongsa) of the reign of Boeul, the forty-sixth *dangun* of Joseon, a man named 'Gi Hu,' who was the ruler of a small statelet, entered the royal palace of Beon-Joseon and declared himself King of Beon-Joseon. Afterward, he asked for the *dangun*'s approval, which was given. After Gi Hu took the throne, the Gi Clan would produce six successive kings of Beon-Joseon. Gi Hu became the seventieth King of Beon-Joseon, followed by Gi Wuk, Gi Seok, Gi Yun, Gi Bi, and, lastly, Gi Jun. These six kings, whom we can conceivably see as descendants of Gija, still do not justify referring to all of Joseon as Gija Joseon. It is ridiculous. How can we say the entire dynasty belonged to Gija simply because some of Gija's descendants became kings in one part of Joseon?

The Forty-Seventh Dangun: Goyeolga

The last and forty-seventh *dangun* of Joseon was Goyeolga. He first built a shrine to Dangun Wanggeom and assigned priests to hold rites each season. Then, in 238 BCE, he realized that he was no longer able to govern the empire and he gave the reins of government to the Heads of the Five Clans. He declared that he was stepping down from the throne and left to be a hermit in the mountains. The five clans ruled Joseon by council for six years.

However, just a year before Goyeolga stepped down from the throne, in 239 BCE, a man named 'Haemosu' established another country at Mt. Ungsim ("Bear Heart Mountain"). The new coun-

로 들어가 버렸습니다.

이로부터 6년(단기 2096, BCE 238~단기 2102, BCE 232) 동안 오가五加가 국사를 공동으로 집행하는 공화정 시대가 열립니다. 그런데 바로 전임술(壬戌, 단기 2095, BCE 239)년에 종실宗室인 해모수解慕漱가 웅심산熊心山에서 나라를 세워 북부여北扶餘라 했습니다. 그러나 옥새를 전수받는 데까지는 약 7년의 세월이 걸렸습니다. 그 뒤 서력 전 232년에 본격적으로 북부여의 실제 왕조 역사, 단군조선을 계승한 정통 역사 시대가 출범하게 된 것입니다.

翌日에 遂棄位入山하사 修道登仙하시니 於是에 五加가
共治國事六年이러라. 先是에 宗室大解慕漱가
密與須臾로 約하사 襲據故都白岳山하시고
稱爲天王郎하시니 四境之內가 皆爲聽命이러라.

이튿날 임금께서 마침내 제위를 버리고 산으로 들어가 수도하여 선인 仙人이 되셨다. 이에 오가五加가 6년(단기 2096, BCE 238~단기 2102, BCE 232) 동안 국사를 공동으로 집행하였다. 이에 앞서 종실 宗室인 대해모수께서 은밀히 수유국須臾國과 약속을 하고, 옛 도읍지 백악산을 습격하여 점거한 뒤에 스스로 천왕랑天王郎이라 칭하셨다. 사방에서 사람들이 모두 해모수의 명을 따랐다. (『단군세기』)

북부여의 시조 **해모수解慕漱단군**

Haemosu
The founder of North Buyeo.

try was called 'Bukbuyeo,' or 'North Buyeo.'

But it would be another seven years before Haemosu was given the imperial seal and thus authority over the country. Therefore, it was in 232 BCE that Bukbuyeo officially replaced Joseon and formally began its history as the legitimate successor dynasty to Joseon.

翌日에 遂棄位入山하사 修道登仙하시니
於是에 五加가 共治國事六年이러라.
先是에 宗室大解慕漱가 密與須臾로 約하사
襲據故都白岳山하시고 稱爲天王郎하시니
四境之內가 皆爲聽命이러라.

The next day, Dangun Goyeolga abdicated his title and went to live in the mountains, where he devoted himself to pursuing dao and eventually became an immortal. The Five Ministers collectively ruled the realm for a period of six years (238-232 BCE).

Prior to this, Haemosu the Great, descendant of the royal lineage, made a secret agreement with the Suyu state and staged a surprise attack on Baegaksan, the former capital. He occupied the region and took the title 'Cheonwangnang' ("Son of God in Heaven"). All the people in the realm obeyed Haemosu's commands. (*Dangun Segi*)

고 구 려 지 선　　출 자 해 모 수　　　해 모 수 지 모 향
高句麗之先이 出自解慕漱하시니 解慕漱之母鄕이

역 기 지 야　조 대 기　왈　해 모 수　　종 천 이 강
亦其地也라 朝代記에 曰「解慕漱는 從天而降하사

상 거 우 웅 심 산　　　　기 병 어 부 여 고 도
嘗居于熊心山이라가 起兵於夫餘古都하시고

위 중 소 추　　　수 입 국 칭 왕　　　　시 위 부 여 시 조 야
爲衆所推하야 遂立國稱王하시니 是謂夫餘始祖也시니라.

고구려의 선조는 해모수로부터 나왔는데, 해모수의 고향이 또한 그
땅(고구려 : 地名)이다.

『조대기』에 이렇게 기록되어 있다. 해모수께서 하늘에서 내려와 일찍
이 웅심산熊心山(검마산)에서 사셨다. 부여의 옛 도읍(백악산 아사달)
에서 군사를 일으키고 무리의 추대를 받아 드디어 나라를 세워 왕이
되셨다. 이분이 부여의 시조이시다. (『태백일사』「고구려국본기」)

단 군 해 모 수 지 초 강　　재 어 임 술 사 월 초 팔 일
檀君解慕漱之初降이 在於壬戌四月初八日하니

내 진 왕 정 팔 년 야
乃秦王政八年也라

해모수단군께서 처음 내려온 때는 임술(신시기천 3659, 단기 2095,
고열가단군 57, BCE 239)년 4월 8일로 진秦나라 왕 영정嬴政 8년이
다. (『태백일사』「고구려국본기」)

임 술 진 시 시　　신 인 대 해 모 수　　기 어 웅 심 산
壬戌秦始時에 神人大解慕漱가 起於熊心山하시니라

임술(단기 2095, BCE 239)년 진왕秦王 정政 때 신인 대해모수大解慕漱
가 웅심산熊心山에서 일어났다. (『삼성기 상』)

임 술 오 십 칠 년　　　사 월 팔 일　　해 모 수
壬戌五十七年이라 四月八日에 解慕漱가

강 우 웅 심 산　　　기 병　　　기 선　　고 리 국 인 야
降于熊心山하사 起兵하시니 其先은 槀離國人也시니라.

재위 57년 임술(환기 6959, 신시개천 3659, 단기 2095, BCE 239)년
4월 8일에 해모수가 웅심산熊心山으로 내려와 군사를 일으켰다. 해모
수의 선조는 고리국槀離國 사람이다. (『단군세기』)

高句麗之先이 出自解慕漱하시니 解慕漱之母鄕이 亦其地也라
朝代記에 曰「解慕漱는 從天而降하사
嘗居于熊心山이라가 起兵於夫餘古都하시고
爲衆所推하야 遂立國稱王하시니 是謂夫餘始祖也시니라.

Goguryeo's ancestry started in Haemosu. In fact, the home of Haemosu was also a land called 'Goguryeo.'

The following is recorded in *Jodaegi* ("*Chronicle of the Dynasties*"):

> Haemosu descended from heaven and resided from the early days on Mt. Ungsim ("Bear Heart Mountain"). He raised an army in the old capital of Buyeo (near Mt. Baegak), gained the support of the people, and established a state, declaring himself king. He was the founder of Buyeo. (*Jodaegi*, as quoted in *Goguryeo-guk Bongi, Taebaek Ilsa*)

檀君解慕漱之初降이 在於壬戌四月初八日하니 乃秦王政八年也라

Dangun Haemosu first descended on the eighth day of the fourth month of 239 BCE. This was the eighth year of the reign of the Qin King, Ying Zheng. (*Goguryeo-guk Bongi, Taebaek Ilsa*)

壬戌秦始時에 神人大解慕漱가 起於熊心山하시니라

The divine Haemosu rose to power at Mt. Ungsimsan in 239 BCE, during the era when the first emperor of Qin ruled China. (*Samseong Gi I*)

壬戌五十七年이라 四月八日에 解慕漱가 降于熊心山하사
起兵하시니 其先은 槀離國人也시니라.

On the eighth day of the fourth month of Dangun Goyeolga's fifty-seventh year in power (239 BCE), Haemosu came to Mt. Ungsim ("Bear Heart Mountain") and there mustered an army. Haemosu's ancestors were from the Gori state. (*Dangun Segi*)

단군조선의 문화업적

1) 만세홍범萬世洪範 사상 정비

단군조선의 문화업적을 간단하게 정리해 보겠습니다.

첫째는 **환국, 배달의 천지광명역사관, 인간관, 신관, 우주관을 정리한 홍익인간의 광명의 도, 우주광명의 심법을 만세홍범萬世洪範 사상으로, 생활수칙 문화로 정비**해 주셨습니다.

만세홍범 사상은 인류 동서 고금의 법문화法文化의 시작입니다. 간단히 정리해 보면, 조선 초 단군왕검님이 내려 주신 **8대 강령**이 있었고, 22세 색불루단군 때 **여덟 개의 법조항[禁八條]**이 있었으며, 44세 구물단군 때는 아홉 번 맹세를 하는 글이라는 뜻의 **구서지문九誓之文**이 있었습니다.

단군조선의 법 문화 (출처: 『환단고기』)

초대 단군왕검	8대 강령綱領	「단군세기」
22세 색불루단군	8조 금법禁法	「삼한관경본기」
44세 구물단군	구서지문九誓之文	「소도경전본훈」

2) 환국·배달을 계승한 역법의 완성

둘째는 **환국, 배달을 계승하여 역법曆法 캘린더**를 완성하였습니다. 지금은 달력을 365와 4분의 1일로 쓰고 있는데, 환웅천황 때 이미 「삼일신고」를 366자로 해서 가르침을 내려주셨듯이, 한민족 최초의 역법이 배달 시대에 나왔습니다. 그것이 바로 동방의 천자이신, **신시 배달 14세 치우천황의 스승님인 자부선사紫府仙師가 완성한 칠회제신**

The Cultural Legacies of Joseon

1) The Philosophy of Manse Hongbeom ("The Grand Plan for Eternal Generations")

Now, we will go over the cultural accomplishments of Joseon. The first was the philosophy of Manse Hongbeom, or "The Grand Plan for Eternal Generations," which included perspectives regarding history, humanity, God, and the universe, organized into a system of thought based on the way of cosmic brilliance that is the Hongik Ingan.

The Manse Hongbeom represented the very beginning of the system of law in human civilization. From it came the Eight Articles in early Joseon, the Eight Prohibitions of Dangun Saekbulu, and the Nine Pledges (九誓之文) of Dangun Gumul.

Legal Traditions of Joseon (Source: *Hwandan Gogi*)

1st Dangun, Wanggeom	Eight Articles	*Dangun Segi*
22nd Dangun, Saekbulu	Eight Prohibitions	*Samhan Gwangyeong Bongi*
44th Dangun, Gumul	Nine Pledges	*Sodo Gyeongjeon Bonhun*

2) The Completion of the Calendar Passed Down from Hwanguk and Baedal

The second cultural accomplishment of Joseon was a calendar, which was completed during Joseon but was originally passed down from Baedal and Hwanguk. The year in the present calendar we are using is 365 and a quarter days. The original calendar for the Korean nation already existed during Baedal. The first traces of it can be seen in *Samil Singo*, created for instruction of the people by the first *hwanung*, who composed it of 366 characters. But the calendar was organized into a complete form called the

력七回祭神曆입니다.

칠회제신력은 7일에 걸쳐 일곱 신에게 제사를 올린 배달의 풍습에서 비롯된 책력입니다. 천신天神, 월신月神, 수신水神, 화신火神, 목신木神, 금신金神, 토신土神의 일곱 신에게 천제를 올렸습니다. 환국과 배달에서 넘어간, 그래서 환국 배달의 영향을 받은 서양 문명과 기독교 문명의 근원인 이라크 남부의 수메르 문명에도 칠요七曜제도가 있었습니다. 지금 우리가 쓰고 있는 캘린더 시스템이 그것입니다.

그다음에 **배달 시대 자부선사의 후손 창기소蒼其蘇가 그것을 부연해서 오행치수법을 만들었습니다.** 단군왕검께서 부루 태자로 하여금 우虞나라 사공司空 우禹에게 전수하여 중국의 9년 대홍수 때 국가 붕괴의 위기를 건져준, 〈오행치수법〉과 『황제중경黃帝中經』 또한 우주의 역법 시스템입니다. 25세 솔나단군 시절, 중국의 상나라(은나라)가 망하고 주나라가 창건될 때, 기자箕子가 문왕의 아들 무왕에게 홍범구주를 전수했다고 합니다.

기 자 내 언 왈 아 문　　　재 석 곤　　인 홍 수
箕子乃言曰我聞호니　在昔鯀이　陻洪水하야
골 진 기 오 행　　　제 내 진 노　　　불 비 홍 범 구 주
汨陳其五行한대　帝乃震怒하사　不畀洪範九疇하시니
이 륜 유 두　　　　곤 즉 극 사　　　우 내 사 흥
彝倫倫攸니라.　鯀則殛死어늘　禹乃嗣興한대
천 내 석 우 홍 범 구 주　　　이 륜 유 서
天乃錫禹洪範九疇하시니　彝倫攸敍니라. (『상서』 「주서」)

기자箕子
Gija

주 무왕武王
King Wu

'기자가 주 무왕에게
〈홍범구주〉를 전수함'
(『서경』 「홍범」)

According to *Book of Documents*, Gija instructed King Wu on the Hongbeom Guju, or the "Grand Plan in Nine Categories."

'Chilhoe Jaesinryeok,' or the "Seven Gods Ritual Calendar." This was created by the Immortal Master Jabu, who was the teacher of the fourteenth *hwanung*, the Great Chiu.

The Seven Gods Ritual Calendar originated from the Baedal custom of celestial rituals to the Seven Gods held over a period of seven days.

Sumeria, which is considered the origin of Christianity and the entire Western civilization, was in fact influenced by Hwanguk and Baedal; and Sumeria actually had seven-day weeks, just like the calendar that we use today.

Immortal Master Jabu, who made the calendar, had brilliant descendants such as Chang-giso, who added to his teacher's accomplishment by creating the Five Movements Law for Water Control. Dangun Wanggeom sent his crown prince, Buru, to instruct the Chinese engineer Yu in the Law for Water Control and also the contents of *Huangdi Zhongjing* (黃帝中經, "*The Yellow Emperor's Middle Classic*"). It was this cosmic system of calendars that allowed Joseon to rescue the Chinese from their devastating nine-year flood.

And during the reign of Solna, the twenty-fifth *dangun*, the Shang Dynasty (or Yin) of China fell and was replaced by the Zhou Dynasty. It was when Zhou was just being established that Gija instructed King Wu, son of Zhou King Wen, on the Hongbeom Guju (洪範九疇), or the "Grand Plan in Nine Categories."

This Grand Plan became the basic rule of governance in the Zhou dynasty—nine key rules for administering and governing a country. The Hongbeom Guju itself spawned a famous word since the Korean word for category, '*beomju*,' comes from the name of these laws.

And Gija said, "From what I have heard, it was long ago that Gun (鯀) blocked the rainwaters and caused great disruption in the order of the Five Movements. The God of Heaven became angry and denied him the Great Plan in Nine Categories, and good morals disappeared altogether. Gun was put to death, but Yu continued the work; the heavens bestowed upon him the Great Plan, and morals were restored." ("The Book of Zhou," *Shangshu*)

자부선사	창기소	단군왕검(부루태자)	
칠회제신력 →	오행치수법 →	오행치수법 황제중경 →	우禹 (9년 대홍수)

중국의 국가 붕괴 위기를 구해준 오행치수법은
우주 역법 시스템

주周나라를 다스린 국가 경영통치의 핵심 주제가 바로 〈홍범구주〉
로, 나라를 경영하는 데 필요한 아홉 가지 주요 덕목을 말합니다. 홍
범구주! 아주 유명한 말입니다. '동일한 성질을 가진 부류나 범위'라
는 뜻으로 흔히 쓰고 있는 '범주'라는 말이 이 '홍범구주'에서 나온 것
입니다.

3) 문자체계 정립

셋째, 단군조에서 이룬 또 하나의 위대한 인류 문화사적 업적이 있
습니다. 무엇일까요? 3세 가륵단군 때, **우주 이법으로 한글의 근원이
되는 가림토 38자를 만든 것**입니다.

『세종실록』에서 정인지의 '훈민정음 서문'을 보면 '자방고전字倣古
篆'이라고 해서 '글자는 옛 전자를 모방했다'라고 했습니다.

가륵단군 때 만든 가림토 서른여덟 자와 조선 세종 때의 훈민정음
스물여덟 자를 한번 보세요. 훈민정음의 창제 원리는 『환단고기』의 우

우주 창세 이법을 상징하는 삼신오제의 이치, 삼신오행의 원리로 가림토 38자를 만듦

가림토 38자 (3세 가륵단군 BCE2181)	·ㅣㅡㅏㅓㅗㅜㅑㅕㅛㅠㅊㅋ ㅇㄱㄴㅁㄷㅿㅈㅊ슝ᅀᆞㅅㅆ ㅑㄹㄱㅂㅈㅈㄱㅜㅊㅅㄱㅗㅍㅍ
훈민정음 28자 (1443년 창제)	ㄱㅋㅇㄷㅌㄴㅂㅍㅁㅈㅊㅅㆆㅎ ㅇㄹㅿ·ㅡㅣㅗㅏㅜㅓㅛㅑㅠㅕ

Master Jabu	Seven Gods Ritual Calendar
Changgiso	Five Movement Laws for Water Control
Dangun Wanggeom (Prince Buru)	Five Movement Laws for Water Control
	Yellow Emperor's Middle Classic
	Yu (Nine Years Flood)

The Five Movements Law for Water Control is a cosmic calendar that saved the Chinese kingdom of kings Yao and Shun from collapse.

3) The Creation of a Writing System

Third, one of greatest cultural achievements in human history was made by people in ancient Joseon. This was the creation of the thirty-eight letters of the Garimto Script, the ancient precursor of Hangul, which was inspired by cosmic principles. *The Records of King Sejong*, in *Annals of the Joseon Dynasty*, contains the foreword to *Hunminjeongeum*, which says Hunminjeongeum was modeled after an ancient script (字倣古篆)

Let us compare the thirty-eight letters of the Garimto Script and the twenty-eight letters of Hunminjeongeum, made by Sejong. They are nearly identical.

The principle behind the creation of Hunminjeongeum is also the Philosophy of the Three Gods and Five Emperors, which sym-

The Philosophy of the Three Gods and Five Emperors Underlies Ancient Writing Systems	
The thirty-eight-letter Garimto Script (made during the reign of the 3rd *dangun*, Gareuk).	· ｜ ― ㅏ ｜ ⌒ ⌒ ㅑ ㅕ ⌄ ⌄ Ⅹ ㅋ ㅇ ㄱ ㅂ ㅁ ㄴ △ ㅈ ㅊ 슈 ㅎ 人 M ㅏ ㄹ ㅂ ㅕ ㅈ ㅜ 大 ㅅ ㅋ 工 ㅍ 丕
The twenty-eight-letter Hunminjeongeum (made in 1443 CE).	ㄱㅋㆁ ㄷㅌ ㄴ ㅂㅍ ㅁ ㅈ ㅊ ㅅ ㆆㅎ ㅇㄹ △ · ㅡ ｜ ㅗ ㅏ ㅜ ㅓ ㅛ ㅑ ㅠ ㅕ

주 창세 이법을 상징하는 삼신오제 사상입니다. 『태백일사』의 첫째 편 「삼신오제본기」에 나오는 '삼신오제의 이치'를 보통 우리가 '삼신 오 행의 원리'로 이야기합니다. 우주의 조물주 삼신은 만물을 낳고, 기르 고 깨닫게 하고, 다스리는, 조화造化, 교화敎化, 치화治化의 신입니다.

우리가 눈으로 볼 수 있고, 하나 될 수 있고, 교감할 수 있는 살아 있는 조물주 삼신은 바로 하늘과 땅과 인간입니다. 그것이 「천부경」 의 가르침이잖습니까!

그러니까 **한글은 우주 창조법칙, 인류 문화사 최초의 경전, 제1의 경전인 「천부경」의 우주 원리에 따라 만들어진 문자**입니다. 우리가 훈민정음을 보면, 아래아(·)는 하늘을 뜻합니다. 이것은 조화입니다. 이 대우주의 신성과 무궁한 생명과 시간과 공간을 점 하나로 딱 찍은 것입니다. 얼마나 멋있습니까!

그 다음에 'ㅣ'는 바로 사람이고, 수평선과 같은 'ㅡ'는 어머니 땅입 니다. 하늘과 땅과 인간(·, ㅡ, ㅣ), 살아있는 우주의 조물주 삼신을 근 거로 열한 개 모음을 만들었는데, 열한 개, 십일이라는 것도 굉장히 중요한 의미가 있습니다. 이것이 일태극一太極 십무극十無極 사상인데, 십일성도十一成道라고 해서 여기에는 천지인 삼재 원리가 응축되어 있 습니다.

字倣古篆
자방고전
『세종실록』 세종 25년, 28년

"The letters mimicked the seal characters of old."
(*The Veritable Records of King Sejong*)

bolizes the principle of cosmic creation discussed in *Hwandan Gogi*.

The Principle of Samsin-oje ("Three Gods and Five Emperors") in *The Chronicle of Samsin-oje* is often translated as the "Principle of the Three Gods and Five Movements." Samsin, or the Triune Spirit, is the great spirit who births, raises, and governs all things in the world—the spirit of creation, edification, and governance.

And there are three things that we can see, can unite with, and can commune with. These three things—heaven, earth, and humanity—are true incarnations of the Triune Spirit, the living creator. This is the exact thing *Cheonbu Gyeong* is teaching us.

All of this tells us that Hangul is a system of writing created in accordance with the laws of cosmic creation, the laws that are explained in *Cheonbu Gyeong*, the first philosophical classic and canon of humanity.

Looking at Hunminjeongeun, the symbol *arae-ah* (' · ') signifies "the heavens." It is a symbol of harmony. That is why just a simple round spot was used. The holiness of the vast universe, the everlasting nature of life, and the infinite time and space around us was expressed by a single dot. Indeed, that is truly awe-inspiring. Then we have *yi* (' ㅣ '), which represents "humanity," and *eu* ('—'), which stands for "mother earth." It was heaven, earth, and humanity (· , — , ㅣ), which symbolize the Triune Spirit, that inspired all eleven vowels in Hangul. The number eleven, for its part, also has unique significance. It shows up as the philosophy of Iltaegeuk-sipmugeuk (一太極十無極, "Single Great Ultimate – Ten Void Ultimate"), expressed in the phrase Sibil-seongdo (十一成道), or the "Complete Dao of Ten-One." This 'dao' is a concept in which the *samjae* (三才), or the Three Fundamentals, is concentrated.

·	天	대우주의 신성, 무궁한 생명, 시간, 공간을 점 하나로 상징
ㅣ	人	서 있는 사람을 상징
—	地	어머니 땅을 상징

일태극·십무극 사상(十一成道)
천·지·인 삼재 원리가 응축

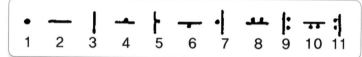

하늘과 땅과 인간, 살아 있는 우주 조물주 삼신을 근거로 11개 모음이 만들어짐

세계적인 석학들이 "한글은 가장 독창적이고 훌륭한 음성문자다." (영국의 제프리 샘슨Geoffrey Sampson 교수), "세계에서 가장 합리적인 문자는 한글이다."(미국의 제레드 다이어몬드Jared Diamond 교수)라고 했습니다. 또 "한국의 전통 철학과 과학 이론이 결합된 세계 최고의 문자다."라고 함부르크대학교와 한양대학교의 석좌교수인 베르너 삿세 Werner Sasse 교수가 극찬을 했습니다.

•	Heaven	Divine Cosmos, everlasting life, and time/space represented by a point.
ǀ	Humanity	A person in a standing position.
—	Earth	Signifies mother earth.

Eleven Vowels of Hangul

All eleven vowels in Hangul were inspired by heaven, earth, and humanity, which together symbolize the Triune Spirit.

Hangul has received praise from many renowned scholars around the world. British linguist Geoffrey Sampson said, "Hangul must unquestionably rank as one of the great intellectual achievements of humankind." Jared Diamond, author of *Guns, Germs, and Steel*, described Hangul as an "an ultra-rational system." Werner Sasse, professor emeritus at Hanyang University, called Hangul "the best alphabet in the world, combining traditional philosophy and scientific theory."

"Hangul must unquestionably rank as one of the great intellectual achievements of humankind." (Geoffrey Sampson, Professor of Natural Language Computing, University of Sussex)

"[Hangul is] an ultra-rational system." (Jared Diamond, Professor of Geography at UCLA)

"[Hangul is] the best alphabet in the world, combining traditional philosophy and scientific theory." (Werner Sasse, Professor Emeritus at Hanyang University)

중국 왕조 성립에 결정적 역할을 한 단군조선

이제 단군조선이 중국 왕조의 성립에 어떤 역할을 했는지 알아보겠습니다.

1) 요·순은 단군조선의 제후

시조 단군왕검이 38세 때 즉위하셨는데, 그보다 조금 전에 중국에서는 한족의 역사 시조 황제헌원의 5세손 요堯임금이 나왔습니다. 요임금은 자기 할아버지 헌원이 동방의 천자 치우천황에게 대항하다가 아주 강력한 공격을 당하고 무릎을 꿇었다는 걸 잘 알고 있었습니다.

그래서 요임금은 동방족과 분리해서 독자적인 왕권을 세우겠다는 강력한 의지를 가지고 있었다고 할 수 있는데, 자기 이복형 지摯를 제거하고, 반대하는 자를 무수히 죽였습니다. 중국 천하가 아주 피로 물들었습니다.

그런데 요임금으로부터 왕통을 전수받은 순임금이 동쪽을 향해 간 이야기가 『서경』에 나옵니다. 그것이 유명한 '**동순망질東巡望秩 사근동후肆覲東后**'입니다. 그 원본을 보면, "동순수東巡守하사… 망질우산천望秩于山川하고 사근동후肆覲東后하니라."라고 쓰여 있습니다. '(순임금이) 동쪽으로 순행을 떠나 차례대로 산천에 제를 올리고, 동방의 천

요堯 임금(BCE 2447?~BCE 2307)

King Yao
(Reigned approximately BCE 2447-BCE 2307.)

The Role of the Danguns in the Formation of Early Chinese Dynasties

Now we will discuss the role that Joseon had in establishing the earliest Chinese dynasties.

1)Yao and Shun as Vassals of Ancient Joseon

The first *dangun* of Joseon, Wanggeom, took the throne at the age of thirty-eight. A little bit before this, Yao, the fifth descendant of the Yellow Emperor, who was the historical ancestor of the Chinese, was king in China. Yao knew full well that his ancestor, the Yellow Emperor, fought against Chiu, the Son of Heaven of the eastern empire, and submitted to him after being decisively defeated.

Because of this, King Yao was determined to establish an independent kingship completely separate from the eastern empire. He was a sage-king, but an enormously willful one. He killed Ji, who was his half-brother, and anyone who dared oppose him in this endeavor. All of China was drenched in blood as a result.

King Yao was succeeded by King Shun, who is recorded in *Shu Jing* ("*Book of History*") as visiting the 'eastern realm.' This event is described in detail in the following phrase: "*dong-soon-mang-jil, sa-geun-dong-hu* (東巡望秩 肆覲東后)." The original phrase is a bit longer, and it is translated as: "King Shun made a tour of the east and performed his rites to the mountains and fields, and sought an audience with the Lord of the East." It means that immediately after taking the throne, King Shun inspected the eastern part of his kingdom, performed several rituals to the land and rivers, and paid homage to the Son of Heaven, who was in the east.

Most people now assume the character *hu* (后, Chinese: *hou*) to mean "vassal," but the *geun* (覲) in the record is the same *geun* in *geunchin* (覲親), which means "a person in a lower position paying

자를 알현했다'라는 뜻입니다. 저 동후東后의 후后 자를 흔히 제후 후 侯 자로 번역합니다. 그래서 지금 나와 있는 일반 책들이 모두 '동후' 를 '동방의 제후'로 잘못 번역해 놓았습니다.

우리가 '근친覲親 간다'는 말을 쓰는데, '근覲'은 하현상下見上, 즉 아 랫사람이 윗사람을 찾아 뵙는다는 뜻입니다. 여기서는 볼 견 자가 아 니라 뵈올 현見 자로 읽습니다. 그래서 '사근동후'란 서방의 제후 순임 금이 동방의 천자 단군왕검을 알현했다는 말입니다.

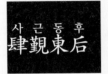

근覲 : 하현상下見上, **아랫사람이 윗사람을 뵙는다.**
후后 : **군주를 제후(侯)로 번역**
동후 : **동방의 제후로 잘못 번역**

사근동후肆覲東后의 본뜻

"서방 제후가 동방의 천자님을 알현했다."
순舜임금   단군왕검

요임금의 큰아들이 단주입니다. 단주는 아버지 요임금과는 달리 '동서방족은 한 형제다. 뿌리가 같다. 한 문화권으로 살아야 한다. 평 화롭게 살아야 한다'는 동북아 대 평화주의 정치사상을 가지고 있었 습니다. 아버지와 뜻이 안 맞았습니다. 그래서 요임금이 '나는 네놈한 테 천하를 넘길 수가 없다' 하고 순에게 왕통을 넘겼습니다. 그리하 여 뜻을 이루지 못한 단주가 천고의 한을 품고 어둠의 역사속으로 사 라져 버리고 만 것입니다.

후에 '단주를 다시 왕으로 세워라! 단주야말로 동북아의 평화를 가져올 수 있는 왕자님이다' 하고 들고 일어난 민족이 있었습니다. 그들이 삼묘족三苗族인데, 『태백일사』 「삼한관경본기」 〈마한세가 馬韓世家〉 첫 페이지를 딱 열면 **"묘족은 9천 년 전 인류의 창세역사 시대 환국 구환족의 한 족속이다."** 라는 놀라운 얘기가 나옵니다. 실제 그들의 문화를 보면 그 사실을 알 수 있습니다.

a visit to his lord" (下見上). This means that the translation of *sa-geun-dong-hu* (肆覲東后) as paying a visit to "the lord of the east," and not to a vassal, is the correct interpretation.

The Real Meaning of 'Sa-geun-dong-hu'

The vassal of the west (Shun) paid homage to
the lord of the east (Dangun Wanggeom).

King Yao actually had sons, and the eldest was named 'Danzhu.' Danzhu was a proponent of a grand, peaceful union of Northeast Asians. He actually thought that the peoples of the eastern (Joseon) and western realms were one people, because they had the same origins. This directly contradicted what his father, King Yao, believed. This is why King Yao did not allow his own son to succeed him, instead giving the throne to King Shun. And Danzhu disappeared from history, completely forgotten, with no shortage of bitterness and grief.

But there was one tribe that actually rose up and demanded that Prince Danzhu be restored to the throne, believing that Danzhu was the one true prince who would bring peace to Northeast Asia. They were the Three Myo Tribes.

They appear in the very first pages of the "Mahan Dynasty" (馬韓世家) chapter of *The History of the Realms of Samhan* (三韓管境本紀), which says the Myos (苗) were one of the Nine Tribes of Hwanguk (九桓族) that rose at the very dawn of human civilization nine thousand years ago. It is a fascinating story. What is more, an observation of Myo culture reveals that the story is actually all true.

삼신三神의 꽃을 상징하는 화관花冠

The floral crowns symbolize Samsin ("Triune God").

> 묘 환　　내 구 황 지 일 야
> **苗桓이 乃九皇之一也라**
> 재 석　　이 위 아 환 족　　유 목 농 경 지 소
> **在昔에 已爲我桓族의 遊牧農耕之所오**
> 이 급 신 시 개 천　　　이 토 위 치
> **而及神市開天하야 以土爲治하니라.**
>
> 묘환苗桓은 환국 시절 구황九皇족의 하나로 그 땅은 옛적에 이미 우리 환족이 유목과 농경을 하던 곳이다. 배달 신시가 개천되자 처음으로 토土의 중정中正의 덕으로 다스렸다.
>
> (『태백일사』「삼한관경본기」 마한세가 상)

지금 묘족이 사는 데를 가보면, 치우천황의 투구와 같은 것을, 신목神木을 상징하는 긴 장대 위에 걸고 환무環舞를 춥니다. 우주 광명의 거대하고 놀라운 예식을 지금도 행하고 있습니다. 그것은 환국의 풍속입니다. 그리고 묘족의 여인들을 보세요. '우리는 조물주 삼신, 삼신상제님을 모신 종통문화 민족'이라는 듯이, 전부 삼신의 꽃을 상징하는 문양을 머리에 달고 축원 기도를 합니다.

2) 동북아 9년 대홍수 사건

중국의 우임금이 하나라를 세우게 되는 결정적인 계기는 조금 전에 살펴본 9년 대홍수 사건입니다.

단군왕검 즉위 50년 되던 정사丁巳(단기 50, BCE 2284)년에, 동북아에 대홍수가 일어났습니다. 이듬해인 무오戊午(단기 51, BCE 2283)년에 **왕검께서 운사雲師 배달신倍達臣에게 명하여 강화도 마리산에 제천단인 참성단塹城壇을 쌓은 다음 천제를 올리셨습니다.** 정사년으로부터 17년 후 중국 본토에서도 장장 9년에 이르는 대홍수가 일어났습니다.

서양에서는 이보다도 더 오래된 노아의 홍수를 말하는데, 무려 밤낮 40일 동안이나 지속됐다고 합니다. 그때 인류가 전멸당하고 노아 부부와 세 아들인 함, 야베드, 셈 이렇게 노아 가족만 살았다고 말합니다. 그러나 그때 지구촌 인류가 다 없어진 게 아니고 당당히 살아

苗桓이 乃九皇之一也라 在昔에 已爲我桓族의 遊牧農耕之所오
而及神市開天하야 以土爲治하니라.

Myo-hwan was one of the nine Hwang clans. Its land was the region in which the Hwan people raised cattle and practiced agriculture in ancient times.

When Heavenly Emperor Hwanung established Baedal in Sinsi, he governed the nation in accordance with the virtue of earth.

("Mahan Dynasty" section in *History of the Realms of Samhan* in *Taebaek-Ilsa*)

If you go to a Myo (Miao) tribal village, you will see them dancing in circles wearing headdresses that resemble the battle helmets of Chiu. They are, to this day, still performing the grand and fascinating rituals that originated in the culture of Cosmic Brilliance. This is the culture of ancient Hwanguk.

And notice what the Myo (Miao) women are wearing [in the accompanying photo]: they wear headdresses with three flowers arranged in a pattern, symbolizing the Triune God, as they pray and make wishes. It is as if they are showing us that they are the true heirs of a people who worshipped and revered Samsin, the Triune God.

2) The Nine-Year Great Flood

The turning point in the establishment of the first Chinese dynasty, Xia, by King Yu was the Nine-Year Flood, an event we talked about earlier.

Northeast Asia was swept by the Great Flood in Year Jeongsa, which was the fiftieth year of the reign of Wanggeom, the first *dangun*. That is why Wanggeom built Chamseongdan Altar on Mt. Mari in Ganghwa and presided over a celestial rite.

There was a flood in the West a long time before this, during the time of Noah, which lasted for forty days and forty nights. During that flood, humanity was supposedly wiped out except for Noah and his family, including his three sons Ham, Japheth, and Shem.

있었습니다. **노아 홍수 이전에도 인류는 살았고, 노아 홍수가 일어나던 그 순간에도 지구촌에는 인류가 살고 있었습니다.**

우禹의 아버지 곤鯀은 순임금의 신하로서 치수를 담당하는 책임자였는데, 치수에 실패하고 우산에 귀양가서 무참히 죽었습니다. 그리고 우가 아버지 뜻을 계승해서 치수 담당관이 되었는데, 우는 '삼과기문이불입三過其門而不入이라' 자기 집 앞을 세 번 지나면서도 집에 들어가 처자를 보지 않고 오직 치수에만 전념했다고 합니다. 그러던 중에 동방의 본조本朝에서, **단군왕검이 큰아들 부루 태자를 전권대사로 보내 우에게 〈오행치수법五行治水法〉을 전수**하게 하십니다. 마침내 우는 산동성 낭야성琅琊城에서 동방의 구세주를 만나게 됩니다. 바로 그 지역을 가볼까요?

산동성 교남시에 낭야성이 있습니다. 가보면 너무도 잘 해놨습니다. 중국에서 보면 동쪽 바다인데요, 바다쪽으로 솟아있는 낭야산 위에 황해가 환히 내려다 보이는 누대가 있습니다. 이 누대를 낭야대琅琊臺라고 합니다.

처음부터 이곳을 낭야성이라 한 것은 아닙니다. 단군왕검이 치우천황의 후손 치두남蚩頭男을 부단군으로 삼고 번한 왕으로 임명하여 우

부루태자
Crown Prince Buru

진한
Jinhan

Asadal (Harbin)
아사달
(하얼빈)

백두산
Mt. Baekdu

번한
Beonhan

Beijing
북경

마한
Mahan

태산
Mt. Taishan

낭야성
Nangya (Langya)

Shanghai · 상해

However, humanity was not exterminated by that flood. Most were very much alive and well. They were alive and well before that flood, and they were alive and well as that flood was occurring.

The father of King Yu of Xia was actually an official, in the service of King Shun, in charge of controlling the waters. He failed in his duties and was exiled to Yushan, where he died most tragically. Yu succeeded his father as the king's waterworks engineer. It is said that Yu took his duties so seriously that he actually passed by his own house three times during his tenure without stopping even once to see his family.

It was exactly when Yu was trying to get the floods under control that Crown Prince Buru was sent by his father, Wanggeom, as an emissary, and he instructed Yu on the Five Movements Law for Water Control. Yu met the man who would become China's savior from the east, in the town of Lang-ya in present-day Shandong.

The town of Langya is very clean and well-maintained. It overlooks the Yellow Sea, which is called the 'East Sea' in China, and there is a pavilion called 'Langyatai' on top of a hill. Of course, the place was not called 'Langya' at first. It received its name from Nangya ('Langya' in Chinese), one of the princes of Chidunam, a descendant of Chiu who was appointed by Wanggeom as the King of Beonhan.

낭야대琅琊臺(산동성 교남시) Langyatai (Jiaonan, Shandong Province)

낭야대에서 바라본 서해

순의 정치를 감독하게 하셨습니다. 치두남에 이어 그 아들 낭야가 즉위하였습니다. 그가 가한성可汗城이라는 옛 성을 개축하였는데, 낭야가 쌓았다고 해서 낭야성이라 하게 된 것입니다. 이 호칭이 굳어져서, 지금도 중국에 가면 낭야대, 낭야성이라 부릅니다.

낭야성의 주인공이 누구인가? 이것을 밝혀주는 것은 『환단고기』「태백일사」가 유일합니다. 이 얼마나 멋진 이야기입니까!

3) 하나라의 멸망과 상(은)나라 건국

하나라가 멸망하고 다음 왕조 상商나라(은殷나라)가 들어섭니다. 상나라는 5,500년 전의 홍산문화, 옥문화를 그대로 가지고 있는 **동이東夷 계열**입니다. 우리 **단군 계열의 조상들이 직접 상나라, 은나라를 열었던 것**입니다. 갑골문甲骨文도 우리 동방의 문화정신으로 만들어진 것입니다.

13세 흘달단군 때, 성탕成湯을 도와 상나라를 건국하게 한 재상이 있었는데, 그가 바로 중국 역사에서 최초의 요리사로 받들어지는 이윤伊尹입니다. 그 이윤이 누구로부터 가르침을 받고, 탕을 도와 중국의 상나라를 열었을까요?

A view of the West Sea seen from Langyatai.

The town was originally called 'Gahan Fortress,' or 'Khan Fortress,' then Nangya built another town over it, after which it came to be called 'Nangya Castle.' 'Nangya,' or 'Langya' in Chinese, became firmly established as the name of the town, and there are still names like 'Langyatai' ("Langya Pavilion") or 'Langyacheng' ("Langya Castle").

The fact is we know who it was named after. And *Taebaek Ilsa* in *Hwandan Gogi* is the only historical record that shows us what happened. If that is not incredible, I do not know what is.

3) The Fall of Xia and the Rise of the Shang Dynasty (Yin)

After Xia Dynasty fell, it was replaced by the Shang Dynasty. This was a dynasty of the Dongyi people, descended from the Hongshan Civilization and its jade-makers. This means that the Shang Dynasty was a dynasty that was established by the ancestors of Joseon. Even the so-called Oracle Bone Scripts (甲骨文) are the products of our civilization.

Let us backtrack to the time of Heuldal, the thirteenth *dangun*. There was an able minister who helped King Tang establish the Shang Dynasty. The minister's name was 'Yi Yun' ('Yi Yin' 伊尹 in Chinese), and he is also known as the ancestor of cooks in China. Yi Yun, for his part, was able to play an important role in the foundation of Shang because he received valuable instruction from someone.

유 위 자 이 천 생 성 인 영 명 양 일 호 중 국
有寫子, 以天生聖人, 英名洋益乎中國,
이 윤 수 업 어 문 이 위 은 탕 지 현 상
伊尹受業於門, 而爲殷湯之賢相.

유위자는 하늘이 낳은 성인으로 명성이 수도에
까지 흘러들었다.
이윤이 그 제자로 공부해서 은殷 탕 임금의 어진
재상이 되었다.

(공자 10세손 공빈孔斌 저, 『동이열전東夷列傳』)

이윤伊尹
Yi Yin

이윤의 스승님이 유위자有爲子입니다. 유위자는, 환국-배달-조선의
우주광명 홍익인간관을 완성한 〈염표문〉의 제작자요 반포자인 11세
도해단군의 스승님이었습니다. 유위자는 "도지대원道之大源은 출어삼
신出於三神이다."라고 하여, 이 우주 창조의 이법, 도의 근원은 삼신에
서 나온다는 명언을 남긴 분입니다.

하나라 멸망과 은나라 건국에 관한 기록 비교

우선 중국의 기록을 보자. 전한前漢 때 유향劉向(BCE 77~8)이 저술한
『설원說苑』「권모權謀」에는 은殷나라를 연 성탕成湯이 하夏나라의 폭군
걸桀을 정벌하려 하니 재상 이윤伊尹이 간한 내용이 나온다.

탕 욕 벌 걸 이 윤 왈 청 조 핍 공 직 이 관 기 동
湯欲伐傑. 伊尹曰:「請阻乏貢職, 以觀其動.」
걸 노 기 구 이 지 사 이 벌 지
傑怒, 起九夷之師以伐之.
이 윤 왈 미 가 피 상 유 능 기 구 이 지 사 시 죄 재 아 야
伊尹曰:「未可! 彼尚猶能起九夷之師, 是罪在我也.」
탕 내 사 죄 청 복 복 입 공 직
湯乃謝罪請服, 復入貢職.

탕왕湯王이 걸왕桀王을 정벌하려 하였다. 이윤伊尹이 말하기를, "공물
보내는 것을 중단하여 저들의 동정을 관찰하시기를 청합니다." 하였

有寫子, 以天生聖人, 英名洋益乎中國,
伊尹受業於門, 而爲殷湯之賢相.

A sage sent down by heaven, Master Yuwi's reputation preceded him to the capital. Yi Yun learned from him as a pupil and became a wise minister to King Tang. (*Annals of the Dong-yi* by Gong Bin, tenth-generation descendant of Confucius)

Yi Yun actually had a teacher named 'Yuwija,' or 'Master Yuwi.' Master Yuwi also happened to be the teacher of Dohae, the eleventh *dangun* of Joseon, who proclaimed *Yeompyomun*. *Yeompyomun*, which represented the philosophy of cosmic brilliance and Hongik-ingan in its completed form, was a philosophy that transcended the history of Hwanguk, Baedal, and Joseon.

Yet, perhaps the most important philosophy left to us by Master Yuwi is contained in the statement: "The grand origin of the Dao lay with Samsin," meaning that that the Principle of Cosmic Creation, the Dao (道) itself, came not from the heavens, but from Samsin, the Triune God.

Comparison of Records on the Fall of Xia and the Rise of Shang

Let us examine the Chinese records on this. The "Power and Subterfuge" chapter of *Shuoyuan*, written by Liu Xiang during the Former Han Dynasty, includes a record by Yi Yun, as King Tang was getting ready to attack the tyrant Jie, the last King of Xia. This record reads:

湯欲伐傑. 伊尹曰:「請阻乏貢職, 以觀其動.」
桀怒, 起九夷之師以伐之.
伊尹曰:「未可! 彼尚猶能起九夷之師, 是罪在我也.」
湯乃謝罪請服, 復入貢職.

다. 이에 공물을 보내지 않으니 걸왕이 분노하여 구이九夷의 군사를 일으켜 쳐들어왔다. 이윤이 말하기를 "아직은 안 되겠습니다. 저들이 아직 능히 구이의 군사를 움직일 수 있습니다. 그 죄는 우리에게 있습니다."라고 말하니, 이에 탕왕이 사죄하고 복종하기를 청하였다. 공물을 다시 들여보냈다.

명년 우불공공직 걸노 기구이지사 구이지사불기
明年, 又不供貢職. 桀怒, 起九夷之師, 九夷之師不起.
이윤왈 가의 탕내흥사 벌이잔지 천걸남소씨언
伊尹曰:「可矣!」湯乃興師 伐而殘之, 遷桀南巢氏焉.

이듬해에 또 공물을 바치지 아니하니 걸왕이 대노하여 구이九夷의 군사를 일으키려 했으나, 구이의 군사가 일어나지 않았다. 이윤이 말하기를, "이제는 가능합니다."라고 하였다. 탕왕은 이에 군사를 일으켜 걸왕을 정벌하여 멸했다. 걸왕을 남소씨(지금의 안휘성 소현巢縣 동북)로 추방하였다.

이 내용은 하나라 멸망과 은나라 건국에 관한 『단군세기』 13세 흘 달단군 16년 조의 기사 내용을 뒷받침한다. 동방족의 기록을 비교하며 보자.

시세동 은인 벌하 기주걸 청원
是歲冬에 殷人이 伐夏한대 其主桀이 請援이어늘
제이읍차말량 솔구환지사
帝以邑借末良으로 率九桓之師하사
이조전사 탕 견사사죄 내명인환
以助戰事하신대 湯이 遣使謝罪어늘 乃命引還이러시니

이 해(BCE 1767, 갑오) 겨울, 은殷나라 사람이 하夏나라를 치자 하나라 왕 걸桀이 구원을 청하였다. 임금께서 읍차邑借 말량末良에게 구환의 병사를 이끌고 전투를 돕게 하셨다. 이에 탕湯이 사신을 보내 사죄하므로 군사를 되돌리라 명하셨다.

걸 위지 견병차로 욕패금맹
桀이 違之하고 遣兵遮路하야 欲敗禁盟일새
수여은인 벌걸 밀견신지우량
遂與殷人으로 伐桀하시고 密遣臣智于亮하사

As Cheng Tang (成湯 – King Tang) readied to attack King Jie, Yi Yin (Yi Yun) advised him, "Let us cease our tribute to Jie and observe their response." Thus, King Tang stopped sending tribute, and this angered King Jie, who mobilized the army of the Jiuyi (九夷, "Nine Yi" in Korean) and marched against Tang.

Yi Yin (Yi Yun) said, "Affairs are not in our favor yet. They can still call upon the forces of Jiuyi, meaning we are in the wrong." Tang apologized immediately and signalled his intention to submit. The sending of tributes resumed.

明年, 又不供貢職. 桀怒, 起九夷之師, 九夷之師不起.
伊尹曰:「可矣!」湯乃興師 伐而殘之, 遷桀南巢氏焉.

Tang once again ceased paying tribute the following year. The angry King Jie again summoned the armies of Jiuyi, but this time, they did not come, whereupon Yi Yin advised Tang that the time was now right. King Tang raised an army, then attacked and defeated King Jie. King Jie was then exiled to Nanchao (present-day Chaoxia in Anhui Province).

This passage actually supports *Dangun Segi*—specifically, the record from the sixteenth year of the reign of Heuldal, the thirteenth *dangun* of Joseon. Let us check how our records describe the exact same event.

是歲冬에 殷人이 伐夏한대 其主桀이 請援이어늘
帝以邑借末良으로 率九桓之師하사
以助戰事하신대 湯이 遣使謝罪어늘 乃命引還이러시니

In the winter of Year Gabo (BCE 1767), men of Shang attacked Xia. King Jie of Xia then requested our aid, whereupon the *dangun* dispatched the armies of the Nine Realms (九桓) under the command of Baron (邑借) Mallyang to aid Jie in battle. Tang then sent an emissary to atone for his crimes, whereupon the *dangun* ordered the army to turn back.

솔 견 군　　　　합 여 낙 랑
率_畎軍하시고 合與樂浪하사

진 거 관 중 빈 기 지 지 이 거 지　　　　설 관 제
進據關中邠岐之地而居之하시고 設官制하시니라.

이때 걸이 약속을 어기고 군사를 보내어 길을 막고 맹약을 깨뜨리려 하였다. 그리하여 임금께서 마침내 은나라 사람과 함께 걸을 치는 한편, 은밀히 신지臣智 우량于亮을 보내어 견군畎軍을 이끌고 낙랑樂浪 군사와 합세하여 관중의 빈邠·기岐 땅을 점령하여 주둔시키고 관제官制를 설치하셨다. (『단군세기』)

이상의 『설원說苑』과 『단군세기』의 기록을 비교해 볼 때 하·은 교체기에 성탕이 포악무도한 걸왕을 내쫓고 은 왕조를 세울 수 있었던 것은 두 나라 간의 패권 싸움에서 성패成敗의 관건을 쥐고 있던 구이九夷, 곧 단군조선의 강한 영향력 때문이라는 사실을 명백히 알 수 있다.

4) 중국 역사 문화를 주도한 동이족

이렇게 역대 중국의 역사 문화를 주도한 것은 배달 단군조의 동이족입니다. 황제헌원 다음에 **소호, 전욱, 제곡, 그 다음에 요임금, 순임금**, 그 후로 **하은주의 제왕**들이 다 동이족 출신입니다.

황제 헌원	소호금천	전욱고양	제곡고신	당 요堯
Huangdi Xuanyuan (Yellow Emperor)	Shaohao Jintian (Korean: 'Soho Geumchon')	Zhuanshu Gaoyang (Korean: 'Jeonuk Goyang')	Diku Gaoxin (Korean: 'Jegok Gosin')	Yao of Tang

桀이 違之하고 遣兵遮路하야 欲敗禁盟일새 遂與殷人으로 伐桀하
시고 密遣臣智于亮하사 率畎軍하시고 合與樂浪하사
進據關中邠岐之地而居之하시고 設官制하시니라.

This is when Jie suddenly broke his word and sent his troops to block the way of our forces, in direct violation of the alliance. The *dangun* then decided to attack King Jie with the men of Shang. Also, he secretly ordered Lord (臣智) Uryang to lead the Gyun Army (畎軍) and join with the Nangnang (樂浪) Army to occupy Bin (邠) and Gi (기岐, Ji) in Guanzhong. The area was occupied and government offices were established. (*Dangun Segi*)

Both records indicate the strong presence of Joseon in East Asia, who played a definite role in the fall of Xia, resulting in the founding of Shang.

4) The Dongyi Create Chinese Civilization

As I have just said, it was our Dongyi ancestors from Baedal and Joseon who initiated and dominated Chinese history and culture. The Dongyi heritage in Chinese history includes such founding figures as the Yellow Emperor, Soho (少, Shaohao), Jeonuk (顓頊, Zhuanxu), and Jegok (帝嚳, Diku), plus King Yao, King Shun, and all the kings of Xia and Shang and Zhou. Last but not least,

우 순舜	하 우禹	상(은) 탕湯	주 문왕	주 무왕
Shun of Yu	Yu of Xia	Tang of Shang	Wen of Zhou	Wu of Zhou

동이족 출신의 중국 제왕
Chinese Kings of Dongyi (東夷) Origin

　그뿐만 아니라 **유가의 공자**도 원래 동이족인 송宋 미자微子의 후손입니다. **맹자, 노자**도 마찬가지입니다. **'노자는 태호복희의 풍씨족 후손'**이라는 기록*이 유일하게 『환단고기』에 나옵니다.

　담자郯子는 공자의 스승 가운데 한 사람입니다. 공자가 27세 때 담자를 찾아가는데, 그때 '동방에서는 새[鳥]로써 관작제도를 만든다'라고, 관제에 대해 직접 배웁니다. 대부분의 중국 학자들은 **중국 역대 왕조의 제왕들, 성인들과 뛰어난 역사 인물들은 동이지인東夷之人이다**라고 역사를 기록했습니다.

　'동이東夷'가 무엇입니까? '동방의 큰 활 쏘는 사람'이라는 말입니다. '이夷'는 '큰 활'입니다. 또 '이'는 '뿌리, 근원'**입니다. **동방 문화 역사의 근원, 뿌리가 동이족**이라는 것입니다. 이것이 그들의 역사 뿌리에 대한 실제적인 고백입니다.

　동이 역사에서 가장 놀라운 분이 바로 36국의 조공을 받은, 산동성 왼쪽 그 아래에 있던 서이西夷의 서언왕徐偃王입니다.

　23세 아홀단군이 회대淮岱, 즉 회수와 태산 지역을 평정하고 영고씨盈古氏를 서徐 땅에 임명해서 서국徐國이라는 나라가 세워졌습니다.

　　조 자 삼 십 유 육 국
朝者三十有六國。 (『후한서』「동이열전」)

----

* 癸未에 魯人孔丘가 適周하야 問禮於老子李耳하니 耳父의 姓은 韓이오 名은 乾이니 其先은 風人이라. (『환단고기』「태백일사」)
** 東方曰夷, 夷者也. (『후한서』)

담자郯子. 공자에게 동이족의 관작제도를 전수한 스승
"위조사이조명爲鳥師而鳥名. 새로써 백관百官 사장師長의 이름을 붙였다."(『춘추좌씨전』)

A statue of Tanzi, the mentor of Confucius who taught the latter the bureaucratic system of Joseon, which used the names of birds as titles of officials.

Confucius himself was Dongyi, being the descendant of Mija (微子, Weizi) of Song, who was also Dongyi.

The same goes for Mencius and Laozi. Again, *Hwandan Gogi* is the only book that reveals Laozi's origins. It is stated clearly that Laozi, who was the founder of Daoism, was the descendant of the Feng clan of Bok-hui (Fuxi).*

There was also Tanzi (郯子), who was one of Confucius's teachers. Confucius went to Tanzi when Confucius was twenty-seven to learn from him. He learned from Tanzi that in the east, names of birds are used in creating the titles of the bureaucratic system.

Many Chinese scholars have produced records saying that the founders and kings of the Chinese dynasties, along with the sages and heroes from Chinese history, were all of Dongyi origin.

So what does 'Dongyi' exactly mean? It translates as "Great Archers of the East." The character *yi* (夷) means "Great Bow." It also contains the meaning "root" or "origin." This signifies that the origin of the Eastern civilization lay with the Dongyi people. This is an admission, on the part of the Chinese, as to their actual historical roots.

If I had to pick the most fascinating figure in the history of the Dongyi people, I would have to say it is King Seo-eon of the Seo Kingdom. His story began when Ahol, the twenty-third *dangun* of Joseon, conquered the area between Mt. Tai and the Huai River, established the Seo Kingdom, and assigned Yeonggo as the king of this kingdom.

According to the "Annals of Dongyi" section of *The Book of Later Han*, King Seo-eon (?–BCE 985) was the thirty-second King of the Seo Kingdom, to which thirty-six kingdoms paid tribute.

---

* "In 518 BCE, Confucius (551 BCE–479 BCE), a man of the Lu state, traveled to Zhou to ask Laozi Yi Yi about propriety. The family name of Yi's father was 'Han,' and his given name was 'Geon.' His ancestry extended back to the Pungyi people." (*Taebaek Ilsa*)

보통 우리가 동이구족東夷九族이라 하는데 환국 때 구환족九桓族이 있었고, 배달 시대에는 구황족九皇族, 단군조선 때는 동방 구이족九夷族이 있었습니다.

동이족이 아홉 갈래, 구이九夷가 있었습니다. 그 가운데 서이西夷의 **서언왕**은 아주 강력한 제왕으로, **천지 광명문화의 근본을 통한 왕**이 었습니다. 이분이 단군의 허락을 받지 않고 단독으로 주나라를 공격하자, 주나라 목왕穆王이 천리마를 몰아 **'단군의 증표'**를 가지고 와서 구이九夷의 제후들을 설득합니다. 그러자 제후들이 그 증표를 보고 깜짝 놀라서 주나라 편을 들어버렸습니다.

그때 목왕이 서언왕의 목을 단숨에 베어 버렸는데, 역사가들이 '목왕은 진정한 군자가 아니다'라는 평을 했다는 이야기가 지금도 전해 오고 있습니다.

The twenty-third *dangun*, Ahol, conquered the area between Mt. Taishan and Huaishou and appointed Lord Yeonggo to be its king. A kingdom of Seoyi, the Seo Kingdom, was thus established.

When speaking of the Dongyi, we usually say that there were nine divisions, and they were referred to as the 'Guhwan,' or the "People of the Nine Realms," in Hwanguk. In Baedal, they were called the 'Guhwang,' or the "Nine Imperial Tribes." During Joseon, they came to be called the 'Guyi,' or the "Nine Yi." The word *guyi* simply means that there were nine branches of the Dongyi.

The Seo Kingdom, ruled by King Seo-eon, was also known by the name 'Seoyi,' and it was one of the Nine Yi. A very powerful king by all accounts, King Seo-eon based his rule upon the culture of Cosmic Brilliance that he inherited.

However, he made war on the Zhou without the permission of the *dangun*. King Mu of Zhou rode to the battlefield on a fast horse and produced a sign, a symbol representing the *dangun*. All of King Seo-eon's vassals, who were Guyi, were surprised and turned against King Seo-eon. King Mu of Zhou then quickly cut off King Seo-eon's head. This incident was not well received by later chroniclers, who said King Mu's actions were very unbecoming of a learned gentleman.

서언왕徐偃王(?~BCE 985): 36국의 조공을 받은 서국徐國 제32세 왕
King Seo-eon made war on Zhou without the permission of the *dangun*.

단군조의 천명을 받듦으로써만 역사의 종통권, 정당성을 가질 수 있었다는 것을 중국 왕조의 개창사를 통해서, 또는 큰 사건의 결말을 통해서 알 수 있습니다.

King Mu of Zhou persuaded the vassals of the Nine Yi by producing a symbol representing the *dangun's* authority.

The founding histories of Chinese dynasties and significant events in Chinese history all show us one thing: that Joseon was the source of legitimacy and that the kings of China could only become legitimate by submitting to the mandate provided by the *danguns*.

5

단군조선의 망국과 북부여의 탄생

환국, 배달을 이은 단군조선을 계승한 나라가 북부여北扶餘**입니다.**
단군조는 삼한 전체 즉 삼조선이 한날 한시 동시에 망한 것이 아닙니
다.

『환단고기』를 보면 단군왕검이 나라를 연 이후 21세 소태단군까지
제1왕조, 22세 색불루단군부터 43세 물리단군까지가 제2왕조, 44세
구물단군부터 마지막 47세 고열가단군까지가 제3왕조였음을 알 수
있습니다. 또 수도는 어디이고, 단군들은 누구누구이며, 그들의 업적
은 무엇인지, 중국과 일본, 그리고 북쪽의 유목민족과 어떤 교류가
있었는지 다 나와 있습니다.

그리고 47세 고열가단군이 단군조선의 마지막 왕검이고, 서쪽 날
개 번조선은 75세 기준(준왕) 때 위만에게 망했다는 기록이 있습니다.
이 삼조선이 각기 문 닫은 시기가 다릅니다.

본조인 진조선에서는 고열가단군이 나라를 내놓았고, 그 44년 뒤
번조선 왕 기준이 위만에 의해 왕검성에서 쫓겨나면서 번조선이 멸망
했습니다.

The Fall of Joseon and the Rise of North Buyeo

The dynasty that succeeded Joseon, along with Baedal and Hwanguk, was North Buyeo. The fall of Joseon did involve all three parts of Joseon collapsing at the same time.

In *Hwandan Gogi*, it is said that after Wanggeom founded Joseon, the first dynasty lasted until Sotae, the twenty-first *dangun*. Then came the second dynasty from the twenty-second *dangun*, Saekbulu, to Mulli, the forty-third *dangun*. The third and final dynasty lasted from the reign of the forty-fourth *dangun*, Gumul, to the forty-seventh *dangun*, Goyeolga. The details of these dynasties—such as their capitals' locations, the names of the ruling *danguns*, the *danguns'* accomplishments, and the dynasties' interaction with tribes in China, Japan, and the nomadic world—are all well-documented. *Hwandan Gogi* also records the end of Joseon with Goyeolga, the forty-seventh and last *dangun*, along with the end of Beon-Joseon, the left wing of Joseon, when King Gi Jun was overthrown by Wiman.

This shows us that the each of the three parts of Joseon fell at different times. The main dynasty, Jin-Joseon, ended when Dangun Goyeolga renounced his throne. Beon-Joseon fell forty-four years later when Gi Jun was driven from his capital of Wanggeom City by Wiman.

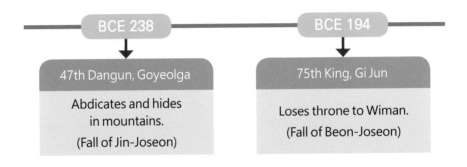

단군조선 말기 정세

BCE 296	46세 보을단군	내란 발발, 보위 찬탈
BCE 295	장군 고열가	반란 진압, 47세 단군 즉위
BCE 238	6년 공화정 실시	

한편, 위만이 번조선으로 들어오던 해에, 번조선 지역 낙랑산의 최 숭이라는 대부호가 재산을 다 털어서 평양 쪽에 와서 낙랑국을 세웠 습니다. 후일 낙랑 공주 이야기는 이 최씨낙랑국 때의 전설입니다.

낙랑국樂浪國과 낙랑군樂浪郡은 다르다!

번조선이 멸망할 때 대부호 최숭崔崇이
지금의 평양에 와서 낙랑국을 세움(BCE 195)

전체적으로 보면 46세 보을단군 때 내란이 발생해서 보위를 찬탈 당하고, 그 다음에 장군 고열가가 47세 단군 제위에 올랐다가 물러 나면서 6년 공화정을 거치게 됩니다. 그 과정에서 서압록의 고리국 출신 <u>해모수</u>가 일어나서 단군 조선조를 계승하여 대부여의 북쪽 지 역에 나라를 세웁니다. 그 위치가 북쪽이라 대大 자를 북北 자로 바꾸

It was the Kingdom of Nangnang, not the Lelang Commandery, that was in present-day Pyongyang.

Beijing
북경

Kingdom of Nangnang
Pyongyang

낙랑군
Lelang Commandery

낙랑국
평양

낙랑국과 낙랑군을 구분 못하고
'평양 부근에 낙랑군이 있었다'고 허위 주장!

Political Situation at the End of Joseon

BCE 296	46th *dangun* - Boeul	Civil War, throne usurped.
BCE 295	General Goyeolga	Rebellion crushed, takes throne as 47th *dangun*.
BCE 238	Six years of rule by council.	

While Wiman was invading Beon-Joseon, a certain rich man from Beon-Joseon named 'Choe Sung' gathered his assets and came to the present Pyongyang area. He established a kingdom called 'Nangnang' (Lelang). This is the same Nangnang that appears in the legend of a princess of Nangnang and a Goguryeo prince. But later historians actually confused this Nangnang with a commandery set up by the Han Dynasty of China.

The Kingdom of Nangnang was not the Lelang Commandery.
The Kingdom of Nangnang was founded by Choe Sung in 195 BCE.

Let us backtrack a little bit. A coup d'etat led to civil war during the reign of the forty-sixth *dangun*, Boeul. The throne was lost until it was restored by Goyeolga, the forty-seventh *dangun*. He gave up the throne, and the entirety of Joseon was ruled by council for six years thereafter. That is when a warrior from Gori, in the region of West Amnok, established a new dynasty north of

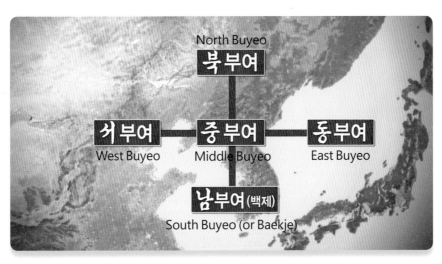

어서 북부여라 하였습니다. **대부여가 북부여가 된 것**입니다.

초대 단군왕검께는 네 아드님이 계셨는데, 막내아들의 이름이 '부여'였습니다. 왕검께서 막내아들 부여를 하얼빈 서남쪽에 **부여후**夫餘侯로 임명하시니, **부여 역사의 근원**이 바로 여기에 있습니다.

부여라는 말은, '밝다'는 뜻으로 광명을 상징합니다. 부여 역사 전체를 보면, **부여가 일곱 개** 정도 있습니다. 먼저 **대부여**가 있었고, 그다음 **북부여**가 일어났습니다. 그 후 한나라 무제가 쳐들어올 때 북부여의 4세 고우루高于婁단군이 동생 해부루解夫婁에게 보위를 전했는데, 그 동생이 왕좌에 제대로 앉아보지도 못하고 고두막한高豆莫汗에게 쫓겨납니다. 해부루는 가섭원迦葉原이라는 땅에 이주해서 **가섭원부여**를 세웁니다. 이를 동쪽에 있다고 해서 **동부여**라고도 했습니다.

북부여 때, 한 무제는 동북아를 완전히 경략하여 아시아 최초의 대천자가 되려 했습니다. 그때 갑자기 동명왕東明王이라는 인물이 뛰쳐나옵니다. 지금은 그 동명왕을 고주몽으로 다 왜곡하고 있는데, 사실동명왕은 고두막한의 별칭입니다. 동명왕 고두막한이 한 무제를 꺾어버리고 나중에 북부여 5세 단군이 됩니다.

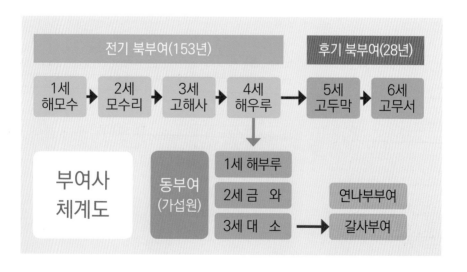

Daebuyeo. His name was 'Haemosu,' and since he had founded a kingdom to the north, the 'Dae' in 'Daebuyeo' was replaced with 'Buk,' meaning "North." This is how Bukbuyeo, or 'North Buyeo,' came about, replacing Daebuyeo.

The first *dangun*, Wanggeom, had four sons, and the name of his fourth and last son happened to be 'Buyeo.' Dangun Wanggeom made his fourth son, Lord Buyeo, a vassal in an area southwest of present-day Harbin. That is where the history of Buyeo began. The word *buyeo* means "glorious" or "bright," and there were seven different Buyeos throughout history. First, there was Daebuyeo, or "Great Buyeo"; then Bukbuyeo, or "North Buyeo", came after. Later, at approximately the same time as the invasion by Wudi of the Han Dynasty, the fourth *dangun* of North Buyeo, Gouru, tried to yield the throne to his younger brother, Haeburu. But Haeburu never had the opportunity to rule since he was driven out by Godumak. Haeburu was forced to relocate to a place called 'Gaseopwon,' and his country became 'Gaseopwon-buyeo.' It was also called 'Dongbuyeo,' or "East Buyeo," because it was located in the east.

Again, at this time, King Wudi of Han wanted to conquer all of Northeast Asia and become the region's sole emperor—the only Son of Heaven. This is when a figure named 'King Dongmyeong' suddenly emerged. Although present academia would have you believe this King Dongmyeong to be Jumong, King Dongmyeong was actually Godumak. Godumak went

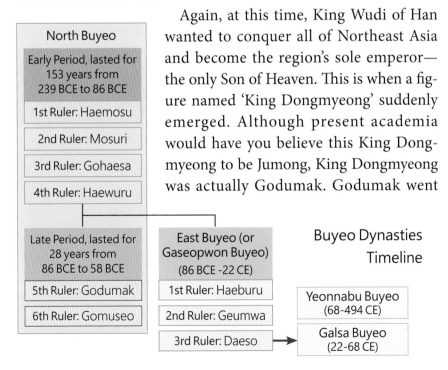

동부여 해부루단군의 아들이 금와金蛙이고 손자가 대소帶素입니다. 3세 대소 왕이 고구려 장군 괴유한테 목이 떨어지면서 동부여가 멸망했습니다. 동부여 대소 왕의 동생(갈사)과 종제가 각각 부여를 세웠는데, 그것이 **갈사부여**와 **연나부부여**입니다.

동부여가 망하자 대소 왕의 종제가 유민과 함께 서쪽으로 가서 지금의 북경北京 위쪽 정주正州라는 곳에서 자리를 잡는데, 이 나라가 바로 연나부부여 또는 **서부여**입니다. 그 연나부부여의 마지막 왕인 7세 의라依羅와 그 아들 의려依慮에 대한 기록이 『환단고기』에 나옵니다. 의라왕이 일본에 갔다는 기록도 있고, 아들 의려가 백제를 거쳐 일본에 가서 응신왕應神王이 됐다는 기록도 있습니다.

『환단고기』에는 놀랍게도 이렇게 부여사의 총체적인 그림이 그려져 있습니다. 부여를 전체적으로 보면 **대부여**, **북부여**, **동부여**(가섭원부여), **갈사부여**, **서부여**(연나부부여)가 있었습니다. 그리고 후대에 내려와 백제 26세 성왕聖王이 도읍을 공주에서 부여로 옮기면서 나라 이름을 **남부여**라 합니다. 그래서 북부여, 동부여, 서부여, 남부여가 다 있는 것입니다. 그리고 부여사에서 '부여의 중심'이라는 개념으로 '**중부여**'라는 용어도 쓰고 있습니다.

onward to defeat the Han army of Wudi and took the throne as the fifth *dangun* of North Buyeo.

Haeburu, who belonged to the original line of North Buyeo, moved to Gaseopwon and founded East Buyeo instead. The son of Haeburu is the famed Geumwa, who then had a son named 'Daeso.' Daeso would become the third King of East Buyeo, but would lose his life to a general of Goguryeo named 'Goi-yu.' East Buyeo collapsed after the death of Daeso.

After Daeso's passing, his younger brother Galsa and a younger cousin both established their own kingdoms, Galsa Buyeo and Yeonnabu Buyeo respectively. Yeonnabu Buyeo then moved territories to a place called 'Dingzhou' (正州). *Hwandan Gogi* contains a passage revealing what happened to Yeonnabu Buyeo's last king, Uira, and his son, Prince Uiryeo. Some records state that it was King Uira who went to Japan and became King Eungsin (應神, Ojin), while others say it was Prince Uiryeo who passed through Baekje on his way to Japan and became King Eungsin.

Anyhow, it is important that *Hwandan Gogi* contains the overall picture of the history of Buyeo, which consists of the histories of North Buyeo, East Buyeo, and West Buyeo (Yeonnabu-buyeo). In addition, when King Seong, the twenty-sixth ruler of Baekje, moved the capital of Baekje from Gongju to Buyeo, he renamed his kingdom 'Nambuyeo,' or "South Buyeo." So we have Buyeos in all the cardinal directions—east, west, north, and south. Also, there existed 'Jung-buyeo,' which is a term meaning "Center of Buyeo."

제3장
천상의 문이 다시 열리다

1

동북아의 신교 삼신 제천문화

역사의 성지 참성단이 있는 이곳 강화도!

우주광명 문화의 푯대를 꽂은 시조 단군왕검이 직접 참성단斬城壇을 만드시고 천제를 지내신 곳입니다. 우주의 하나님, 우리 애국가에 있는 그 하나님이 본래 삼신상제님입니다. 본론 세 번째의 주제는 '천상의 문이 다시 열리다'입니다.

강화도 마리산 참성단은 왜 중요한가? 이것이 인류 깨달음의 문화사에서 왜 그토록 중요한가?

참성단의 제단을 올라가서 보면, **천원지방**天圓地方 구조입니다. 천원지방이란 '**하늘은 둥글고, 어머니 땅은 방정하다, 반듯하다**'는 뜻으로, **천지부모 사상**을 가르쳐 주고 있습니다.

'**천원**天圓'은 하늘 아버지의 마음, 그 생명의 본성과 신성神性을 말합니다. **하늘의 광명은 모든 것을 감싸 안는다, 원만하다는 것**입니다.

Part III

The Gates of Heaven Thrown Open Again

Celestial Rites of Joseon

I speak today in Ganghwa, which is sacred ground in Korean history.

This is where our hallowed founder, Dangun Wanggeom, who raised the banner of the Culture of Cosmic Brilliance, erected Chamseong-dan Altar and presided over celestial rites—rites to the Universal God, the Hananim, the 'Hananim' in our national anthem. We know this Hananim to be Samsin Sangjenim.

This was the event cited in the title for Part Three of this lecture: "The Gates of Heaven Thrown Open Again."

What makes Chamseong-dan Altar so significant? Why is it so important in the history of human enlightenment? If you have a chance to climb atop it, you will notice that the altar has a *cheon-won-jibang* structure, which means it has a round top and square bottom. This symbolizes the roundness of father heaven and the straightness of mother earth.

To learn about the *cheonwon jibang* is to also learn the idea of *cheonji bumo* (天地父母), or "heaven and earth, the divine parents."

Cheonwon (天圓), or "round sky," describes the heart of a father, the paternal essence and divineness of his life force.

11세 도해단군께서 창제하신 〈염표문念標文〉은 "**하늘은 아득하고 고요함으로 광대하니 그 도는 두루 미치어 원만하고, 그 하는 일은 참됨으로 만물을 하나 되게 함이니라**(天以玄默爲大 其道也普圓 其事也 眞一)"라는 구절로 시작합니다. 이것은 하늘 아버지의 마음, 하늘 아버지의 무궁한 생명의 신성을 정의하시는 말씀입니다. 세계 곳곳에는 **하늘 아버지의 마음을 상징하는 원 문양**을 새겨 놓은 암각화가 많이 있습니다. 우리는 인류의 창세 역사 시기의 사람들이 바위에다 새겨 놓은 원의 모습을 보면서 '그들은 이 원을 그리면서 어떤 생각을 했을까?' 하고 생각을 하게 됩니다.

문화의 상징성에서 또 중요한 것은 **사각형**입니다. 예를 들어 보면, 5천 년 전에 수메르 문명인들이 쌓은 거대한 피라미드의 원형이 있습니다. 흔히 알고 있는 지구라트인데요, 기단이 사각형으로 되어 있고 맨 위에 신전이 있습니다. 구조물 전부를 사각형 벽돌로 쌓아 만들었습니다. 그들이 사각형을 선택한 이유는 무엇일까요? 제가 세계 석학들이 정리해 놓은 자료를 며칠 전에 쭉 더듬어보니, '사각형은 반듯하다, 안정돼 있다'는 것입니다. **사각형은 하늘의 도道를 본받아 만물을 길러 하나 되게 하는 어머니 땅의 생명의 신성, 본성을 상징**합니다.

스위스 Switzerland · 이탈리아 Italy · 대한민국 Korea

세계 곳곳의 동심원 암각화
Concentric circle petroglyphs from around the world.

It also signifies that cosmic brilliance is all-embracing and harmonious. Cosmic brilliance is the fundamental aspect of universal truth, what we call *wonsang* (原象), or the "essential form." Again, this is a term that represents the heart of the heavenly father, the holiness of the life force of the heavenly father, and the infinite essence of the father's cosmic life energy.

This takes us back to the earliest history of humanity, which makes us contemplate the circles that those ancients carved into stones and ask ourselves, "What were the ancients thinking about when they created those circles?"

The square, for its part, also has great cultural significance. One such example was built by the Sumerians five thousand years ago, and it can be considered the original inspiration for all pyramids. Called a 'ziggurat,' it was a huge square built entirely of brick with a temple on top.

So why did the original builders choose the shape of a square? I examined the literature written by eminent scholars on the topic for days, and they all agreed that the builders chose that shape because the square represents a straight and stable form. This means that a square represents the divinity and essence of the earthly, maternal energy.

피라미드의 원형 지구라트 Ziggurat. The original form of all pyramidal structures.

천원지방에 담겨 있는 하늘땅 천지부모를 섬기는 문화는 환국, 배달의 천지 우주광명 문화의 제천의식과 관련이 있습니다. 곧 천지를 나 자신과 모든 생명의 근원으로, 만물 생명의 큰 부모님으로 모시는 진정한 깨달음의 문화 역사 정신입니다.

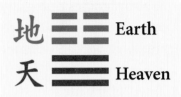

지천태地天泰
The Jicheontae
("Earth-Heaven Pervading")
Hexagram.

그리고 제천단의 양식을 아래는 둥글게 하고 그 위에 제단은 방정하게 한 것은, **아버지 생명성을 아래에 깔고, 어머니 생명의 근본정신을 제단으로 해서 위에 모신다**는 의미입니다. 이 정신을 담은 것이 주역의 열한 번째 괘인 **지천태地天泰 괘**라 할 수 있습니다. 즉 '**어머니의 생명성이 더 높이 받들어질 때 영원한 생명의 경계, 우주의 평화가 열린다**'는 것입니다. 바로 이것이 **근대 역사의 출발점, 동학東學의 정신**입니다.

> 천원(天圓) : 아버지 하늘의 생명성을 상징
> 지방(地方) : 어머니 땅의 생명성을 상징

'**천원지방**'은 인간 세상의 평화, 나아가서 온 우주만물이 조화 경계에서 사는 진정한 우주 평화의 정신을 상징합니다. 바로 **후천개벽의 영원한 평화 정신이 오직 이 지구, 동방 한반도의 강화도 마리산 제천단에 담겨 있습니다**. 지천태의 모습으로 굳건히 하늘과 땅과 하나 될 것을 소망하는 국조 단군왕검님의 숨결이 오늘 이 순간 우리들에게도 느껴집니다.

하늘, 땅, 인간은 살아있는 삼신입니다! 무형인 삼신의 자기현현 self-manifestation입니다. '야, 내가 신이다' 하며 신이 나타난 것입니다.

The concept of 'round sky and square earth' has its origin in Hwanguk and Baedal, where they conducted national rites as a way to worship heaven and earth as the divine parents. They believed that from the divine parents came all life and that everything was imbued with the parents' indispensable life force.

The shape of the grounds is circular, but the altar itself is a square; this means that the life force of the father forms the foundation underneath, while the true essence of maternal life energy is transformed into an altar and placed on top.

In the *I Ching*, or the *Book of Changes*, this configuration is known as the *jicheontae* (地天泰, *ditiantai*, "earth-heaven pervading"). The hexagram for *jicheontae* carries the meaning: "The boundaries of eternal life shall be thrown wide open when the maternal life-force is given the utmost respect." This hexagram signifies the cosmic spirit of eternal peace. This is the very spirit that drove the Donghak Movement, "Eastern Learning," which happens to mark the start of Korea's modern history.

Cheonwon (Round Sky)	Symbol of Paternal Energy
Jibang (Square Earth)	Symbol of Maternal Energy

Cheonwon jibang, therefore, represents the eternal change to our world after the Later Heaven Gaebyeok,* the state of true cosmic peace wherein every being in the universe lives within the boundaries of harmony. This spirit of eternal peace that will arrive with the Later Heaven Gaebyeok is manifested in the altar atop Mt. Mari on Ganghwa Island and dwells within the very land in which we live, the Korean Peninsula. We can almost feel and see the hopes of Dangun Wanggeom for the unity of earth and heaven, which was actualized in an altar in the form of Earth-Heaven Pervading.

Heaven, earth, and humanity are the living Samsin.

They are the once-formless Samsin self-manifesting. This God (Heaven) said, "I am God" and then appeared from nothingness.

---

* **Later Heaven Gaebyeok**. The epochal transition from the era of the Early Heaven to that of the Later Heaven, the two halves of the cosmic year (129,600 calendar years).

　　서양 기독교는 그렇게 안 되어 있습니다. 조물주 하나님 야훼가 '빛이 있으라' 하매, '하늘이 있으라' 하매, '땅이 있으라' 하매, '인간이 있으라' 하매 생겨난 것입니다. 피조물입니다. 천지도 인간도 다 피조물이라는 말입니다.

　　동방에는 태고로부터 이러한 이원론적 사고를 한 사람이 없습니다. 어떠한 성자도, 어떠한 철인도, 어떠한 지혜로운 자도 '신의 피조물로서 하늘, 땅, 인간 만물이 태어났다'는 생각을 하지 않았다는 것입니다. 그러나 서양의 유목문화, 사막문화에서는 이원론적 사고를 할 수밖에 없는 생존 환경을 안고 살아갑니다.

　　환국 때부터 제천문화 풍속이 있었습니다. 『환단고기』「환국본기」에는 **'석석昔에 유환인有桓仁하시니', 옛날에 환인이 계셨는데 '주제천신主祭天神', 천신, 바로 하나님께 드리는 제사를 주관하셨다**고 했습니다.

　　그 다음에 배달의 기록을 보면, **동방 땅에 오신 시조 커발환 환웅님이 3.7일을 택하셔서 '교인제천敎人祭天'*, 백성들에게 제천예식을 가르쳤다**고 했습니다. 또 **'전도佺道, 전의 도로써 계율을 닦고, 그 계율을 지켜서 우주광명 인간인 전인佺人이 되는 삶을 살기 위해서 제천의 예식을 가르쳤다'****고 했습니다.

　　단군조에 오면, 시조 **단군왕검**이 재위 원년에 **단목터에서 친히 천제를 올리셨고*****, 16세 위나단군 때는 구환족의 모든 왕을 영고탑에 모이게 하여 삼신상제님께 제를 올렸습니다. ****

----

* 桓雄氏繼興하사... 擇三七日하사 祭天神하시니 (『삼성기』 상)
** 神市氏는 以佺修戒하사 敎人祭天하시니... (『신시본기』)
*** 至開天一千五百六十午年上月三日하야 有神人王儉者가 ... 率徒八百하시고 御于檀木之墟하사... 奉祭于三神하시니 (『단군세기』)
**** 會九桓諸汗于寧古塔하사 祭三神上帝하실새 (『단군세기』)

However, you all know that Western Christianity believes otherwise. In Western Christianity, Yahweh the Creator made a series of declarations: "Let there be light";"Let the vault be sky"; "Let dry ground appear";"Let there be man." These are all God's creations. Heaven and earth are things that were created.

We cannot find this kind of dichotomous, black-and-white thinking anywhere in the East. There is no sage, philosopher, or so-called wise man in the East who thought of heaven, earth, and humanity as creations of a divine being. It seems that the emphasis on survival in the nomadic desert environment forced the Westerners to think in black-and-white terms.

This nation has been holding celestial rites since the time of Hwanguk. *The Chronicle of Hwanguk* (桓國本記, *Hwanguk Bongi*) in *Hwandan Gogi* states, "Hwanin lived long ago. He descended to Mt. Cheonsan, where he dwelled and presided over offering rituals to the Supreme Being in Heaven," meaning that he was the priest who conducted rituals to the God of Heaven. *The Chronicle of Sinsi*, which immediately follows *Hwanguk Bongi* in *Hwandan Gogi*, says that Geobalhwan, the first *hwanung*, chose three times seven (twenty-one) as the number of days that he would provide instruction to the people regarding rituals to the heavens.

The people were instructed in celestial rites so that they would discipline themselves in accordance with the dao of *jeon*, of perfection. Following these teachings would mean that people would become complete beings—immortals of cosmic brilliance. During Joseon, the first Dangun Wanggeom began his dynasty by conducting a celestial rite beside the great birch tree.* The sixteenth *dangun*, Wina, summoned all the kings and lords of Guhwan (the "Nine Realms") to Yeonggotap, where he held a rite to heaven.**

---

* "On the third day of the tenth month, 1,565 years after the establishment of Baedal (2333 BCE), the divine ruler Dangun Wanggeom, ruler of the Five Ministers, led a group of eight hundred people to a place thick with birch trees; and with these people, he conducted an offering ritual to Samsin Sangjenim." (*Dangun Segi*)

** "In the twenty-eighth year of his rule (1583 BCE), the *dangun* summoned every vassal king of the nine Hwan clans to Yeonggotap and held an offering ritual to Samsin Sangjenim." (*Dangun Segi*)

고구려 광개토대왕도 말을 타고 이곳 마리산에 오셔서, **참성단에 올라 친히 삼신상제님께 천제를 올렸다, 친제삼신親祭三神**하셨다는 기록이 「고구려국본기」에 나와 있습니다.*

중국 산동성에 있는 태산泰山에 올라가서 보면, 산 정상에 삼신상제님을 모신 옥황전玉皇殿이 있습니다. 금으로 옷을 해 드리고, 아래 방석에도 황금색을 놓았습니다. 제가 예전에 거기서 무릎을 꿇고 한 번 절을 한 적이 있습니다. 9천 년 역사 동안에 삼신상제님, 조화주 하나님을 모신 제천 풍속이 공자의 유교와 노자·장자의 도교에 지금도 전해 내려오고 있습니다.

중국은 우주의 신을 **천주天主, 지주地主, 병주兵主, 양주陽主, 음주陰主, 월주月主, 일주日主, 사시주四時主**의 여덟 범주로 나누었습니다. 이것을 팔신八神이라고 합니다. **팔신제八神祭**는 사마천의 『사기』에 그 내용이 나와 있는데, 이것은 본래 어디에서 나온 것인가 하면 바로 **옛 참성단의 제천 풍속에서 유래**했습니다. 『태백일사』「신시본기」

----
* 巡騎至摩利山하사 登塹城壇하사 親祭三神하실새
(『고구려국본기』)

중국 산동성 태산 정상의
옥황전玉皇殿
Yuhuangdian on
Mt. Taishan

Records also say that Gwanggaeto, the great conqueror, rode to Ganghwa and climbed Mt. Mari to the site of Chamseong-dan Altar and held rites to Samsin Sangjenim.

On top of Mt. Tai in Shandong, China, is Yuhuangdian ("Shrine for the Jade Emperor," 皇殿), where they worship Samsin Sangjenim. The image of Samsin Sangjenim wears a gold robe, and golden cushions cover the floor of the worship hall. I actually went there personally and bowed to Samsin Sangjenim.

The worship of Samsin Sangjenim, God of Heaven, has been an established custom throughout our nine-thousand-year history and has left its mark in Confucianism and the Daoism of Laozi and Zhuangzi.

For example, the Chinese divided the God of the Universe into eight: Lord of Heaven; Lord of the Earth; Lord of War; Lord of Positive Forces; Lord of Negative Forces; Lord of the Moon; Lord of the Sun; Lord of the Four Seasons. All of these lords are collectively called the 'eight deities' (八神, *bashen*). The rite to the eight deities, the *bashenjie*, appears even in the *Records of the Grand Historian* by Sima Qian. However, even the *bashinjie* has an origin. So where does it come from? From none other than our custom of holding heavenly rites at Chamseong-dan Altar.

옥황전에 모신 옥황대제
玉皇大帝

The Jade Emperor enshrined in Yuhuangdian.

에 그 내용이 있는데, 깜짝 놀랄 만한 얘기입니다.*

팔신제 신위

천주天主·지주地主·병주兵主·양주陽主
음주陰主·월주月主·일주日主·사시주四時主

팔신 가운데 첫째가 천주天主이고 둘째가 지주地主로, **천지부모에게 제사를 모셨다**는 것입니다. 동이족인 강태공이 중국에 신교의 신관인 신주神主를 널리 퍼뜨린 것입니다.

16세기에 이르러, 서양 가톨릭 예수회의 마테오리치Matteo Ricci(1552~1610) 신부님이 중국에 오셔서, '천주天主'라는 말을 사용하여 '천주님의 참뜻'이라는 『천주실의天主實義』를 썼습니다. 그 책 이름이 기원

* 齊俗에 有八神之祭하니... 亦卽祭天塹城之檀之餘俗也니라. (『신시본기』)

謂漢主劉徹曰陛下謙讓而弗發也하야 挐三神之驩이라하고 韋昭注에
三神은 上帝시니라하니 三神之說이 早已傳播於彼境也가 明矣로다
震域留記에 曰 齊俗에 有八神之祭하니 八神者는 天主 地主 兵主 陽
主 陰主 月主 日主 四時主也라 天好陰故로 祭之必於高山之
下와 小山之上하니 乃祭天太白山之麓之遺法也오 地貴陽故로 祭
之必於澤中方丘하니 亦卽祭天塹城之壇之餘俗也니라 天主祠는
三神하고 兵主祠는 蚩尤니 三神은 爲天地萬物之祖也시오 蚩尤는 爲萬古
武神 [illegible] 喚風
雨招하시고 [illegible] 山之地에
旣爲 [illegible] 說이 萌於

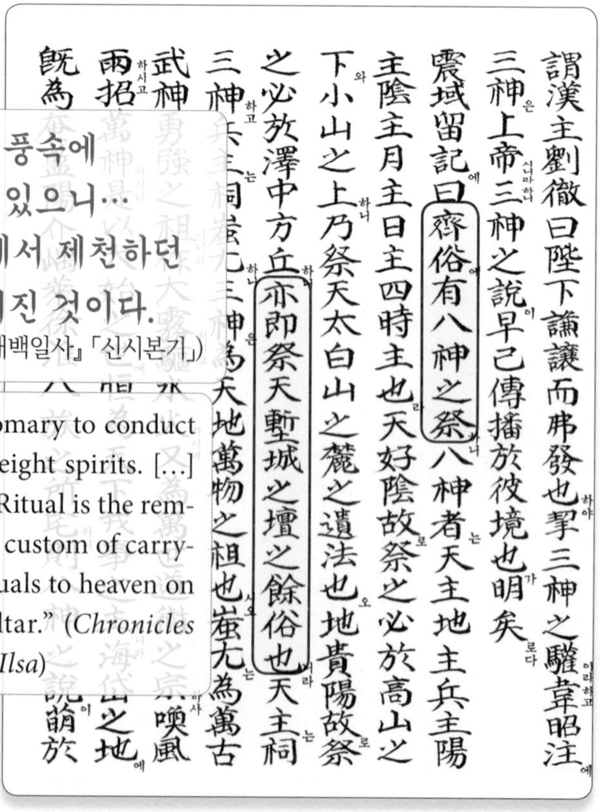

제나라 풍속에
팔신제가 있으니…
이는 참성단에서 제천하던
풍속이 전해진 것이다.
(『태백일사』「신시본기」)

"In Qi, it is customary to conduct offering rituals to eight spirits. [...] The Lord of Earth Ritual is the remnant of the ancient custom of carrying out offering rituals to heaven on Chamseongdan Altar." (*Chronicles of Sinsi* of *Taebaek Ilsa*)

This is documented in the *Chronicles of Sinsi* (*Sinsi Bongi*) of *Taebaek Ilsa*, in the form of a very surprising record.

The Eight Deities

○ Lord of Heaven   ○ Lord of the Earth   ○ Lord of War
○ Lord of Positive Forces ○ Lord of Negative Forces
○ Lord of the Moon   ○ Lord of the Sun   ○ Lord of the Four Seasons

It says that the Lord of Heaven is the first among the eight deities, the second being the Lord of the Earth. The *bashenjie*, the rite to the eight deities, thus becomes an act of worshipping Father Sky and Mother Earth. The aforementioned Taigong Jiang Ziya (太公 姜子牙) was the person who spread within China the notion of the eight deities, which was derived from our Singyo religion.

I mentioned just now that the first among the eight deities was the Lord of Heaven. The eight deities appear in the Chinese text *Tianzhu Shiyi* (天主實義) or *"The True Meaning of the Lord of Heaven,"* which was written by the Catholic missionary Matteo Ricci in the sixteenth century after he came to China. The word 'Tianzhu' from the book was adopted by Catholics and became the term for Catholicism in Korea and East Asia, Cheonjugyo (Tianzhujiao).

마테오 리치(Matteo Ricci) 신부(1552~1610)

Father Matteo Ricci (1552-1610)

'Tianzhujiao' ('Cheonjugyo' in Korean), the eastern term for Catholicism, derived from the doctrinal book *Tianzhu Shiyi* (*"The True Meaning of the Lord of Heaven"*) that Ricci wrote while in China.

이 돼서 우리나라와 한자 문화권에서 가톨릭이 천주교가 된 것입니다.

단군왕검의 문화 업적에서 보면, 우리 **인간의 삶의 궁극 목적은 우주의 조화주 하나님이신 삼신상제님과 한마음이 되는 것**임을 잘 보여줍니다. 그러면 어떻게 내가 하나님과 한마음이 될 수가 있을까요?

불가에서는 '불성을 닦는다' 하고, 서교에서는 '하나님의 아들을 통해서 은혜를 받는다, 구원을 받는다'고 합니다.

행촌 이암의 『단군세기』는 '창세 역사 황금시절의 원형문화의 인간론, 신관, 역사관, 우주관이 융합되어 있는 경전이며, 우주의 통치자이신 삼신상제님의 심법과 통치원리와, 인간이 진아眞我, 곧 참 나를 회복하고 완성하는 궁극의 수행법, 도통 심법을 전수하는 핵심을 담고 있는 아주 소중한 경전'이라고 정의할 수가 있습니다.

단군의 '제왕학帝王學의 도道'를 전수한 신왕종전神王倧佺의 도가 있습니다.

기 해 원 년
己亥元年이라

오 월　　제 소 삼 랑 을 보 륵　　문 신 왕 종 전 지 도
五月에 帝召三郎乙普勒하사 問神王倧佺之道하신대

가륵단군의 재위 원년은 기해년(BCE 2182)이다.
5월에 임금께서 삼랑三郞 을보륵乙普勒을 불러 신과 왕과 종과 전의 도를 하문하셨다.

보 륵　교 무 가 우 수　　행 삼 육 대 례　　이 진 언 왈
普勒이 交拇加右手하야 行三六大禮하고 而進言曰

신 자　　능 인 출 만 물　　각 전 기 성
「**神者는 能引出萬物하야 各全其性하니**

신 지 소 묘 묘　　민 개 의 시 야
神之所玅妙를 民皆依恃也며

보륵이 엄지손가락을 깍지 끼고 바른손을 왼손 위에 포개어
삼육대례三六大禮를 행하고서 진언하니 이러하였다.
신神은 천지조화의 기로부터 만물을 낳고 각기 타고난 성품[性]을 온전

One of the great cultural legacies left by the first *dangun*, Wanggeom, involves the question: "Why are we here? What is the Purpose of Life?" The answer is that we must become of one heart with Samsin Sangjenim, the Universal God and the preserver of Cosmic Harmony. But how can we merge our hearts with God's?

In Buddhism, this is described as "discovering one's Buddhanature." Christians explain it as "Being blessed and saved through the Son of God." *Dangun Segi* (*"The Dynastic History of Dangun"*) tells us exactly what the heart of God looks like—what it is made of.

That is so because *Dangun Segi* is more than a history book. It is a philosophical canon that encompasses everything from the golden age of cosmic creation: theories of humanity, theology, historiography, and cosmology. It also reveals the mystery of God and the principles of divine governance, as well as the discipline required for honing and perfecting our true selves (眞我).

Joseon also had its canon for the *dangun*s, through which the dao of God, kings, teachers (*jong*s), and mentors (*jeon*s) is expounded upon.

己亥元年이라 五月에 帝召三郎乙普勒하사 問神王倧佺之道하신대
普勒이 交拇加右手하야 行三六大禮하고 而進言曰

Dangun Gareuk came to power in 2182 BCE. In the fifth month of that year, he summoned Samnang Eulboreuk and made inquiries about the dao of God, kings, and *jong*s and *jeon*s. Eulboreuk locked his thumbs, placed his right hand over his left, conducted the Great Propriety of Three and Six, and answered:

「神者는 能引出萬物하야 各全其性하니」
神之所玅玅를 民皆依恃也며

About God: God draws all things forth from the *qi* of heaven and earth's creation-transformation and bestows completeness on each being's nature. Thus, all people rely upon and trust in the profundity of God.

하게 하시니 신의 오묘한 조화를 백성이 모두 믿고 의지하는 것입니다.

<small>왕 자   능 덕 의 이 세   각 안 기 명</small>
王者는 能德義理世하야 各安其命하나니
<small>왕 지 소 선   민 개 승 복 야</small>
王之所宣을 民皆承服也며

왕은 덕과 의義로써 세상을 다스려 각자 타고난 목숨[命]을 안전하게
해주시니 왕이 베푸는 것을 백성이 복종하여 따르는 것입니다.

<small>종 자   국 지 소 선 야   전 자   민 지 소 거 야</small>
佺者는 國之所選也오 佺者는 民之所擧也니
<small>개 칠 일 위 회   취 삼 신 집 맹</small>
皆七日爲回하야 就三神執盟하며
<small>삼 홀 위 전   구 환 위 종</small>
三忽爲佺하고 九桓爲佺하니

종은 나라에서 선발한 스승이요. 전은 백성이 천거한 스승이니 모두
이레(7일)를 한 회로 하여 삼신께 나아가 맹세합니다. 세 고을에서 뽑
은 사람은 전佺이 되고 구환九桓에서 뽑은 사람은 종佺이 됩니다.

<small>개 기 도 야   욕 위 부 자   사 부 의</small>
蓋其道也가 慾爲父者는 斯父矣오
<small>욕 위 군 자   사 군 의   욕 위 사 자   사 사 의</small>
欲爲君者는 斯君矣오 欲爲師者는 斯師矣오
<small>위 자 위 신 위 도 자   역 사 자 사 신 사 도 의</small>
爲子 爲臣 爲徒者는 亦斯子 斯臣 斯徒矣라

그 도를 말하자면, 아비가 되고자 하는 사람은 아비다워야 하고
임금이 되고자 하는 사람은 임금다워야 하고
스승이 되고자 하는 사람은 스승다워야 하는 것입니다.
아들, 신하, 제자가 된 사람 역시 아들답고 신하답고 제자다워야 합니다.

<small>고   신 시 개 천 지 도   역 이 신 시 교   지 아 구 독</small>
故로 神市開天之道는 亦以神施敎하야 知我求獨하며
<small>공 아 존 물   능 위 복 어 인 세 이 이</small>
空我存物하야 能爲福於人世而已라

그러므로 환웅천황께서 펼치신 신시개천의 도는 신도(삼신의 도)로써
가르침을 베풀어, 나를 알아 자립을 구하며 나를 비워 만물을 잘 생존
케 하여 능히 인간 세상을 복되게 할 따름입니다.

王者는 能德義理世하야 各安其命하나니
王之所宣을 民皆承服也며

About kings: Kings rule the world by means of virtue and righteousness, ensuring the safety of each person's life. Thus, all people acknowledge and follow the actions of the king.

佺者는 國之所選也오 伭者는 民之所擧也니
皆七日爲回하야 就三神執盟하며 三忽爲伭하고 九桓爲佺하니

About *jong*s and *jeon*s: *Jong*s are those selected by the state, whereas *jeon*s are those recommended by the people. Over a period of seven days, all *jong*s and *jeon*s come before Samsin and give their pledges. Those recommended by three villages become *jeon*s, while those selected from the people of the nine Hwan clans become *jong*s.

蓋其道也가 慾爲父者는 斯父矣오
欲爲君者는 斯君矣오 欲爲師者는 斯師矣오
爲子 爲臣 爲徒者는 亦斯子 斯臣 斯徒矣라

Generally speaking, the dao means: those seeking to become fathers must be like fathers; those seeking to become kings must be like kings; those seeking to become teachers must be like teachers; likewise, sons, vassals, students must be like sons, vassals, and students respectively.

故로 神市開天之道는

The founding dao of Baedal involved:

亦以神施教하야 知我求獨하며 空我存物하야
能爲福於人世而已라

By edifying the people in accordance with the dao of Samsin (Spirit Teaching), lead them to know themselves and to stand on their own; by emptying their mind and vitalizing all beings, bring happiness and blessings to all of humanity.

대천신이왕천하　　홍도익중　　무일인실성
代天神而王天下하야 弘道益衆하야 無一人失性하며
대만왕이주인간　　거병해원　　무일물해명
代萬王而主人間하야 去病解怨하야 無一物害命하야

천상의 상제님을 대신하여 천하를 다스릴 때는 도를 널리 펴서 백성을
이롭게 하여 한 사람도 자신의 타고난 성품을 잃지 않게 하며
만왕을 대신하여 인간을 다스릴 때는 병을 없애고 원한을 풀어주어
비록 미물이라도 함부로 생명을 해하지 못하게 하는 것이옵니다.

사국중지인　　지개망즉진　　이삼칠계일
使國中之人으로 知改妄卽眞하고 而三七計日하야
회전인집계
會全人執戒하니

백성으로 하여금 그릇된 마음을 고쳐 참되게 하고 3.7일(21일)을 기
약하여 온전한 사람이 되는 계율을 굳게 지키게 하여야 하옵니다.

자시　　조유종훈　　야유전계
自是로 朝有倧訓하고 野有佺戒하야
우주정기　　수종일역
宇宙精氣는 粹鍾日域하고
삼광오정　　응결뇌해　　현묘자득　　광명공제
三光五精은 凝結腦海하야 玄玅自得하고 光明共濟하니
시위거발환야
是爲居發桓也니이다」

이로부터 조정에는 종훈宗訓이 서고 민간에는 전계佺戒가 바로 서게
되며 우주 정기가 삼한의 온 천하에 순수하게 모이고 삼광오정의 기
운이 모든 사람의 머릿속에 응결하게 되어 현묘한 도[神敎]를 깨쳐 광
명사상으로 세상을 함께 건지게 될 것이니 이것이 바로 커발환의 정
신입니다.

시지구환　　구환지민　　함솔귀일우화
施之九桓하시니 九桓之民이 咸率歸一于化하니라

임금께서 구환족에게 이 가르침을 베푸시니 구환의 백성이 모두 순종
하고 삼신의 한마음으로 돌아가 교화되었다.

代天神而王天下하야 弘道益衆하야 無一人失性하며
代萬王而主人間하야 去病解怨하야 無一物害命하야

When ruling all under heaven on behalf of God in Heaven, one must widely spread dao to benefit all people so that not a single person loses touch with their innate nature. When ruling the people on behalf of the Supreme King of the world, one must rid the people of disease and resolve all bitterness and grief, so that no one can harm the life of another, however insignificant or small they may be.

使國中之人으로 知改妄即眞하고
而三七計日하야 會全人執戒하니

One must guide the people to: purge their minds of the three delusions and learn the path to the three truths; devote themselves to three seven-day periods (twenty-one days in total) to learn how to practice the precepts for turning themselves into complete human beings.

自是로 朝有倧訓하고 野有佺戒하야 宇宙精氣는
粹鍾日域하고 三光五精은 凝結腦海하야 玄妙自得하고
光明共濟하니 是爲居發桓也니이다」

Then the Teachings of Jong will be established at court, while the Precepts of Jeon will be established among the people; the cosmic energy will congregate in the place where the sun rises (the east), and the Three Lights and Five Essences will condense in people's minds; and thus, the people will be able to perceive the profound dao on their own and they will all fulfill themselves by means of the cosmic radiance. Such is the spirit of Geobalhwan.

施之九桓하시니 九桓之民이 咸率歸一于化하니라

The *dangun* thus applied this teaching to the nine Hwan clans, and they unanimously agreed to become his subjects.

'신왕종전의 도'는 한마디로 **제왕학帝王學의 법전**입니다. '**왕도문화의 핵심 정수를 보여주는 교과서**'라고 정의할 수가 있습니다.

3세 가륵단군이 삼랑 을보륵에게 신왕종전의 도를 하문하였습니다. 그러자 을보륵이 단군 앞에 와서 **삼육대례三六大禮***를 하고 진언을 올렸습니다. '교무가우수交拇加右手', 엄지손가락을 깍지 낀 다음 오른손을 왼손 위에 얹고서 삼육대례를 올렸습니다.

그런데 이 예법이 배달에서 직접 서양으로 넘어갔습니다. 아마 6천년 전 전후에 넘어갔나 봅니다. 프랑스 파리의 루브르 박물관에 가보면, 4,100년 전에 수메르의 도시국가 라가시의 군주 구데야가 '교무가우수'의 자세를 하고 있습니다. 손 모양이 똑 같습니다.

보륵 교무가우수 행삼육대례
普勒이 交拇加右手하야 **行三六大禮**하고

보륵이 엄지손가락을 깍지 끼고 오른손을 왼손 위에 포개어 삼육대례를 행하고서 (『단군세기』 가륵 원년, BCE 2182)

그러니까 태고의 삼신상제님과 그 하나님의 아들인 동방 천자를 뵈올 때는 제후나 주변의 왕과 신하들이 삼육대례라는 절을 했다는 것입니다.

신왕종전의 도를 정리해 보겠습니다.

"신자神者는 능인출만물能引出萬物하야", **신은 이 우주의 조화바다에 있는 기氣로부터 만물을 인출, 뽑아낸다**는 것입니다. 저는 이 표현이 너무 좋기도 하고 참 멋지다고 생각합니다. 이것이 **동방 창세 뿌리문화의 우주관, 진정한 창조관의 핵심 이야기**입니다.

----

* 삼육대례. 삼신상제님과 동방 천자(단군)를 알현할 때 제후나 왕, 신하들이 올리던 고유 절법

구데아. 4,100년 전,
수메르 도시국가 라가시의
군주(프랑스 루브르 박물관)

Gudea

King of the Sumerian
city-state of Lagash
(4,100 years ago).

Musee Louvre, France.

The dao of God, kings, and teachers and mentors, simply put, is the grand canon of the art of kingship, a textbook containing the essence of governance based on royal virtue.

This was the knowledge that Gareuk, the third *dangun*, inquired about from Chief Priest Eulboreuk. Eulboreuk performed the Three-Six Grand Bow and gave him counsel. He clasped his thumbs, placing the right hand over the left as he was bowing, in a hand position known as *gyomu-gausu* (交拇加右手).

Surprisingly, this manner of showing respect actually made its way to the West—about six thousand years ago is my guess. Those of you who have visited the Louvre would have seen the statue of Gudea, king of the Sumerian city-state of Lagash, from 4,100 hundred years ago. Gudea has his hand in the exact same position.

普勒이 交拇加右手하야 行三六大禮하고

Eulboreuk locked his thumbs, placed his right hand over his left, conducted the Great Propriety of Three and Six, and answered…. (*Dangun Segi*)

This hand position, in addition to the Three-Six Grand Bow, was adopted by vassals and lords when they came to show their respect to Samsin Sangjenim and the Son of Heaven in the East.

Let me summarize the dao of God, kings, teachers, and mentors for everyone.

It begins with the phrase, "God draws everything forth."* This means God draws everything from the Sea of Life-Force and brings it out to the world. This is such an awesome phrase—one of my favorites, actually. We were the first human civilization that arose, founded

---

* **God draws everything forth.** In contrast to the Western conception that the universe was created at the beginning of time, the East views creation as an ongoing process.

신은 기의 주체,
주재자로서
살아있다.

신은 인출引出한다, 즉 뽑아낸다는 것입니다. 은행에서 예금 뽑아내 듯 말입니다. 이 우주 생명의 조화 바다, 즉 일기一氣, 한 기의 바다에 서 만물을 뽑아내는 것입니다. 그러니까 신과 우주의 조화 바다인 기의 관계가 일체 속에 있습니다. 즉 신은 우주의 조화 바다인 기 속에, 기 밖에, 그런 기의 주체로서, 주재자로서 살아 있는 것입니다.

이것이 근대 역사의 출발점인 동학東學에서 '지기금지원위대강至氣 今至願爲大降'으로 나타납니다. 그 지기至氣의 주인이 누구인가? 바로 인간으로 오시는 삼신상제님, 천주天主님입니다.

가톨릭, 기독교에서도 2천 년 동안 이것을 외쳤습니다. **'하늘에 계 신 우리 아버지, 천주님이 동방 땅에 인간 역사 속에 들어오신다. 그 래서 지기금지원위대강, 지기를 내려주신다'**는 것입니다. 이것이 동 방 한민족 9천 년 역사 문화에서 전하는, 정말로 아주 놀라운 동방의 우주론이며 창조관입니다.

> 지기至氣의 주인이신 삼신상제님, 천주님
>
> 하늘에 계신 아버지, 천주天主님이 인간으로 오셔서
> 역사 속에서 지기至氣를 내려 주신다.

그리고 "각전기성各全其性하나니", 모든 인간의 몸속에 들어있는 신의 본래 마음, 신의 참마음, 그것을 성품, 본성이라고 하는데, 신의 역할은 이것을 온전하게 하는 데 있다는 것입니다.

God is the Prime Mover of energy and the living Presider of the Universe.

on a profound cosmology and philosophy of creation that represents the pristine culture of the Three Dynasties. And the expression, "God draws everything forth," is at the heart of all that.

What does this phrase mean? It means that God draws out things from the universe, like we withdraw money from a bank. Things are being drawn out from the sea of universal harmony. It is a sea filled with One Energy (一氣) where all forms exist. In other words, God and *qi* (氣), or the energy of the universe, exist in unity as one. So, this is how God exists: God is simultaneously outside the sea of universal energy, but is also within it, and is the Prime Mover of that energy.

Actually, just as Korea entered the modern era, this idea actually reemerged in Donghak, in the phrase, "I wish for the ultimate *qi*, the ripening *qi* of autumn, to now descend in abundance from on high (至氣今至 願爲大降)." Then who is the master of this ultimate energy? He is the Lord of Heaven who came as a human being; the Lord of Heaven, the *cheonju* (天主).

> The Father in Heaven, the Lord God, enters the human world in the eastern realms. This represents the very realization of "Beseeching the Ultimate Energy to Descend and Take Possession of Me."

Of course, this is the exact same thing the Christians, including Catholics, have been saying for two thousand years. That the Father in Heaven, the Lord God, will enter the human world in the eastern realms. This represents the very realization of "Beseeching

각 전 기 성
各全其性하나니

각기 타고난 성품을 온전하게 하시니

(『단군세기』 〈신왕종전의 도〉)

그다음에 "왕자王者는 능덕의이세能德義理世하야"라고 했습니다. 왕이란 덕과 정의로써 세상을 다스려 모든 백성들이 자기 목숨을 보존하게 하고 안녕하게 하는 역할을 한다.

그 다음에 종倧과 전佺의 도입니다. '나라에서 선발한 스승은 종이고, 민간에서 천거해서 올라온 스승은 전'이라 했습니다. 예전에 국가를 경영하는 데 동량이 되는 인재들을 종과 전의 도로써 가르쳤습니다. 그러니까 우주광명 문화, 신도神道의 우주관과 인간론과 신관과 역사관을 통하지 못하면 국가 경영의 인재가 될 수 없었던 것입니다. 이것이 화랑문화의 뿌리입니다. 이것을 오늘 다시 한 번 각성할 필요가 있습니다.

왕 자　능 덕 의 이 세
王者는 能德義理世하야　왕은 덕과 정의로써 세상을 다스려

종 자　국 지 소 선 야
倧者는 國之所選也오　종은 나라에서 선발한 스승이요

전 자　민 지 소 거 야
佺者는 民之所擧也니　전은 민간에서 백성이 천거한 스승이니

(『단군세기』 〈신왕종전의 도〉)

단군조선의 인재관

우주 광명문화의 도, 신도神道의 우주관, 인간론, 신관, 역사관을 통해야만 국가를 경영하는 인재가 될 수 있다.

the Ultimate Energy to Descend and Take Possession of Me." This is the true philosophy of the universe, of creation—a product of nine thousand years of history and culture. Truly awesome.

[God] bestows completeness on the nature of each being. (*Dangun Segi*)

Let us go back to the phrase "[God] bestows completeness on the nature of each being." Every person contains the true heart of God, and this is referred to as personality, or true essence. It is God's responsibility to secure and perfect this essence.

Let us also examine the part about kings. It says that kings ensure the safety of the lives of all beings in this world through governance founded on virtue and righteousness. Next is the passage about teachers and mentors. This passage says that teachers were instrctors selected by the kingdom, whereas mentors were those recommended by the people. The talented people who were potential leaders of the country were taught the dao of teachers and mentors. People had no business being leaders, in positions of governance, if they were not acquainted with the way of Cosmic Brilliance, and the cosmology, humanism, theology, and history of the Sindo ("Dao of God") Religion. On a side note, this also happens to be the root origin of the Hwarang Culture of Silla. It would be good for us to remind ourselves of this one more time, today.

"Kings rule the world by means of virtue and righteousness." (*Dangun Segi*)

"*Jongs* are those selected by the state, whereas *jeons* are those recommended by the people." (*Dangun Segi*)

Only those who were acquainted with the way of Cosmic Brilliance, and the cosmology, humanism, theology, and history of the Sindo ("Dao of God") Religion, became leaders in positions of governance.

2

단군조선에 기원을 둔 북방 유목문화

지구촌 문명의 현장에 가보면, 단군조는 단순히 동방에 위치했던, 4천 년 전에 신화로 시작된 믿을 수 없는 그런 왕조가 아닙니다. **북방 유목문화의 원형은 모두 단군조선에 뿌리를 두고 있습니다.** 이에 대해 현장에 가서 직접 취재한 것, 또 지구촌 박물관에서 본 놀라운 유물 중에서 동방 삼신문화의 우주관과 세계관을 담고 있는 것을 정리해 보겠습니다.

신교의 꽃을 피운 황금기 문화 시대를 연 나라가 바로 단군조선 왕조입니다. 3세 가륵단군 때, 욕살(지방 장관) 삭정을 약수 지역에 귀양 보냈다가 나중에 용서하여 그 땅에 봉했는데, 그 사람이 **흉노의 시조**가 됐습니다.*

『단군세기』 가륵 6년(BCE2177)

가륵 단군이 욕살 삭정索靖을 약수에 유배 후 그 땅에 봉함
삭정이 흉노의 시조가 됨

Dangun Gareuk banished former governor Sakjeong to the Yaksu region, which was later given as a fief to Sakjeong, who became the ancestor of the Xiongnu (Huns).

Sixth Year of the Reign of Dangun Gareuk (BCE 2177)

2

Joseon as the Origin of the Nomadic World

When we reexamine the civilizations on earth, we come to the realization that Joseon was not a dynasty in some obscure eastern corner that began four thousand years ago in myth and legend.

That is because the entire nomadic culture of North Asia was rooted in ancient Joseon.

I will explain all of this by combining the things that I have seen and researched personally at various sites around the world and witnessed in museums internationally, and also by presenting select artifacts and relics that are undeniable representations of the Singyo and Samsin Culture of the three ancient Korean dynasties and of their cosmology and world view.

Joseon represents both the golden age and the culmination of the Singyo Culture. During the reign of the third *dangun*, Gareuk, a provincial governor named 'Sakjeong' was banished to Yaksu, or

Dangun Osagu appointed his younger brother, Osadal, Lord (Khan) of Mongoli. First Year of the Reign of Dangun Osagu (BCE 2137)

또 4세 오사구단군 때, 단군의 동생 오사달烏斯達을 몽고리한蒙古里 汗, 즉 **몽골 초대 왕**으로 임명했다는 기록이 있습니다.

서양문화의 대세를 보면, 로마로부터 중부 독일, 오스트리아, 불란 서, 그리고 저 북쪽의 스칸디나비아까지 동방 흉노족(훈족)의 역사 체 취, 문화 유적, 풍속, 국가 경영제도 이런 것이 곳곳에 배어 들어간 것 을 볼 수 있습니다.

흉노는 지금부터 2,100년 전에 동흉노와 서흉노로 갈라졌는데, 동 흉노가 다시 남북으로 갈라져 버렸습니다. 그리고 나서 2세기 중반 에 북흉노가 카자흐스탄 초원으로 들어가 자취를 감췄다가, 4세기 때 갑자기 나타나 알란족과 고트족을 공격했습니다. 이때 훈족에게 밀린 고트족이 게르만족을 공격했는데 게르만족이 갈 데가 없어지자

the present-day Amur River. He was later forgiven and was made lord of the land of his banishment. He thus became the ancestor of the people we call the 'Hyung-no,' or the 'Xiongnu.' In addition, during the rule of Osagu, the fourth *dangun*, the *dangun*'s younger brother, Prince Osadal, was made Khan of Mongoli, meaning he became the first King of Mongolia.

A quick look at Western history shows us that the historical influences of the Hyung-no (匈奴, Xiongnu) can be observed in the West's culture, historical relics, customs, and even systems of governance. This includes every Western culture from Rome, central Germany, Austria, France, and even as far north as Scandinavia.

The Hyung-no (Xiongnu) were divided into east and west, with the Eastern Xiongnu further subdivided into North and South. The Northern Xiongnu suddenly disappeared into the steppes of Kazakhstan in approximately the second century CE, then reappeared in the fourth century and attacked the Alans and the Goths.

The Goths, who were being pursued by the Huns, turned on the Germans, who saw no other alternative but to flee toward the Roman Empire. This set off a chain of events that eventually brought down Rome, and the Classical Age of the West came to an end.

The migration of nomadic Germanic peoples eventually brought down Rome, resulting in the end of the Classical Age of the West.

게르만계 부족들의 대이동은 서로마제국 붕괴를 가져왔다

로마로 몰려들었습니다. 그 충격과 영향이 결국은 서로마 제국을 붕괴시켰습니다. 그렇게 서양 고대 역사가 막을 내리게 되었습니다.

여기에서 가장 결정적 역할을 한 이가 **공포의 대왕 아틸라**입니다. 당시 유럽인들이 아틸라를 여러 가지 상으로 그려 놓았는데, 사실 아틸라는 동방의 유목민입니다. 단군조에 뿌리를 둔 흉노족, 즉 훈족입니다. **훈이라는 말은 바로 우주광명의 나라 환국桓國, 이 '환桓'의 계열에 있는 음가音價**입니다. 훈은 광명을 상징하는 '환'과 같은 소리 계열인 것입니다.

그다음에는 단군조선에서 갈려 나간 선비족입니다. "**선비와 오환은 동호東胡(단군조선의 별칭)의 후예**다."라는 말이 『후한서』에 실려 있습니다. 일반 학자들은 단군조선과 동호는 관계가 없다고 말하는데, 동호는 번조선, 즉 단군조선의 왼쪽에 있었습니다. 동호는 단군조선의 영역에 있던, 그 문화 영역에서 함께 살던, 우리와 같은 문화 동질성을 가진 문화 형제입니다.

북흉노가 중앙아시아를 떠나자 선비족이 그 자리를 채웠는데, 2세기 중반에 단석괴檀石槐가 통합을 해서 한 시대를 군림했습니다. 중국의 당唐나라 태종의 아버지 고조高祖 이연李淵과 그 이전의 수隋나라 양견楊堅이 같은 선비족입니다. 그 어머니들은 100% 선비족입니다.

아틸라(Attila 406~453)

Attila
(406-453 CE.)
The supreme emperor of the Empire of the Huns,
whose roots originated in Joseon.

The central figure in all of this was the much-feared King of the Huns, Attila. There are a number of descriptions of this formidable conqueror, all of which show him as an eastern Asian nomad. He was a Hun, a Hyung-no (Xiongnu), a tribe that traced its roots to Joseon. The very word 'Hun' is actually a phonetic variant of 'Hwan', the same 'Hwan' in 'Hwanguk', the first state in human history.

Aside from the Huns, we have the Seonbi (鮮卑, Xianbi), another tribe that split off from Joseon. It is recorded in *The Book of Later Han* that: "The Xianbi and Wuhuan are both descendants of the Donghu," 'Donghu (東胡)' being another name for Beon-Joseon. Establishment academics, of course, claim that there is no connection between Joseon and the Donghu. On the contrary, the Donghu populated Beon-Joseon, which formed the left side of Joseon's territory. The Donghu were basically our cousins culture-wise, sharing many cultural features, and once lived among us within the borders of Joseon.

When the North Hyung-no (Xiongnu) left Central Asia, the Seonbi (Xianbi) moved into the area. Then around the second century CE, a figure named 'Danseok-goi (檀石槐, Danshikuai)' unified the Seonbi and dominated Asia for a full generation. Many prominent historical figures were Seonbi descendants, such as the Tang founder Li Yuan (李淵) and Yang Jian (楊堅), known as 'Emperor Wendi of Sui'. Needless to say, their mothers were Seonbi (Xianbi) as well.

선비족의 왕 단석괴檀石槐(재위 137~181)

Danseokgoe / Danshikuai
(Reigned 137-181 CE.)
King of the Seonbi (Xianbi).

수, 당의 기원이 선비족인데, **선비족의 분파인 돌궐이 11~17세기에 유럽과 서아시아를 지배**했습니다. 이 돌궐족이 철광석 제련 기술을 바탕으로 6세기에 돌궐제국을 세웠습니다. 동돌궐과 서돌궐로 나뉘었다가 다시 힘을 길러 11세기에 셀주크 투르크를 세웁니다. 돌궐을 그쪽 언어로 투르크라고 합니다.

13세기 후반에 유명한 오스만 황제가 토대를 잘 닦아놓아서 그 후손이 동로마 비잔틴 제국을 멸망시킵니다. 그때 20세의 술탄 메흐메트 2세가 쳐들어가 로마제국의 위용을 보여주는 콘스탄티노플(현 터키의 수도인 이스탄불)의 **소피아 성당**을 접수합니다. 거기를 가보면, **동**

선비족 출신의 중국 제왕들 Chinese Kings of Seonbi Origin

당 태종(子)
Taizong of Tang

당 고조(父)
Gaozu of Tang

수 문제
Wendi of Sui

선비와 오환은
동호東胡의 후예
(『후한서』「오환선비열전」)

"The Xianbi and
Wuhuan are both
descendants of the
Donghu." (*The Book of
Later Han*)

後漢書卷一百二十

宋　宣城　太守范　曄撰

唐　章懷　太子賢注

烏桓鮮卑列傳第八十

烏桓

烏桓者本東胡也。漢初匈奴冒頓滅其國餘類保烏桓山因以爲號焉俗善騎射弋獵禽獸爲事隨水草放牧居無常處以穹廬爲舍東開向日食肉飮酪以毛毳

鮮卑

鮮卑者亦東胡之支也別依鮮卑山故因號焉其言語習俗與烏桓同唯婚姻先髠頭以季春月大會於饒樂水上飮讌畢然後配合又禽獸異於中國者野

時幽冀吏人奔烏桓者十萬餘戶尚欲憑其兵力復圖中國會曹操平河北閻柔率鮮卑烏桓歸附操即以柔爲校尉建安十二年曹操自征烏桓大破蹋頓於柳城斬之首虜二十餘萬人袁尚與樓班逃遼東太守公孫康並斬送之其餘衆萬餘落悉徙居中國云

The Seonbi (Xianbi) were the ancestors of the Sui and Tang founders, and under them was a tribe called the 'Dolgwol (突厥, Tujue/Turks),' who threatened and ruled much of Europe between the twelfth and the seventeenth centuries. The Dolgwol (Turks) used their skills in ironmaking to establish the Gokturk Empire in the sixth century. They split up into Eastern and Western Turks, then they gathered strength again and founded the Seljuk Turkish Empire in the Near East in the eleventh century. The term 'Turk' is simply the pronunciation for 'Dolgwol' in the language of the region.

Then in the late thirteenth century, the famous sultan Osman laid the foundations of an empire that eventually destroyed the Byzantine Empire. The young Sultan Mehmet, who was only twenty years old at the time, seized the capital of the Eastern Roman Empire and renamed it 'Istanbul,' and turned the Hagia So-

메흐메트 2세(1432~1481)
오스만 제국 제7대 술탄

Sultan Mehmed II
(1432-1481 CE.)
Ruler of the Ottoman Empire.

The official name of the dynasty, 'Joseon,' was omitted deliberately in Chinese records.

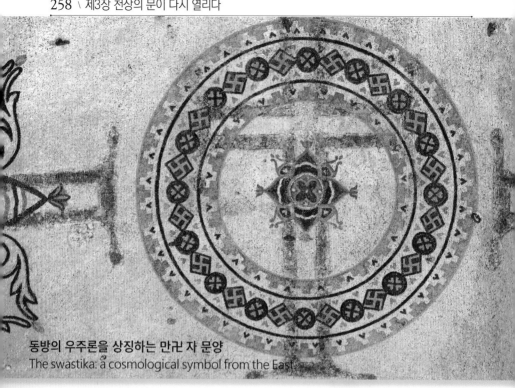

동방의 우주론을 상징하는 만(卍) 자 문양
The swastika: a cosmological symbol from the East.

대성당 내부

하기야 소피아 대성당(터키 이스탄불)

Hagia Sofia Basilica/Mosque
(Istanbul, Turkey)

방의 우주론을 상징하는 만卍 자 문양이 천장에 있습니다. 이 성당이 뒤에 이슬람의 성전聖殿으로 사용되다가 지금은 박물관으로 쓰이고 있습니다.

13, 14세기에 대제국을 이룬 몽골의 **칭기즈칸은 선비족에서 갈려 나간 실위족室韋族 출신**입니다. 대제국이 가장 완벽한 부흥기를 맞이한 5세 쿠빌라이 때 국호를 원元으로 바꿉니다. 이 몽골이 러시아, 인도까지 진출해서 여러 제국을 세웠습니다.

◀◀**칭기즈칸 Genghis Khan**
 (1162-1227 CE.)
A descendant of the Silwi (Shiwei), who also branched out from the Seonbi (Xianbi).

◀**쿠빌라이칸 Kubilai Khan**
 (1215-1294 CE.)
The fifth Khagan-Emperor of the Mongol Empire. Founded the Yuan Dynasty in China in 1271 CE.

The Greatest Extent of the Mongol Empire (1279 CE)

킵차크 한국
Golden Horde

오고타이 한국
Ogodei Khanate

차카타이 한국
Chagatai Khanate

일 한국
Ilkhanate

원
Yuan

고려
Goryeo

몽골제국 최대 강역(1279년경)

phia into a mosque.

The Hagia Sophia, built 1,500 years ago, is amazing in that it is a huge structure supported without the use of columns. When we go inside, we can see clearly on the ceiling a swastika (卍), a cosmological symbol from the East. The Hagia Sophia stayed a mosque for the next several centuries before being converted to a museum in the modern era.

Genghis Khan, who lived in the thirteenth century and founded the Mongol Empire, was a descendant of the Silwi (室韋, Shiwei), who also branched out from the Seonbi. The Mongol Empire reached its greatest extent during the reign of Kubilai, the fifth Great Khan, and its territories included Russia and also reached India. The Mongol Empire was made up of khanates such as the Kipchak Khanate (Golden Horde) and Ilkhanate, whose names are related to the Han philosophy of Korea.

오고타이한국窩闊台汗國, 차카타이한국察合台汗國, 킵차크한국金帳汗國, 일한국—汗國 등 대한민국의 한사상을 알 수 있는 나라들이 많이 있었습니다. 여기서 '한국'이라는 말에 땀 한汗 자를 쓰지만, 원래 한이라는 것은 왕이라는 뜻입니다.

우리 대한민국의 **대한大韓 사상이 단군조 때의 삼한三韓에서 온 것**이지만, 그 근원은 9천 년 전 인류 최초의 나라 환국입니다. 그래서 **'한국은 환국이다. 한국은 환국으로 가야 된다.'**는 것입니다.

거란족의 요나라, 그다음에 여진족의 금나라, 청나라도 단군조선의 삼신 우주관을 그대로 계승했습니다. 거란의 영웅 야율아보기耶律阿保機가 요나라를 건국했는데, 고조선, 발해(대진)의 제도를 본떠서 **삼신오제사상을 바탕으로 오경五京**이라 하여 수도를 다섯을 뒀습니다.

12세기에는 아골타阿骨打가 금金나라를 건국했습니다. 후에 17세기에 이르러 아골타의 후손 누르하치努爾哈赤가 청淸나라의 기원인 후금後金을 세웁니다.

요태조 야율아보기(재위 916~926)

Yelu Abaoji

(Reigned 916-926 CE.)

Founded the Liao Empire in the tenth century. Adopted the 'Five Capitals' system based on Samsin-Oje Philosophy.

금태조 완안아골타(재위 1115~1123)

Wanyan Aguda

(Reigned 1115–1123 CE.)

Emperor Taizu of Jin. The founder and first emperor of the Jurchen-led Jin Dynasty (1115–1234 CE).

The character *han* used for the 'khan' in 'khanate' means "sweat," but it originally meant "king" in the old Korean language. The philosophy behind the character *han* in the name of our country, Daehan, initially came from the 'Samhan' of Joseon. If we actually trace it back to its roots, this philosophy goes back nine thousand years all the way to Hwanguk. That is why we always say that Hanguk is actually Hwanguk and that Hanguk needs to go back to its roots, Hwanguk.

There is more. The Liao Empire of the Khitan and the Jin and Qing Empires of the Jurchen were also built on the Samsin philosophy and cosmology that was handed down from Joseon.

When Abaoji of the Khitan founded Liao, he founded five capitals around his empire, which was a system modeled after Joseon and Balhae (Daejin), which in turn were based on the ancient Samsin-Oje ("Triune God and Five Emperors") philosophy.

Jin was established in the twelfth century by Aguta. One of his descendants, Nurhaci, founded Later Jin in the seventeenth century. I have visited Shenyang, which was Nurhaci's early capital and home to his palace.

청태조 누르하치(재위 1616~1626)

Nurhaci

(Reigned 1616–1626 CE.)
A descendant of Aguda, he was the founding khan of the Later Jin Dynasty (1616–1636 CE). Regarded as the founding father of the Qing Dynasty.

요녕성 심양에 청 황실의 기초를 다진 누르하치의 초기 궁전이 있습니다. 거기를 가보면, 삼신문화를 바탕으로 하여 정면에 누르하치의 보좌가 있는 **대정전大政殿**이 있고, 그 좌우에 **좌현왕左賢王·우현왕右賢王**의 전각이 있습니다. 그리고 마당 좌우에는 행정과 군사를 담당하는 각각 네 개씩 총 여덟 개의 전각이 있습니다. 일반적으로 **팔기제도八旗制度**, 또는 **팔기군八旗軍**이라 하는데, 그 기원이 팔괘사상에서 왔다고 말합니다.

동방문화의 상징은 3·8입니다. 특히 **동방 신선문화 사상은 8로 나타냅니다.** 중국이 이 8수 문화를 그대로 가져가서 쓰고 있습니다. 지난 2008년 북경 올림픽 때, 8월 8일 저녁 8시에 '땡' 하면서 시작을 했습니다.

이것은 사실 아주 어려운 얘기인데요, 우주를 공간 좌표로 볼 때 정正 동서남북東西南北과, 그 사이에 사간방四間方을 둡니다. 그렇게 해서 8방위가 됩니다. **우주의 실제적인 물질 탄생과 우주만물의 운동법칙이라는 것은 8방위로 이루어집니다.** 해가 뜨고 지고, 우리가 어느 쪽으로 가고 오고 하는 이것이 전부 공간 좌표의 문제입니다.

누르하치의 궁전(중국 요녕성 심양)
Nurhaci's Palace in Shenyang (Liaoning, China)

In the palace was Nurhaci's throne, flanked by pavilions on the left and right for the 'Wise-kings (賢王, "viceroys")' of the right and left. This was also a system based on Samsin Culture. In the courtyard were eight pavilions, four on each side, which housed the so-called 'Eight Banners,' which was based on the idea of the eight trigrams (八卦).

As a general rule, it is said that Eastern culture is based on three-eight. Three-eight is an important symbol of Eastern culture, with the number 'eight' signifying the culture of the immortal sages (神仙文化) of Eastern cultures.

The Chinese took this cultural concept of the eight and adopted it in their own culture. For example, at the 2008 Olympics in Beijing, the opening ceremonies started on August 8th at 8 PM. Now, this might be a bit difficult for most people. When we speak of the cosmos in terms of space and directions, we first have the cardinal directions—north, south, east, and west—then there are the four ordinal directions between them. The creation of all matter in the universe, and the evolution of all things in the universe, happen in accordance with these eight directions.

Where the sun is rising and setting, and in what direction we should travel to and from—these are all a matter of points in a space, of coordinates.

Pavilon of the Left Wise King
좌현왕 전각

여덟 채 전각
팔기군八旗軍 : 팔괘八卦
사상에서 유래

Eight Pavilions Housing the Eight Banners
The Eight Banners originated with the eight trigrams.

서양 사람들은 서양 유목 민족의 뿌리인 스키타이를 굉장히 크게 쳐주고 있습니다. '**스키타이가 흉노의 선주민이다**'라는 말을 합니다. 사실 <u>**스키타이도 동방 유목문화에서 가지 쳐서 나간 것**</u>입니다.

헤로도토스의 저서 『역사Historiae』를 보면 이들의 관습과 생활상이 자세히 나와 있습니다.

스키타이는 지금부터 2,800년~2,300년 전에 흑해 동북쪽의 중앙아시아 초원에서 활약했습니다.

오스트리아의 중북부 오버외스터라이히 주의 최남단 할슈타트 호 남쪽에 약 천 명 정도가 사는 할슈타트라는 작은 마을이 있습니다. 할슈타트는 소금마을이라는 뜻으로, 세계 최초의 소금 광산으로 유명한 암염광산이 있습니다. 그 곳에서 오스트리아가 왕국을 부흥시키는 데 결정적 역할을 한 엄청난 소금이 나옵니다.

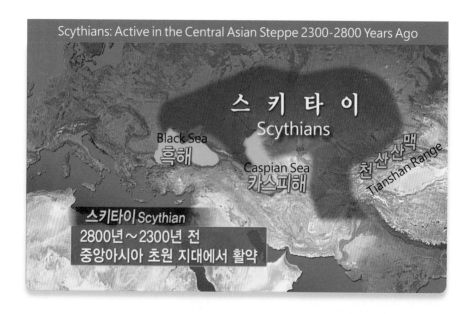

Scythians: Active in the Central Asian Steppe 2300-2800 Years Ago

스키타이 Scythians

Black Sea 흑해

Caspian Sea 카스피해

천산산맥 Tianshan Range

스키타이 Scythian
2800년 ~ 2300년 전
중앙아시아 초원 지대에서 활약

헤로도토스Herodotos
(BCE 484~BCE 425)

Herodotus
(C. 484-425 BCE.)
An ancient Greek writer, geographer, and historian. His book *Histories* describes the Scythians and their customs.

People in the West apparently place a great deal of importance on the Scythians, the very first of the Western nomads, and consider them precursors of the Huns. Actually, the Scythians were themselves an offshoot of Eastern nomadic culture. Their lifestyle and customs are described in great detail in *Histories*, written by the Greek scholar Herodotus. The Scythians were active from 2300 to 2800 years ago on the Pontic Steppe, north of the Black Sea in Central Asia.

In southern Austria, there is the small town of Hallstatt, with a population of about one thousand people. The town is famous for its huge salt mine. The income from this mountaintop salt mine has been such that it made Austria relevant again after its recent decline.

An ancient salt mine in Hallstatt, Austria.

그 아름다운 마을에 7천 년 전의 역사 유물을 전시해 놓은 아주 예쁘장한 2층짜리 박물관이 있습니다. 박물관에 전시되어 있는 설명서에는 할슈타트를 중심으로 동쪽과 동남쪽은 스키타이문화이고, 서쪽은 켈트문화라고 설명하고 있습니다. 다시 말해서 동쪽의 스키타이문화와 서쪽의 켈트문화의 교차점에 할슈타트가 위치하고 있다는 것입니다.

오스트리아 할슈타트 Hallsttatt, Austria

The town is also home to a pretty two-story museum that houses cultural and historical artifacts from up to seven thousand years ago. One of the signs in the museum says that Scythians lived to the south and southwest of Hallstatt, while to the west was a Celtic cultural zone.

할슈타트 박물관 World Heritage Museum Hallstatt

　할슈타트 박물관에는 그 중간 교차점의 문화 유형이 전시가 잘 되어 있습니다. 왕의 칼 끝에 용이 새겨져 있고, 흉노족이 말에 싣고 다니던 동복(솥단지)과 3수 문화로 된 많은 문양이 나옵니다.

　헝가리 사람들은 동방의 유목민, 야만인들이 들어와서 자기 나라를 세웠다고 부끄러워합니다. 그래서 자신들의 역사를 1, 2백 년 줄여서 천 년밖에 안 됐다고 말합니다.

　유럽 지도를 보면 거의 중심부 바로 오른쪽에 헝가리가 있습니다. **헝가리는 3수 문화의 서양 중심지**라고 할 수 있습니다.

할슈타트 박물관에 전시되어 있는 유물들

흉노족과 같은 모양의 청동 솥(銅鍑)
Bronze cauldrons that resemble
Hun cauldrons. Halstatt Museum.

용이 장식된 왕의 칼
Royal blade with dragon decoration. Halstatt Museum (Austria).

Hallstatt was at the crossroad of those two cultures, which is reflected in the artifacts on display. For example, there is a king's sword adorned with a dragon on its tip, a small cauldron carried around by the Huns on their horses, and many artistic patterns that are products of our ternary (*samsu* 三數) culture.

Some Hungarians express shame because they believe their country was founded by nomadic savages from the East. They even shorten the history of their country by two centuries, claiming that Hungary is only a thousand years old.

Examing the map of Europe, we notice that Hungary is slightly to the right. It happens to have been the center of the ternary culture in the Western world.

3수 문화를 보여주는 유물들
Archaelogical evidence of ternary culture. Halstatt Museum

Hungary: The Center of Ternary Culture in the West

헝가리

헝가리 서양 3수 문화의 중심지

　헝가리의 수도 부다페스트에 있는 국립박물관에 가보면 **하늘땅 천지와 인간을 상징하는 3수와 삼각형 문양**을 볼 수 있습니다.

　여기 사진에 삼각형과 세 마리 오리도 보입니다. 여기서 우리는 3수 문화의 놀라운 비밀을 알게 됩니다. **삼각형 속에 있는 세 마리 오리, 이것은 천부경 문화**입니다. **하나 속에 셋이 있다는 집일함삼**執一숌三**이요, 그 셋이 언제나 일체**一體**의 경계에 있다는 회삼귀일**會三歸一 입니다.

3수 문화 유물들(헝가리 국립박물관)

Relics of ternary culture.
National Museum of Hungary.

A museum in Hungary contains many artifacts with symbols related to the 'round sky, square earth' idea, and also ternary and triangular patterns that signify the human spirit. In this picture, we see three ducks and a triangle. So how did our ternary culture spread out over such a wide area—around the world, in fact? Well, there is actually an interesting story related to that. It is from Japan, and it is absolutely astounding. I definitely will get around to it later.

The three ducks and the triangle symbol you see here are actually cultural relics derived from *Cheonbu Gyeong*. They signify the idea of the *jibil-hamsam* (執一含三), meaning "three in one." Three beings together inside a single boundary is representative of the idea of *hoesam-gwi-il* (會三歸一), or "three coming back together as one."

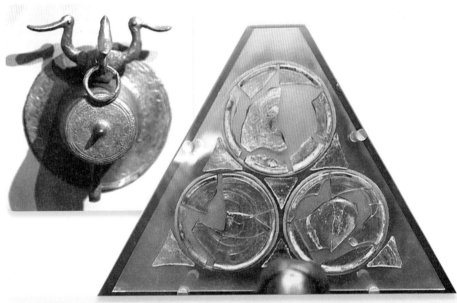

집일함삼執一含三 회삼귀일會三歸一

하나 속에 셋이 있고 셋은 언제나 일체의 경계에 있다.

Jibil-hamsam: "Three in one."

Hoisam-gui-il: "Three coming back together as one."

3수를 나타내는 유물들은 너무도 많습니다. 오스트리아 서쪽으로 넘어가면 켈트문화권입니다. 다음 사진을 볼까요? 이 유물들은 3수 문화를 완전히 궁극의 예술미로 완성시킨 것입니다. 이런 **3수 문양, 세 마리 용, 트리스켈리온** 같은 유물들은 정말로 불가사의한 것입니다.

소머리 셋이 조각된 청동 원반과 **포도 세 송이가 조각된 제단**은 터키 이스탄불 고고학 박물관에 있습니다. 저것도 3수 문화인데 신장 위그르 자치구에 있는 키르키즈 족의 전통 악기 세 세트입니다.

켈트족의 트리스켈리온
Ternary culture of the Celts.
Triskelion.

터키 박물관에 있는 3수 관련 유물들

There are even more relics signifying 'three' all over Europe. The broad expanse west of Austria was the Celtic cultural zone. This zone features artifacts that are the clearest, most complete examples of the ternary culture ever made into works of art. Patterns like these, the three dragons, and artifacts like the triskelion—they are all so amazing and so mysterious.

Here are other examples. One of the stone altars from the Istanbul Museum in Turkey bears an image of three bull heads. Another depicts three bunches of grapes.

Another piece of evidence of worldwide ternary culture is a Kyrgyz folk instrument, which exists as a set of three, in the Xinjiang Uighur Autonomous Zone.

키르키즈족의 삼각 장식과 전통 악기 세트
(신장 위구르족 자치구 박물관)

Kyrgyz triangular decorations.
Traditional Kyrgyz musical instruments.
(Xinjiang Uyghur Autonomous Region Museum.)

포도가 조각된 제단 (터키 이스탄불 고고학박물관)
Three bunches of grapes carved on a stone altar. Istanbul Museum, Turkey.

헝가리의 수도 부다페스트에 헝가리 건국 1,000년을 기념하기 위해 조성한 영웅광장이 있습니다. 거대한 중앙 광장에 천사 가브리엘이 서 있는 높이 36m의 기념비와 그 아래에 헝가리 민족을 이끈 초기 부족장 7명의 기마상이 있습니다. 그리고 양쪽으로 초대 국왕을 비롯하여 헝가리 역사상 가장 위대한 영웅 14명의 동상을 세워놨는데, 동상 위 지붕의 벽면에 **만卍 자 문양과 아표 자 문양**을 새겨놓았습니다.

헝가리는 처음 건국할 때부터 신성한 새를 숭배했습니다. 그 새를 **투룰**Turul이라 했는데, **동방의 삼족오**입니다. 제가 직접 현장을 답사하면서 들은 바로는 본래 한 십여 개의 거대한 투룰 동상을 세웠는데, 지금은 두세 개밖에 남지 않았다고 합니다. 헝가리 왕궁의 오른쪽에 저런 거대한 동상이 아직도 남아 있는 걸 볼 수 있습니다.

부다페스트 영웅광장
헝가리를 건국한 마자르족 부족장 동상들이 있다.

Swastika and '*ah*' cruciform on the walls of the Heroes' Square.

영웅광장 벽에 새겨진 만卍자 아표자 문양

In the Heroes' Square in Budapest are statues of its founders, and the square is filled with swastika and *ah* (亞) motifs. In addition, the foundation of Hungarian mythology involves the worship of the sacred bird. The bird is called a '*turul*,' and it looks very similar to what we call a 'three-legged raven' here in the East. I was told that they had originally built over ten giant statues of it, but only two or three are left. However, we got to see one of the still-existing statues beside the Hungarian royal palace.

헝가리를 건국한 아르파드를 낳은 새 투룰

The *turul* is a raven which is said to have given birth to Árpád, the founder of Hungary.

헝가리 왕궁에 설치된 투룰탑

Turul monument in a Hungarian palace.

헝가리 전역에 세웠던 투룰탑(1903년)

Turul monuments were built throughout Hungary (1903).

서양에서는 국가나 유력한 집안을 상징하는 문장이 있는데, 그 문장에 대개 새가 들어있습니다. 신성로마제국의 국장에도, 가톨릭의 본산지의 문장에도 삼족오가 들어있습니다. 저 삼족오가 나중에 루마니아나 미국의 국장 등에서 보듯이, 독수리로 변형됩니다.

유럽 사람들이 말하길 "동방 유목 민족은 반半 악마다. 저 침략자들은 너무도 강한 종자다. 신이 보낸 심판자다!"라고 하는 등 별의별 악담을 합니다. 그래서 나온 유명한 전설이 '용을 잡아 죽이는 조지 6세 이야기'입니다. 그것을 그린 유명한 그림이 있습니다.

신성로마제국 국장國章 Imperial Eagle of the Holy Roman Empire

루마니아 국장 Romanian Coat of Arms

미국 국장 U.S. Coat of Arms

새를 상징으로 하는 나라별 국장

One more thing, every kingdom and powerful clan in Europe has a coat of arms or crest, most of which include the image of three-legged ravens. There is a bird on the coat of arms of the Holy Roman Empire and in Catholic images also. These images are sometimes transformed into that of an eagle, as you can see in the coat of arms of Romania and the United States.

The Westerners would often utter insults such as, "The nomads of the East are half demon spawns. They are so strong and vicious that they must be the scourge of God." One of the European legends that came from this notion is the story of Saint George slaying a dragon. Here are pictures of that famous legend.

용을 죽이는 성聖 조지 신화
St. George and the Dragon

❶1605년, 루벤스 Peter Paul Rubens (1605)
❷13세기 13th century
❸15세기 15th century

용 : 천지의 물을 다스리는 신수神獸
봉황 : 천지의 불을 다스리는 신수神獸

동방의 신교문화에서 **하늘과 땅과 인간의 생명의 근원은 물과 불**입니다. **천지의 물을 다스리는 것은 용이고, 불을 다스리는 것은 봉황새**입니다. 이 **봉황이 태양새 삼족오**로도 나타납니다. 태양새 삼족오, 이것이 전 지구로 퍼져나간 것입니다. 마야 문명, 중남미 문명, 그리고 동남아시아의 태국, 라오스, 캄보디아, 베트남의 남방불교에도 이 신교 삼신의 우주관 문화가 들어있습니다.

힌두교 사원에 왜 용봉이 있고 도깨비가 있는가? 이런 문제를 알아야 합니다. 이 도깨비 문화의 실체를 깨달을 때, 동방 우주광명 문화의 신관과 우주관이 그날부터 인식되기 시작하는 것입니다.

이 북방 유목문화가 실크로드를 통해 중동과 유럽을 거쳐서 서북쪽의 스칸디나비아에도 전해졌습니다. 유럽 대륙의 북서쪽 끝에 있는 핀란드, 스웨덴, 노르웨이, 네덜란드 등의 해양 국가들에까지 전해진 것입니다.

라오스 왓루앙사원의 용 장식
Dragon statues in Pha That Luang ("Great Sacred Stupa"), Laos.

Dragon: Mythological creature that controls water.
Phoenix: Mythological creature that controls fire.

In the Singyo Culture of the East, it is fire and water that sustains humanity and all other life in heaven and earth. And bodies of water are ruled over by dragons, while fire is controlled by firebirds—by phoenixes. The phoenix also appears in the form of the three-legged raven, which is a sunbird image found all over the world. The Samsin philosophy and cosmology left its mark everywhere, from the Mayans and the rest of Mesoamerica, all the way to Buddhist motifs in Thailand, Laos, Cambodia, and Vietnam.

Do not you wonder why *dokkaebi* ("goblins"), dragons, and phoenixes appear in Hindu temples? Questions like this must be answered. And when the truth behind the *dokkaebi* images is revealed, we truly begin to understand the complete theology and cosmological perspective of this venerable culture of Cosmic Brilliance.

The nomadic culture of North Asia traveled through the Silk Road and spread to the Middle East and Europe, all the way north to Scandinavia. This culture was passed to Finland, Sweden, and Norway, and also to nations like the Netherlands.

　제가 한 30년 전에 노르웨이에 갔었는데, 거대한 장승이 서 있는 것을 보았습니다. 전혀 상상하지도 못한 **장승문화**가 노르웨이에 있었습니다. 그걸 보고 '야, 이거 참 기가 막히는구나!' 하고 놀랐습니다.

　우리가 잘 아는 **바이킹의 시조**가 **아이바르스**Aybars인데, 이 사람이 **훈족 출신**이고 **몽골족의 혈통**이라 합니다. 데이비드 폭스라는 법의학박사가 **유전자를 분석해 봤더니 바이킹의 왕들, 귀족들이 동방 유목민이더라**는 것입니다. 이것이 유전자로 밝혀졌습니다.

　이 아이바르스의 후예들이 폴란드에 들어가고, 노르웨이, 스칸디나비아 그쪽 지역에도 흘러 들어갔습니다.

　"바이킹의 선조는 중앙아시아에서 이주한 몽골인종이다.'

　(데이비드 K. 폭스 박사, 논문 「바이킹의 유전자 연관성-고대 노르웨이와 중앙아시아」)

　유럽의 왕조 역사를 들어가 보면, 오스트리아의 합스부르크 왕국이 유럽의 모든 왕가와 결혼 동맹을 맺어서 하나로 엉켜 있는 것을 알게 됩니다. 로마가 망하고 나서 '우리가 진정한 정통 로마제국의 후예다'라고 하면서 신성로마제국*인 독일에서 역사를 끌고 나가죠. 그 6백 년 왕조가 **오스트리아 합스부르크가**와 얽혀 있는데, 여기에 들어가서 보면 **용봉문화**가 그대로 있습니다.

---

* 962년에 오토 1세가 황제로 대관한 때로부터 프란츠 2세가 제위帝位를 물러난 1806년 8월까지에 걸쳐 독일 국가 원수元首가 황제 칭호를 가졌던 시대의 독일제국의 정식 명칭. (두산백과)

I remember when I visited Norway about thirty years ago, I saw this huge totem pole very much like a Korean *jangseung*. I was deeply surprised and thought it was awe-inspiring and amazing.

The Viking culture originated with a man named 'Ivar the Boneless,' who was actually a Hun with bloodlines connecting him to Mongolia. A forensic expert, David K. Faux, analyzed Viking genes and found that Viking royalty and nobles were nomads from the East. It was actually proven by genetic analysis.

The descendants of Ivar then spread out to Poland, Norway, and across Scandinavia.

Dr. David K. Faux says Vikings were migrants from Central Asia. ("The Genetic Link of the Viking-Era Norse to Central Asia" by David K. Faux)

An examination of the history of Europe, and more specifically into its dynastic history, shows that the House of Habsburg married into virtually all royal houses across Europe, effectively linking with all of Europe through marriage alliances. They were the rulers of the Holy Roman Empire, which claimed to be the rightful heir of Rome after Rome's fall. The Habsburgs, whose dynastic history spanned six hundred years, were prime movers in European history. One of their footprints was unmistakable motifs of dragons and phoenixes.

이 사진은 오스트리아 무기박물관에 있는 유물인데요, 저게 용봉입니다. 저것은 이스탄불의 톱카프 궁전에 있는 봉황과 용으로 된 용봉 부채이고, 저건 헝가리 국립박물관에 있는 오스만투르크의 술탄 황제의 칼입니다. 칼의 손잡이와 날 사이에 손을 보호하는 방패막이를 고동, 가드Guard라고 합니다. 술탄의 칼을 보세요, 가드에 황금 용을 섬세하게 조각해 놨습니다. 이게 바로 **동방 유목문화, 용봉문화가 들어간 흔적**입니다.

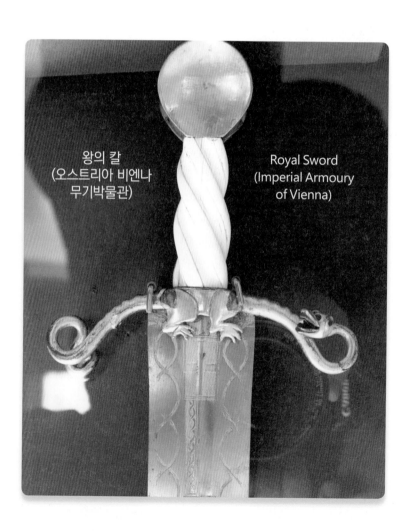

왕의 칼
(오스트리아 비엔나
무기박물관)

Royal Sword
(Imperial Armoury
of Vienna)

In the Imperial Armoury in Austria, there are many weapons adorned with dragons and phoenixes. Here is a fan that has images of a phoenix and dragon etched into it. Another Turkish artifact from the Hungarian National Museum, the Sultan's sword, is adorned with dragon patterns, which is a vestige of their nomadic heritage.

오스만투르크 술탄의 칼(헝가리 국립박물관)
Ottoman Sword (Hungarian National Museum)

용
Dragon

봉황
Phoenix

용
Dragon

용
Dragon

용봉 부채(터키 이스탄불 톱카프 궁전)
Dragon-Phoenix Fan (Topkapi Palace, Istanbul, Turkey).

인스부르크 왕궁

저건 알프스 산맥 바로 아래에 있는, 오스트리아 여자 황제 마리아 테레지아가 머물렀던 인스부르크 궁전입니다. 왼쪽으로 왕궁교회(Hofkirche)가 있는데, 저기 가보면 유럽의 유명한 제왕들, 합스부르크가의 제왕들과 왕비들, 귀족들의 동상을 사람 크기보다 좀 더 크게 조성해놨습니다. 저기에 전부 용봉이 새겨져 있습니다.

갑옷에도 칼에도 용과 봉황이 가득히 조각되어 있습니다.

Then here is a palace at the foot of the Alps where Empress Maria Theresa resided. To the left of the palace is a Catholic cathedral, Hofkirche, full of larger-than-life statues of Habsburg kings, queens, and nobles. Nearly all of those statues feature images of dragons and phoenixes, and likewise so does all the ornate armor.

왕궁교회 Hofkirche

용봉龍鳳으로 가득한 왕의 갑옷 (왕궁교회)
Royal armor adorned with dragons and phoenixes. Hofkirche, Austria

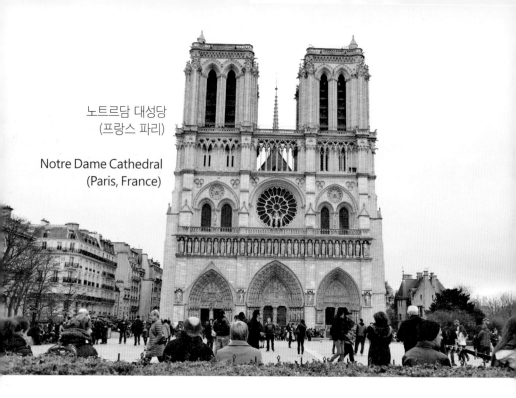

노트르담 대성당
(프랑스 파리)

Notre Dame Cathedral
(Paris, France)

파리의 노트르담 성당에는 봉황, 용, 도깨비가 많이 보입니다. 노트르담 성당에 갔다 온 사람은 많지만, 저러한 문화를 제대로 보고 온 사람은 아마 없을 것입니다. 다 건성으로 보는 거지요.

이곳은 불가리아 남서부의 릴라산에 있는 동방 정교회의 유명한 **릴라 수도원**입니다. 10세기에 이반 릴스키Ivan Rilski라는 수도사가, 지금 수도원이 있는 저곳 차가운 땅에서 7년 동안 기도를 해서 성령의 계시를 받아 저 수도원을 열었다고 합니다.

성당 정문을 장식한 용과 봉황

The front gate of Notre Dame Cathedral, covered with images of dragons and phoenixes.

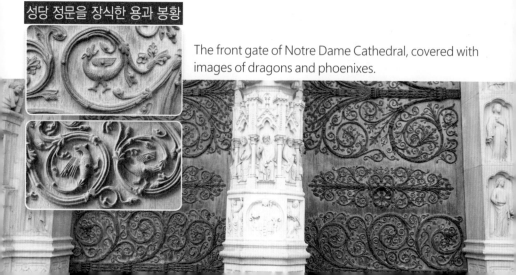

릴라 수도원(불가리아 남서부 릴라산)
Rila Monastery (Bulgaria).

It is the same story at the Notre Dame Cathedral in Paris, which is also adorned with dragons, phoenixes, and gargoyles. Not many people have actually considered the true meanings of these images, though vast multitudes of people visit Notre Dame Cathedral. Visitors typically just glance at them. We in the Hwandan Gogi Research Team, however, took pictures of each and every one and examined them closely and carefully, as though with a microscope.

This is the famous Rila Monastery in Bulgaria. Its founder is said to have slept on the cold ground and prayed for seven years, until he one day received a message from the Holy Spirit to build the monastery.

이반 릴스키(876~946)

Saint Ivan of Rila
(C. 876-946 CE)
The Rila Monastery was built
in accordance with a message
he received from the Holy Spirit.

저기를 가보면 진짜 놀랍니다. 그 앞에 있는 성전 벽을 보면, 참 호사스럽고 성스럽게 성물을 가득 조각해 놨습니다. 그런데 가만히 보니까 용이 보이고, 봉황이 보이는 겁니다. 용봉이 아주 꽉 차 있습니다.

그리고 밖에 나가서 보면 수도꼭지에도 금으로 된 봉황새가 장식되어 있습니다. 그런데 특이하게도 봉황이 여의주를 물고 있습니다. 여의주가 아주 정확하게 보입니다.

동방 신교의 천지 우주론에서 용과 봉은 '하늘의 아들, 신의 아들' 이라는 의미입니다. 바로 '<u>왕권의 신성함을 상징</u>'합니다. 이 문화가 전 지구촌에 다 들어갔습니다.

수도원 내부의 화려한 조각 장식
Intricate decorations inside the monastery.

봉황
Phoenixes

용
Dragons

The monastery is truly a breathtaking site. The walls to the front of the hallway are filled with colorful and sacred images and drawings. I examined these carefully and noticed a dragon, then a phoenix. And to my surprise, the phoenix has that familiar orb. Make no mistake, it is the same orb clutched by the dragons familiar to us.

In the cosmology of the East's Singyo, the dragon and the phoenix represent the Sons of Heaven and the children of God. In other words, they symbolize the divine nature of royal authority. I mean, they are literally all over the world.

여의주를 입에 문 황금 봉황(릴라 수도원)
Divine orb in the mouth of a phoenix.

바티칸 베드로 대성당(이탈리아 로마) St. Peter's Basilica in Vatican City, Italy.

가톨릭의 심장부인 **바티칸 대성당의 꼭대기**에도 용봉 문양의 모자이크가 있습니다. 또 베드로의 시신이 묻혀 있는 **천개탑**天蓋塔 위에도 **용봉 문양과 만**卍 **자 문양**이 많이 있습니다. 그러니까 **서양 기독교에서, 자신들이 모시는 하나님의 아들이 신의 아들이라는 것**입니다.

　지구촌 황금 시절에, 신성한 종통을 상징하는 문양이 바로 용과 봉인데, 이 사람들이 그걸 **다 알면서도 이 문화를 이중적으로 해석**했습니다. 용을 악마로 해석한 것입니다. 나중에 이 용이 또 변종이 됩니다. 영화라든지 여러 이야기를 보면 유럽의 용은 색깔도 이상하게 바뀌고, 날개가 달리고 입에서 불을 뿜습니다. 이게 변질된 용입니다. 용의 정신도 왜곡하여 용을 하늘의 질서를 깨뜨리는 악마, 사신邪神의 상징으로 묘사합니다.

　우주의 신성한 불의 생명을 다스리는 하늘의 태양새, 즉 불새는 나중에 비둘기로 그 문양이 바뀌게 됩니다. 서양에서 용봉문화가 이렇게 변질됩니다. 신약의 「요한계시록」을 보면, 용은 태고의 원죄를 가져다준 악마의 또 다른 모습으로 해석합니다.

바티칸 베드로 대성당의
천장에 있는 용과 봉황

Ceiling of St. Peter's Basilica
in the Vatican.

봉황 Phoenix
용 Dragon

용 Dragon
봉황 Phoenix

There are dragon and phoenix mosaics even atop the Vatican in the very center of Christianity. The dragon and phoenix, along with the swastika, are also on the cupola under which St. Peter himself is buried.

The Christians claim that the Son they worship is the Son of God. However, during the golden age of humanity, the symbol of the Son of God happened to be the dragon and phoenix. Are they ignorant of this fact? No, they actually know. Their interpretation of the motifs, however, is an oxymoron. They actually interpret the dragon as the Devil.

The image of the dragon in the West would undergo changes. Not only were their colors of dragons changed, they came to have wings and became fire-breathers. This is a perverted Western version. This is how dragons appear in movies and in countless legends and stories.

The symbolism of the dragon and the phoenix became corrupted, and the sunbird of holy fire that once had powers over the fires of heaven was turned into a dove. It was a lot worse for the dragon, as it became depicted as a demon that causes chaos and destroys celestial order, the most representative of all evil spirits. In the Book of Revelations in the New Testament, the dragon is just the Devil in a

용봉龍鳳 하나님의 아들이 신의 아들임을 나타내는 지구촌 황금 시절의 상징 문양

용에 대한 이중적 문화 해석

① 용은 신의 아들 ② 용은 악마

오늘 전체적으로 유목문화의 대세를 간단히 살펴보았습니다. 그러면 유목문화의 결론은 무엇일까요?

환국-배달-조선의 동방 우주광명 신교문화의 우주론과 세계관을 그대로 가지고 나간 것이 바로 북방 유목문화입니다. 그 주류인 흉노족의 원 뿌리는 산융山戎, 즉 융족입니다. 중국에서는 역대로 동이東夷, 서융西戎, 남만南蠻, 북적北狄을 말해 왔습니다.

'동방에는 큰 활을 쏘는 오랑캐, 동이東夷가 있다'는 것은 공자의 춘추사관春秋史觀 이후로 그렇게 된 것인데, 여기에서 서쪽에도 오랑캐, 융족이 있다고 했습니다. 이 '융戎'이 세 가지가 있는데, 그 중에 '산융이 유목문화의 원 뿌리다, 흉노족의 근원이다'라고 정의하기도 합니다.

삼신문화를 바탕으로 한 **단군조선의 삼한관경제도**三韓管境制度는 진한辰韓의 대천자大天子 단군왕검을 중심으로 해서 마한馬韓과 번한番韓에 각각 부단군[王]을 두어 나라를 통치한 것인데, 이 문화가 흉노족(훈족)에도 있었습니다.

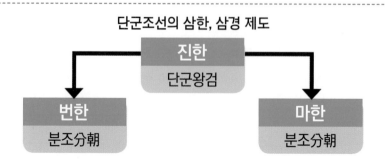

단군조선의 삼한, 삼경 제도

진한
단군왕검

번한
분조分朝

마한
분조分朝

different form—the Devil, who brought original sin to the world.

> ### The Dragon and Phoenix Have Been Symbols of the Son of God
>
> Two conflicting views of the dragon symbol:
> (1) The Son of God (2) The Devil

This concludes the general overview of nomadic cultures around the world. So what is our conclusion about nomadic cultures?

Our final conclusion is that there was a point of origin from which all the nomadic cultures of North Asia began. It was a nomadic culture that spread outward to the rest of the world—the culture of Cosmic Brilliance that encompassed the Samsin theology of the Singyo culture, its cosmology, and worldview. The main branch of this nomadic culture were the Huns who, in turn, originated as the Sanyung (or 'Shanrong' 山戎 in Chinese). They were one of the 'four barbarians' of the cardinal directions in Chinese records, who were the Dongyi, the Seoyung (西戎 Xirong), the Namman (南蠻 Nanman), and the Bukjeok (北狄 Beidi).

In the east were the Dongyi, the barbarians who used great bows, as is described in Confucian histories based on a sinocentric worldview first introduced by Confucious in *Chunqiu* (春秋). Then, in the west, were the Seoyung (Xirong)—the "western barbarians." But even among the Yung (戎 Rong), there were three distinct groups. The aforementioned Sanyung were said to have been the root of all the nomadic cultures of the north, including such tribes as the Hyung-no (Huns).

The Samhan Governance system, or the Three Realms System, of Joseon involved having the *dangun* in the center with two kings

The 'Three Joseon States' System

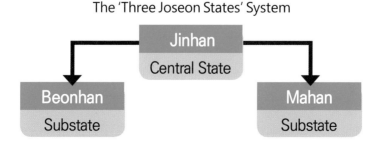

신교의 삼신 우주광명 문화를 그대로 가지고 있던 흉노족은 나라 전체를 다스리는 **대천자 선우單于가 중앙에 있고, 왼쪽에 좌현왕, 오른쪽에 우현왕**을 두었습니다. 왕의 큰아들이 좌현왕이 되어 나중에 천자 선우를 계승하였습니다.

이 문화가 중국의 마지막 왕조인 청나라에까지 그대로 전해져 왔습니다. 흉노족이 왕을 탱리고도撑犁孤塗라고 했는데, 탱리는 '하늘'이고, 고도는 '아들'이라는 뜻입니다. 그리고 선우를, **'선우천강單于天降, 선우는 하늘에서 내려왔다'***고 하였습니다. 천자 사상을 그대로 가지고 있습니다. 다시 말해서 **환국, 배달, 단군조선의 천자 사상의 근본을 그대로 가지고 있는 것**입니다!

> 탱리撑犁 : 하늘
>
> 고도孤塗 : 아들
>
> 탱리고도는 천신의 아들(天子)
>
> (『한서漢書』「흉노열전」)

----
* 내몽골 박물관에 있는 선우 조각물에 쓰여 있다.

The Hun 'Wise King' (Left and Right) System Derived from Joseon

Son of Heaven (Seonu)
천자(선우)

흉노
Huns

북부여
North Buyeo

우현왕
Wise King of the Right

좌현왕
Wise King of the Left

단군조선의 삼신三神문화를 계승한
흉노의 좌·우현왕 제도

on the left and right flanks. We can actually see vestiges of this system among the Huns.

The Huns, who were actually a part of the culture of Cosmic Brilliance, had a supreme ruler in the center called the 'seonu' (單 于, shanyu), with viceroys called 'wise-kings' on the left and right. It was usually the eldest son who became the wise-king of the left and later assumed the throne.

This is a system that was maintained all the way to the last dynasty of nomads, the Qing of the Manchus. As far back as the Huns, nomads called their kings the 'tengrigodo', a combination of two words: tengri (which means "heaven") and godo ("son"). "Son of Heaven" is apparently a concept that has been long believed.

Seonu (Shanyu) is an abbreviation of 'Seonucheongang' ("Seonu Descended from Heaven"). The Three Dynasties' idea of the Son of Heaven remained intact among the Huns.

---

tengri: "heaven"
godo: "son"

"The tengrigodo was a son of the Divine Heaven."
(The "Annals of Xiongnu" chapter, The Book of Han)

선우천강單于天降
선우는 하늘에서 내려왔다.

(중국 한漢나라 때의 한명문와당, 내몽골박물관)

Seonucheongang:
"The seonu descended from heaven."
Inner Mongolia Autonomous Region Museum
Scripted eaves tile (Han Dynasty).

모든 유목문화는 흉노족이 됐든, 선비족이 됐든, 돌궐족이 됐든 한 뿌리에서 나왔습니다. 투르크족의 후예가 세운 터키에는 '우리는 피로 맺은 형제다' 하면서 언약을 하는 국가 맹세 의식이 있습니다. 이러한 의식을 행하는 나라는 터키뿐 아니라 여러 나라가 있습니다. 국기도 보면 양식이 비슷합니다.

선우는 게르(천막집)를 칠 때, 반드시 남쪽을 향해서 문을 배치합니다. 죽을 때는 하나님이 계신 별, 삼신상제님의 별인 북방의 북두칠성을 향해 머리를 둡니다.

흉노족은 일월을 숭배합니다. 중국의 역사서를 보면 놀라운 이야기가 있습니다. 아침에 해가 뜰 때면 선우가 진영陣營에 나가 '해님이시여~' 하면서 배례를 합니다. 또 저녁에 달이 떠오를 때는 달님에게 배례를 한다는 것입니다. 저 문화의 원형이 『환단고기』「환국본기」에 그대로 나와 있습니다.

단 우 어 조 출 영　배 일 지 시 생　석 배 월
單于於朝出營, 拜日之始生, 夕拜月.

"선우는 아침에 진영에서 나와 떠오르는 태양을 향해 절을 하고 저녁에는 달을 향해 절을 했다." (『흉노열전』)

조 칙 제 등 동 산 배 일 시 생　석 칙 제 추 서 천 배 월 시 생
朝則齊登東山 拜日始生, 夕則齊趨西川 拜月始生.

아침이 되면 모두 함께 동산東山에 올라 갓 떠오르는 해를 향해 절하고, 저녁에는 모두 함께 서천西川에 가서 갓 떠오르는 달을 향해 절하였다. (『태백일사』「환국본기」)

All nomadic cultures—whether the Huns, the Seonbi (Xianbi), or the Turks—came from a single root. Turkey, established by the Turks, has a national pledge ceremony where they declare themselves 'blood brothers' with another country to whom they are pledging themselves. It is not just Turkey, of course. There are other countries who have similar rituals and who share similar patterns in their flags.

There are other interesting facts, such as that the *seonu* chieftains pitched their tents with their doors facing southward. When they died, they made sure that their heads were oriented in the direction of the Big Dipper, the stars that represent Samsin Sangjenim. In addition, the Huns also worshipped the sun and moon, and there is a fascinating passage in Chinese records related to this. The passage asserts that the *seonu* of the Huns went into the main camp at sunrise to bow to the rising sun and did the same to the rising moon in the evening. It is the exact same ritual that appears in the *Chronicles of Hwanguk* in *Hwandan Gogi*:

> "The *shanyu* (*seonu*) would go to the main camp in the morning and bow to the sun as it rose, then bow to the moon in the evening." ("Annals of the Xiongnu," *Shiji*)

> "[...] the people ascended an eastern mountain each morning and bowed to the rising sun. And each evening, they ran together to a western river and bowed to the rising moon." (*Chronicles of Hwanguk* of *Taebaek Ilsa*)

The Xiongnu's round yurts are built with doors facing southward.

흉노족의 풍습
게르(천막집)의 문을 남쪽으로 배치

아주 놀라운 사실입니다. **일월 숭배는 구체적으로 천지의 물과 불을 다스리는 용봉 숭배**입니다. 그 **용봉은 천지의 아들, 신의 아들을 상징하는 신성한 문양**입니다.

또 용봉은 자연신을 상징하는데, 이것이 마야 문명, 인디언 문화, 그리고 아프리카에도 있습니다. 제주도 아프리카관을 가보면 용 조각이 하나 있어요. 그런데 거기 아프리카 사람들이 상투를 틀었어요. 아프리카 사람들이 왜 상투를 틀었나? 저는 깜짝 놀랐습니다. 아프리카 사람들이 삼신 문양을 가지고 있다는 겁니다. 이러한 지구 문화의 보편성에 대해 우리가 다시 한번 생각해 봐야겠습니다.

용 조각상
(제주도 아프리카 박물관)

Dragon Sculpture
Africa Museum
(Seogwipo, Jeju).

일본 이세신궁의 신락제神樂祭.
동방 문화의 상징인 용봉龍鳳
깃대를 모시고 제를 행한다.
During festivals performed
at Ise Shrine, flags depicting
dragons and phoenixes are
raised.

This is something extraordinary. The worship of the sun and moon corresponds to the worship of the dragon and phoenix, who control water and fire, respectively. The dragon and phoenix symbolize the Sons of Heaven.

The dragon and phoenix represent gods of the natural world, and thus are present in contexts such the Mayan culture in the American Indian culture, and as far away as Africa. At the African Museum on Jeju Island is a sculpture of a dragon. I saw performers there, and they had topknots on their heads! I was quite surprised. There are Samsin motifs even in African culture! What this tells us is that human culture is universal—something that all of us must contemplate.

The sarcophagus of Pakal the Great, who founded the Mayan city-state of Palenque in the 7th century, features carvings of a phoenix and dragons.

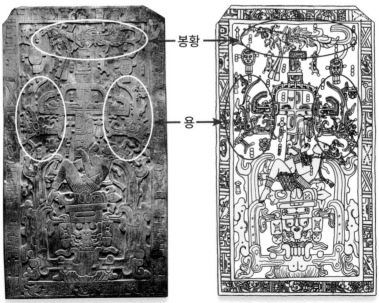

봉황

용

7세기 마야 파칼왕의 석관 덮개에 있는 봉황 문양과 용 문양

인류 근대사의 첫 출발점,
동학의 '다시 개벽' 선언

지금부터 160년 전, 동방 조선의 위대한 한 구도자가 **'9천 년 인류 사의 원형 역사 문화가 다시 부활한다!'**는 놀라운 선언을 합니다. 그 것이 바로 동학의 **'다시 개벽'** 선언입니다.

"십이제국 괴질 운수 다시 개벽 아닐런가."

(『용담유사』「몽중노소 문답가」)

앞으로 지구촌의 생태계 파괴를 넘어서, 인류 문명사에 누적된 상 극의 원한 기운이 총체적으로 터져 나와 인류의 생사존망이 갈리게 됩니다. 그 모순과 갈등과 전쟁의 검은 죽음의 기운들이 입체적으로 뭉쳐서 인류 문명사의 자기모순으로 한 번 폭발하는 계기가 오게 됩 니다. 그것은 대자연의 개벽의 법칙으로 오는 것인데, 그것이 **'다시 개벽'**이고 **'십이제국 괴질 운수'**입니다. **이것을 극복하기 위해, 인류 의 마지막 역사전쟁을 극복하기 위해, 한민족이 9천 년 동안 섬겨온 삼신상제님이 동방 땅에 오신다**는 것입니다. 4,300년 전, 단군왕검이 바로 이곳 마리산 참성단에서 서원했던 동방 한민족의 유구한 역사 의 소망이 동학에서 다시 선언된 것입니다.

1860년 음력 4월 5일, 최수운 대신사가 천상의 삼신상제님과 직접 문답한 내용이 **『동경대전東經大全』**에 있습니다. 한국사람이 『동경대 전』도 모른다고 하면 진정한 한국인이라 할 수 있을까요? 「천부경」 을 모르면 진짜 한국인이 아니듯이 동학의 핵심 선언을 알아야 우리 가 진정한 한국인의 문턱을 넘어설 수 있습니다.

Donghak's Call for a New Gaebyeok

Not too long ago, there was a declaration that the nine-thousand-year-old human civilization will be renewed. This would be what Donghak calls the 'New Gaebyeok.'

"The fate of the mysterious disease spreading across the entire world—is this not once again *gaebyeok*?" says the scripture. This goes beyond mere climate change, for the grievances that have accumulated throughout human history will burst forth all at once, pushing humanity to the brink of annihilation. The dark forces of disparity, conflict, and war throughout human civilization will crash together and come to an end in one spectacular explosion.

Gaebyeok is coming again because natural law has ordained it. That is why there will be a new *gaebyeok* and the entire world will be fated to suffer the plague.

This is the situation, this historical conflict, that Sangjenim incarnated to resolve—the very God of the Universe who governs the cosmos and whom the Korean nation has worshipped for nine thousand years. The great hope of the Eastern people that the first *dangun*, Wanggeom, ignited here in Ganghwa on Chamseong-dan Altar on Mt. Mari 4,300 years ago was reignited in Donghak.

On April 15th, 1860, the Great Priest Choe Je-u (Su-un) had a direct conversation with God—Sangjenim in heaven—which is written down in *Donggyeong Daejeon*, the main Donghak scripture. *Donggyeong Daejeon* is something that any self-respecting Korean must aspire to know if they consider themselves Korean.

동학의 위대한 새 역사 선언, 그 구체적인 비밀은 최수운 대신사가 삼신상제님으로부터 받아 내린, **새 시대 출발을 알리는 천지 노래 시천주侍天主 주문**에 들어 있습니다.

시 천 주 조 화 정 영 세 불 망 만 사 지
侍天主 造化定 永世不忘萬事知

지 기 금 지 원 위 대 강
至氣今至 願爲大降

'시천주 조화정 영세불망만사지' 열석 자는 본 주문이고, '지기금지 원위대강' 여덟 자는 원원한 천지 조화성령의 기운을 직접 받아 내리는 강령 주문입니다.

구체적으로는 **'시천주조화정'**, **'천주님을 모시고 조화를 정한다. 천지의 원 주인은 삼신상제님이다. 그 상제님이 본래 인류가 섬겨오던 천지의 주인, 아버지 천주님이다. 이제 아버지를 직접 모시는 아버지의 조화 문명 시대가 열린다'**는 뜻입니다.

그 진리 주제가 무엇입니까?

"무극대도 닦아내니 오만 년 운수로다." 이 선언은 소위 말세, 말법운을 말하는 게 아니라, **인류가 문명의 새로운 전기점을 맞았다**는 것입니다. 불가로 말하면, **새로운 우주 진리, 새로운 깨달음과 새로운 수행법을 선언하는 천주님, 도솔천 천주님, 미륵님이 오신다.** 동서 모든 종교에서 언급했던 진리의 아버지, 생명의 근원, 천주님께서 바로 이 동방 땅에 오신다**는 것입니다.

The great historical declaration by Donghak was none other than the mantra that the Great Priest Choe received directly from God, Sangjenim, that heralded the coming of the new era—it is the Sicheonju, the divine incantation:

侍天主 造化定 永世不忘萬事知 至氣今至願爲大降

> Serving the Lord of Heaven
>> who determines the destiny
>> of the Immortal Paradise of Creation-Transformation,
> I will never forget, throughout all eternity,
>> his infinite grace of bestowing enlightenment
>> into all matters.
> I wish for the ultimate *qi*, the ripening *qi* of autumn,
>> to now descend in abundance from on high.

The first thirteen characters, from "serve (侍)" to "know (知)," constitute the main mantra, while the ensuing eight characters, which read, "I wish for the ultimate *qi*, the ripening *qi* of autumn, to now descend in abundance from on high," are the so-called 'mantra for receiving the inspiration of the holy spirits.' The first six characters signify one's resolve to serve God and achieve creative transformation. The mantra is also a declaration that Samsin Sangjenim is the Lord of Heaven and Earth who humankind has always worshipped as their divine father, known as 'Cheonju' (天主) or the "Lord of Heaven," and humankind is now on its way to creating a civilization of the Holy Father.

There is a core message in all of this as was expressed in the phrase, "Cultivate and purify yourself with the Supreme Dao of Mugeuk* and the destiny of the next fifty thousand years will be yours." [Note: See Dojeon 1:8:25.] This destiny is not some portent of coming doom or the apocalypse; it actually represents a new transition for human civilization. To put this in Buddhist terms, this transition would herald the arrival of a new enlightenment that would reveal an entirely new

----

* **Supreme Dao of Mugeuk.** A translation of the Korean term 'Mugeukdaedo' (無極大道). An alternative translation is the "Great Dao of the Infinite."

이제 **종교 시대를 넘어, 과학문명 시대를 넘어, 이제 천지의 조화주 삼신상제님의 조화문명 시대가 옵니다.** 그 **조화문명의 새 진리를 '무극대도**無極大道'라고 합니다.

이것은 상당히 어려운 얘기인데요, **무극대도**라는 것은 **만물을 성숙하게 하고 천지와 인간이 진정으로 하나 되게 하는 가을우주의 진리**입니다. **가을 우주의 생명**을 무극이라 하는데, 그 **가을 우주의 생명을 주관하시는 삼신상제님, 아버지 하나님의 도법**이 바로 무극대도입니다. 이 도법이 마침내 나옵니다.

1945년에 해방이 되면서, 우리 역사를 말살하고 뿌리를 뽑았던 일본 제국이 물러갔습니다. 그런데 해방되기 수십 년 전부터 조선 사람 6백만 명이 '앞으로 조선 땅에는 미군이 일본을 내쫓아 버리고 해방군으로 들어온다'는 한미 동맹에 대한 역사관을 이미 가지고 있었습니다. 최근에 이런 놀라운 학술발표가 경주에서 있었습니다.

해방 다음해인 1946년에 **이승만** 박사가 전라북도 정읍에 가서 놀라운 역사 선언을 합니다. '남한만의 단독 정부를 수립하자!'고 말입니다.

universal truth: the coming of he who would introduce a completely new way of spiritual discipline, he who would be the Lord of Tusita Heaven, he who would be the Maitreya Buddha.

Simply put, someone would come who would be the father of all religions of the East and West, the source of all life, the Lord of Heaven; and he would be coming here, to this very land.

This new era will transcend religions and transcend science and technology; it will be a civilization of creative transformation en-acted by the Great Harmonizer himself. This civilization will be called the Civilization of the Great Dao of the Infinite.

This might sound a bit complicated—because it is. The Great Dao of the Infinite can be equated to the force of cosmic autumn, wherein all things come to fruition and heaven and humanity truly become one. The Infinite, or the state of Limitlessness, represents the life force of the Cosmic Autumn. The one presiding over the life force of the cosmic autumn and the governing principles of the Au-tumn Universe is none other than Samsin Sangjenim. And it is with Sangjenim—God the Father; the Lord of Heaven—that resides the ultimate dao (道), which is the Great Dao of the Infinite.

The Empire of Japan made sure they completely ruined Korean history before they finally left this country in 1945, when we were liberated. However, there were millions of Koreans—six million to be exact—who knew of the coming Korean-American alliance and who knew that the Americans would arrive as liberators and drive out the Japanese, decades before it actually happened. This amazing fact was revealed at an academic conference in Gyeongju recently.

It was in 1946 that Dr. Syngman Rhee went to the city of Jeong-eup and made the historic declaration that we should set up a separate government in southern Korea.*

----

* From Syngman Rhee's Jeong-eup Declaration on June 3rd, 1946: "As at this point, it is not possible to create a unified government, and chances of the Joint Commission lifting its indefinite recess look slim, we need to establish a South Korean interim government, or committee and globally call for the withdrawal of the Soviet Union from above the 38th parallel."

그러면 왜 이 박사가 이처럼 중대한 선언을 서울이 아닌 전라도 정읍에 가서 한 걸까요? 조선 말에 동학농민군 60만 명이 일본 제국의 총칼과 대포 앞에 처참하게 무너지고, 일제 강점기에 6백만 명의 참동학 일꾼들이 정읍 대흥리에서 **보천교**普天敎라는 이름으로 다시 일어섰습니다. 정읍의 6백만 구도자, 참동학꾼이 보내주는 독립자금으로 우리 대한의 독립운동이 이루어졌던 것입니다. 이승만 박사가 그걸 알고 있었기 때문에 정읍으로 달려갔던 것입니다. 임시정부 주석 **김구** 선생도 귀국 비행기에서 내리면서 한 기자회견에서 제일 먼저 **"우리가 정읍에 많은 신세[빚]를 졌다."**고 했습니다. **보천교에 은혜를 크게 입었다**는 것입니다.

우리는 지금 우주의 일태극 조화의 물이 분열을 하는 봄여름철 불의 계절을 지나고 있습니다. 이제 1, 3, 5, 7, 9의 문화에서 **'일적십거一積十鉅'** 즉 **10무극의 가을 우주, 지천태 세상으로 들어가려고 합니다**. 참성단의 제단이 상징하는 것처럼 **궁극의 음의 시대, 가을의 곤도坤道 시대의 새 역사를 맞이**하는 것입니다.

1946. 6. 3. 이승만 초대 대통령의 정읍 발언
"이제 우리는 무기 휴회된 공위가 재개될 기색도 보이지 않으며 통일정부를 고대하나 여의케 되지 않으니 우리는 남방만이라도 임시정부 혹은 위원회 같은 것을 조직하여 38선 이북에서 소련이 철퇴하도록 세계 공론에 호소하여야 할 것이니 여러분도 결심하여야 할 것이다."
Syngman Rhee made a proposal to establish a separate South Korean government on June 3, 1946, in Jeong-eup.

보천교 본부 (십일전)
6백만 참동학군이 일어난 정읍 대흥리

So why did Dr. Syngman Rhee go to Jeong-eup? After the Donghak army of 600,000 was destroyed by Japanese rifles and artillery, the Donghak faithful reorganized themselves into the six-million-strong Bocheon-gyo religion in Jeong-eup. The six million faithful of Jeong-eup pooled their resources and provided funds for the independence movement.

Syngman Rhee was well aware of this fact. Even Kim Gu, the leader of the Provisional Government, stated, "We owe a great debt to Jeong-eup" as he stepped off the plane. What he really meant was that the independence movement owed a great debt to Bocheon-gyo.

At present, we are passing through the cosmic spring and summer, a season of fire, because the universal water force that enables creative transformation in the Single Supreme Ultimate (一太極, represented by the 'The One Building Up to the Great Ten 一積十鉅' in *Cheonbu Gyeong*) remains divided.

We have passed through cultures marked by one, three, five, seven, and nine, and are about to move into the cosmic autumn of the Ten Infinite—of earth over heaven ("*jicheontae*"). That which we call '*gaebyeok*' will occur "once again."

1945년 11월 23일. 김구 귀국 때 발언
"정읍 보천교에 많은 빚을 졌다."

"We owe a great debt to Bocheon-gyo in Jeong-eup."
Statement by Kim Gu during his return (Nov. 23, 1945)

A graphic reconstruction of the now-demolished headquarters building of Bocheon-gyo in Jeong-eup City.

지천태地天泰괘

일 적 십 거
一積十鉅

우주는 봄, 여름 시대를 지나
가을 음陰의 곤도坤道 시대를 맞이한다.

'다시 개벽'의 정신을 살펴보면서, 오늘 제가 말씀드리고 싶은 것은 **'동방 고대 조선의 문화정신은 무엇인가?', '오늘 우리 한국인의 몸과 마음속에 흐르는 문화와 역사의 근본정신은 무엇인가?'** 하는 것입니다.

우리 조상들은 환국, 배달부터 일군 드넓은 대륙의 문화, 그리고 단군조선 이후 고구려가 망하고 나서 한반도로 들어와서 생긴 반도의 정신을 지니고 있었습니다. 그래서 **우리 한국 문화에는 농경문화와 유목문화, 그리고 해양문화가 융합되어 있습니다.**

앞으로 전개될 개벽문명의 실제적인 역사의 첫 출발점이라 할 수 있는 남북통일은 단순히 한민족 분단의 역사를 청산하고 해체하는 작은 통일이 아닙니다. 그것은 **지구촌 동서 문명을 크게 융합하는, 지구촌 대통일 문명의 시간대로 들어서는 일**입니다. 이것이 바로 우리 한민족 8,200만 한 사람 한 사람의 몸과 마음과 영혼 속에 흐르는 9천 년 역사 문화 정신의 본질인 것입니다.

지난 30여 년 동안 동서양의 역사 문화 현장을 답사하면서 **단군조선은 결코 신화가 아니라는 것을 절감**했습니다. 앞으로 기회가 있을 때마다 지구촌 현지에 가서 그것을 확인해 보세요. **단군조선을 신화로 알게 된 것은 일본과 중국의 역사 침략자들이 사서를 조작·왜곡하고, 그것을 변칙적으로 해석해서 우리에게 소한사관, 반도사관을 심어 놓았기 때문**입니다. 마치 '삼천리 화려강산'을 외치는 지금의 애국가처럼 말입니다. 그렇게 자꾸 부르고 외치고, 또 듣다 보니까 세뇌가 되어 한민족 본래의 역사 유전자가 병이 들어 버렸습니다.

一積十鉅

We are moving into the era of the Ten Infinite, or the cosmic autumn.

There is one question that I truly want to ask you: "What, exactly, was the nature of the cultural spirit of ancient Joseon?"

For starters, Koreans had with them a trailblazing continental culture that they possessed since the foundation of Hwanguk and Baedal and the peninsular traits that they developed from being relegated to a peninsula after Joseon and the fall of Goguryeo. This means that Korean culture is comprised of agricultural, nomadic, and maritime cultures fused into a single culture.

This leads me to declare that the coming unification of Korea will not be limited to merely ending division on the Korean Peninsula. It represents the starting point of the Gaebyeok Civilization that will come after—of a post-*gaebyeok* era that will bring together the cultures of the East and West in a grand union of all civilizations on this earth.

And this is the essence of the cultural spirit that courses through the veins of each and every person making up the Korean nation.

My thirty years of traveling, observation, and research have led me to conclude that ancient Joseon is no myth. You must really travel to different places around the world and see for yourself. Joseon is perceived as a myth because the history ravagers from Japan and China fabricated and manipulated historical records, producing skewed interpretations of those records. This implanted the notion of a small Korea, a peninsular history, in Korean minds. An example of this is that phrase in our national anthem: "beautiful land of three thousand *li*."

Memorizing and singing phrases like this have brainwashed many of us. Our historical DNA became diseased beyond recognition. But ask yourself whether the history you know is the true history. Go around the world and learn, and you will know.

천지부모를 알아야 인간 부모를 알고 진정으로 역사 속에서 성공하는 참된 사람이 될 수 있습니다. 천지부모와 한마음 한뜻으로 사는 사람, 그 참된 사람을 환국, 배달부터 '태일太一 인간'이라 했습니다. 천일天一, 지일地一, 태일太一, 천지와 크게 하나 된 심법으로, 한마음으로 사는 사람, 그것이 태일이고 대한大韓입니다. 9천 년 역사의 우주광명 문화와 역사 정신이 태일이라는 두 글자에 있습니다.

서울에 있는 창덕궁에 가보면 태일 문화의 흔적이 남아 있는 것을 확인할 수 있습니다. 옛날 조상들은 태일을 알았는데, 우리는 이 역사의 비밀과 역사의 근본정신을 모르고 있습니다. 부모에게서나 학교로부터 문화사 측면에서 단 한 번도 교육을 받지 못했습니다.

천지부모와 하나 되게 해주는 천지의 조화공부가 태을주太乙呪 공부입니다. 태일을 이루어주는 천지조화 공부, 시천주 조화정 공부법이 바로 참동학에서 완성이 됐습니다. 바로 **태을주 스물석 자 우주조화 주문**이 나온 것입니다. 앞으로 여기에 대해서 좀 더 큰 관심을 가지시기 바랍니다.

마지막으로 오늘 이 자리가 진정한 대한 사람으로 태어나는 '다시 개벽!', 그리고 '진정한 시원 문화 역사를 되찾고 우주광명의 역사가 복원되는 개벽의 시간'이 되기를 축원합니다. 오늘 말씀을 모두 매듭지을까 합니다. 감사합니다.

Becoming a true and upstanding human being, someone who respects their birth parents and attains personal maturity within history, is predicated upon one's knowledge of the Divine Parents.

Individuals who have achieved a harmonious whole with the Divine Parents, Father Heaven and Mother Earth, have been referred to as a 'Taeil' (Supreme One) since the time of Hwanguk and Baedal. A Supreme One exists together with the Celestial One (天一) and the Terrestrial One (地一), is possessed of spiritual discipline, and lives in one spirit with both. This person is, again, called a 'Taeil', or, alternatively, a 'Daehan.'

The concept of Taeil can actually be seen nearby, in Changdeok Palace. Our ancient ancestors actually knew the concept of Taeil very well. However, Koreans today did not have a chance to learn about this historical mystery, this truth, in schools or in any culture classes.

There is a knowledge that will allow us to become one with the Divine Parents, and that knowledge is the Taeeulju Mantra.

This 'harmonious knowledge,' a knowledge of the Sicheonju, was completed by the true heirs of Donghak. The twenty-four words of the Taeeulju Mantra represent a completed form of this knowledge. I take this opportunity to urge you to pay greater attention to this in the future.

Lastly, I hope the session today is an event that sparks personal experiences of *gaebyeok* that will allow us to be reborn as the People of Daehan.

I end this lecture by expressing my sincere hope that this session becomes our own *gaebyeok*, wherein the history of Cosmic Brilliance and the foundational history of Hwanguk, Baedal, and Joseon is restored.

Thank you for coming.

太乙呪

吽哆 吽哆
太乙天 上元君 吽哩哆哪都来 吽哩喊哩娑婆訶

(훔치 훔치 태을천상원군 흠리치야도래 흠리함리사파하)

태일을 이루는 시천주 조화정 공부는
참동학의 조화주문 태을주로 완성되었다.

The Taeulju Mantra

太乙呪

Hoom 吽 흠 吽 흠 Hoom
chi 哆 치 哆 치 chi

Tae 太 태
eul 乙 을
cheon 天 천
Sang 上 상
won 元 원
gun 君 군

Hoom 吽 흠
ri 哩 리
chi 哆 치
ya 哪 야
do 都 도
rae 来 래

Hoom 吽 흠
ri 哩 리
ham 喊 함
ri 哩 리
sa 娑 사
pa 婆 파
ha 訶 하

The Taeeulju Mantra represents a completed form
of the knowledge of the Sicheonju.

누구나 쉽게 읽고 함께 감동한다
다양한 판형의『환단고기』10종 출간

인류의 시원사와 한민족 9천년사의
국통맥國統脈을 바로잡는
신교 문화의 정통 도가道家 역사서의 결정판!

1. 역주본『환단고기』: 원본 80,000원 | 축소판 58,000원
2. 현토본『환단고기』: 원본 20,000원 | 축소판 18,000원
3. 보급판『환단고기』: 23,000원
4. 『쉽게 읽는 청소년 환단고기』: 원본 25,000원 | 축소판 20,000원
5. 『온 가족이 함께 읽는 어린이 환단고기』: 원본 28,000원 | 축소판 18,000원
6. 포켓용『환단고기』: 15,000원

우리역사 문화찾기 시리즈

인류 창세역사와 한민족 9천년사의 국통맥國統脈을
바로 세우는 인류 원형문화의 원전原典

역주 완간본 환단고기

운초 계연수 편저 | 해학 이기 교열 | 한암당 이유립 현토 | 안경전 역주
180×265 | 양장 | 1424쪽 | 80,000원
(축소판 | 158×234 | 양장 | 1424쪽 | 58,000원)

일반 독자들이 『환단고기』를 쉽게 이해할 수 있
도록 풀어서 쓴 역주본이다. 역주자가 근 30년
동안 동북아를 비롯하여 지구촌 역사 현장을 직
접 답사하여 사실史實을 고증하고, 생생한 역사
현장 사진과 참고문헌, 사료 등을 수록하여 누
구도 쉽게 읽을 수 있도록 하였다.

인류의 시원사와 한민족 9천년사의 국통맥國統脈을
바로잡는 신교 문화의 정통 도가道家 사서의 결정판!

현토본 환단고기

운초 계연수 편저 | 해학 이기 교열 | 한암당 이유립 현토
190×265 | 양장 | 328쪽 | 20,000원
(축소판 | 151×234 | 양장 | 328쪽 | 18,000원)

본서는 1979년에 필사하여 1983년에 간행한 〈배
달의숙본〉『환단고기』를 저본으로 하였다. 원문을
쉽게 읽고 이해할 수 있도록 현토를 하였으며, 〈배
달의숙본〉에 수록된 이유립의 현토懸吐를 기초로
삼았다. 원문의 이해를 높이기 위하여 한자의 음과
훈, 주요 용어 및 술어를 풀이하여 실었다.

보급판 환단고기

계연수 편저 | 이유립 현토 | 안경전 역주 | 신국판 | 무선 | 576쪽 | 23,000원

마침내 '환국→배달→(옛)조선→북부여→고구려'의 뿌리
역사가 밝혀졌다! 역주완간본 본문을 새로 편집하고 해제
의 주요 내용을 간추려 누구나 쉽게 읽을 수 있게 구성했
다. 500여 쪽의 원문·번역문, 160여쪽의 해제, 역사지도
및 유적지 사진, 색인 등을 수록했다.

온가족이 함께 읽는 어린이 환단고기

계연수 편저 | 안경전 역주 | 180×230 | 양장 | 664쪽 | 28,000원
(축소판 | 162×198 | 무선 | 18,000원)

그림과 사진으로 풀어낸 대한민국의 진짜 역사
역주완간본의 번역문을 어린이의 눈높이
에 맞게 풀이하고 소제목을 달았다. 또한
재미있는 삽화와 사진을 넣고, 측주와 참
고자료 등도 최대한 쉽게 풀어 썼다.

쉽게 읽는 청소년 환단고기

계연수 편저 | 이유립 현토 | 안경전 역주 | 170×235 | 양장 | 552쪽 | 25,000원
(축소판 | 147×202 | 무선 | 20,000원)

글로벌리더를 꿈꾸는 청소년들의 필독서
청소년들이 읽기 쉽게 구성했다. 역주완간본의 번역문을 모두 담고, 역주완간본
해제의 핵심 내용과 측주, 미주, 지도, 사진 등을 알기 쉽게 간추려 편집했다.

포켓용 환단고기

계연수 편저 | 이유립 현토 | 안경전 역주 | 100×148 | 양장 | 734쪽 | 15,000원

한 손에 쏙 들어오는 작은 크기로 휴대하기에 좋다. 원문을 암
송하기 좋게 한문 원문과 번역문을 위아래로 편집하고, 어려운
한자도 풀이하였다.

삼성조이야기-한영대역 일러스트

상생출판 만화제작팀 | 180×280 | 무선 | 104쪽 | 10,000원

현 인류의 가장 오래된 나라 환국, 동북아에 세운 한민족의 첫
나라 배달, 47분의 단군이 다스린 단군조선(옛조선)에 대한 이
야기이다. 생활 속에서 광명을 숭상하고 그 빛을 닮으려고 애
쓰며 밝은 마음으로 세상을 이롭게 하려던 옛 선조들의 삶을
일러스트와 함께 한영대역으로 기록하였다.

STB상생방송 특강 시리즈

STB
상생방송
특별기획
역사특강

STB상생방송 특별기획 역사특강❶
한민족, 바다를 지배하다
윤명철 지음 | 신국판 | 양장 | 260쪽 | 18,000원

필자는 STB상생방송을 통해 '한민족의 해양활동과 대외진출사'라는 주제로 특강을 하였다. 이 책은 강의 내용을 좀 더 쉽게 가다듬은 것이다. 이제 우리 역사에 대한 통념을 수정할 때가 되었다. 반도사관을 버리고, 우리 민족의 활동무대를 만주와 한반도 그리고 한반도를 둘러싼 해양을 포함한 해륙사관으로 보자. 우리의 터는 동아지중해의 심장이다.

STB상생방송 특별기획 역사특강❷
환국, 신시, 고조선조직사
이강식 지음 | 신국판 | 양장 | 256쪽 | 20,000원

본서는 환국, 신시, 고조선의 고대조직의 이론, 사상, 철학과 실천을 현대 조직학의 관점에서 분석하여 조직의 기원과 원형을 밝히고 미래 조직학의 발전을 위한 시사점을 찾고자 하였다. 경영학자 이강식교수는 신시의 주곡, 주명, 주병, 주형, 주선악이 명사로서 관명 내지 조직명이라는 것을 변증하고 있다.

STB상생방송 특별기획 역사특강❸
한문화의 뿌리를 찾아서
제갈태일 지음 | 신국판 | 양장 | 235쪽 | 20,000원

『한문화의 뿌리를 찾아서』는 천지합일을 이상적인 삶의 철학으로 생각해 온 한민족의 원천적인 패러다임을 밝힌 책이다. 한의 고대적 원형을 살펴보고 그 연원인 단군정신을 정리했다. 우리고대사를 철저히 말살한 일본의 만행을 살피고, 우리 문화가 세계적 문화코드로서 후기 산업사회와 글로벌 기업들의 성공사례들을 비교한다.

STB상생방송 특별기획 역사특강❹
발해연안문명-한국 고대문화의 기원
이형구 지음 | 신국판 | 양장 | 344쪽 | 20,000원

발해연안문명은 발해를 중심으로 요동반도, 산동반도, 한반도를 품어 안은 발해연안에서 꽃피운 고대 동방의 중심문명이다. 저자는 우리나라 문화의 원류가 시베리아-몽골을 통한 전파가 아닌, 발해연안의 독자적인 문명에서 비롯됐다고 주장한다.

STB상생방송 특별기획 역사특강❺
일본 속의 백제
홍윤기 지음 | 신국판 | 양장 | 208쪽 | 20,000원

한민족의 숨결이 흐르는 일본. 반세기 동안 일본 속 한민족의 발자취를 직접 답사하고 그 실체를 생생하게 밝혔다. 우리 역사와 일본 역사를 바르게 인식하는 데 지침서가 될 것이다.

STB상생방송 특별기획 역사특강❻
다시 보는 우리민족
윤명철 지음 | 신국판 | 양장 | 263쪽 | 20,000원

저자는, 민족주의란 무엇인가, 우리 민족은 어떻게 생성되었는가, 한민족의 근원과 생성과정은 어떠했는가를 연구하고, 특히 한민족의 정체성에 대하여 비긍정적, 부정적 해석이 아닌, 기존의 문제점들을 인식하면서 한계를 극복하려는 과감한 시도를 하였다.

STB상생방송 한문화특강❶
하늘에 길을 묻다
박석재 지음 | 신국판 | 무선 | 185쪽 | 15,000원

블랙홀 박사 박석재 강의록 『하늘에 길을 묻다』. 이 책은 한국천문연구원 연구위원으로 있으면서 우리나라의 천손사상에 대해서도 함께 연구하고 있는 박석재 박사가 STB상생방송 《한문화 특강》에서 '해와 달과 별과 천손을 말하다'를 주제로 4회에 걸쳐 강의한 내용을 엮은 것이다.

STB상생방송 한문화특강❷
천부경
이찬구 지음 | 신국판 | 양장 | 263쪽 | 20,000원

천부경 81자의 역사는 천부 3인으로부터 시작되었다. 본서는 천지天地중심의 우주관이 아닌 천지인天地人 중심의 우주관으로 새롭게 해석한 '천부경' 해설서이다. 천부경은 하늘땅 사이에서 사람의 바른 자리와 바른 역할을 일러준다. 나아가 우리 민족의 올바른 진로와 인류의 방향까지 가르쳐주고 있다.